Comment vous faire des amis et créer de l'adhésion

©2025. EDICO
Édition : Memoria Books
7 rue Aristide Maillol 77600 Bussy-Saint-Georges
contact@jdheditions.fr
Imprimé par Libri Plureos GmbH, Friedensallee 273, 22763 Hambourg, Allemagne

Réalisation et conception couverture : Cynthia Skorupa

Traduction de la version originale en anglais : Clémentine Vacherie

Préface : Jean-David Haddad

ISBN : 978-2-38437-045-0
Dépôt légal : avril 2025

Code de la propriété intellectuelle n'autorisant, aux termes de l'article L.122-5,2° et 3° a, d'une part, que les copies ou reproductions strictement réservées à l'usage privé du copiste et non destinées à une utilisation collective, et d'autre part, que les analyses et les courtes citations dans un but d'exemple et d'illustration, toute représentation ou reproduction intégrale ou partielle faite sans le consentement de l'auteur ou ses ayants droit ou ayants cause est illicite (art. L. 122-4). Cette représentation ou reproduction, par quelque procédé que ce soit constituerait une contrefaçon sanctionnée par les articles L. 335-2 et suivants du code de la propriété intellectuelle.

Dale Carnegie

COMMENT VOUS FAIRE DES AMIS ET CRÉER DE L'ADHÉSION

MEMORIA BOOKS

PRÉFACE

C'est une grande fierté pour moi, en tant qu'éditeur, de proposer aujourd'hui à un nouveau lectorat francophone l'un des livres les plus influents de l'histoire du développement personnel, mais aussi – et surtout – un ouvrage clé dans l'histoire de la gestion des ressources humaines, de la diplomatie interpersonnelle, et de l'art d'exister parmi les autres. Publié pour la première fois en 1936 aux États-Unis, *Comment vous faire des amis et créer de l'adhésion* ne se contente pas de donner des conseils pour mieux communiquer : il jette les bases d'une philosophie intégrale des rapports humains, fondée sur l'écoute, l'empathie, la valorisation de l'autre, la coopération volontaire, et une intelligence relationnelle avant l'heure.

Ce que Carnegie propose dans ces pages, c'est bien plus qu'un manuel. C'est une révolution silencieuse mais profonde : apprendre à faire alliance plutôt qu'à faire opposition. Il nous montre que la véritable puissance n'est pas dans l'autorité hiérarchique ni dans l'imposition frontale, mais dans l'art subtil d'inspirer, de relier, de faire naître chez autrui l'envie de coopérer. En cela, son livre incarne une vision moderne – presque postmoderne – des rapports sociaux, fondée sur ce qu'Émile Durkheim appelait la solidarité organique, cette interdépendance souple et constructive propre aux sociétés complexes, que j'ai eu l'honneur de commenter dans d'autres travaux. Ce modèle, Carnegie l'anticipe à sa manière : par la mise en avant de l'individu comme acteur d'un lien vivant, capable de faire naître de la confiance là où d'autres ne voient que calcul.

Or, pendant que Carnegie traçait cette voie d'harmonisation entre les egos au cœur de l'Amérique entrepreneuriale, la France de 1936 vivait un tout autre élan : les grandes grèves du Front populaire, souvent perçues comme une victoire mythique du peuple contre le patronat. Sans nier leur importance historique, je pense qu'il est nécessaire de les relire avec lucidité : elles s'inscrivaient encore dans une logique de solidarité mécanique, cette forme primitive de lien social fondée sur l'appartenance au groupe, la fusion identitaire, et surtout sur l'opposition à un « ennemi » désigné – ici, le patron. Ce modèle tribal de la cohésion par l'adversité a forgé les imaginaires sociaux du XXe siècle européen, mais il portait en lui sa propre limite : celle de faire du conflit une norme, et de la revendication un système.

Tandis que la France érigeait le rapport de force en modèle de justice sociale, les États-Unis – à travers des figures comme Carnegie – exploraient les chemins d'une synergie inédite, d'un soft power relationnel, où la persuasion remplace la contrainte, et où l'intelligence émotionnelle devient un levier plus redoutable que n'importe quel décret. Ce basculement paradigmatique – encore trop peu reconnu – a permis l'émergence d'un autre modèle : non pas celui du collectif contre l'individu, mais celui de l'individu au service du collectif, à travers l'accomplissement de ses propres facultés.

Je ne suis pas un chantre du libéralisme forcené. Je rejette, de manière absolue, tout système qui écrase l'individu, qu'il s'agisse de l'entreprise, de l'État, de la religion ou de toute structure. Mais c'est précisément pour cela que je n'idéalise pas les conflits sociaux passés : ils ont certes marqué des conquêtes importantes, mais au prix de tensions, de ruptures, et souvent d'une glorification de la lutte en tant que telle. Je préfère, à cela, élever la mémoire d'un homme comme Dale Carnegie, qui a su voir – avec une clarté visionnaire – que la réussite collective passe par l'épanouissement individuel, et que la transformation des structures sociales commence toujours par une révolution intérieure, intime et volontaire.

Un siècle plus tard, les faits parlent d'eux-mêmes : les États-Unis ont vu émerger des entreprises comme Apple, Google, Tesla, mais aussi des méthodes de management, des écoles de leadership, des formes d'innovation collaborative qui ont redessiné les manières de travailler, de produire, et de penser ensemble. En France, malgré quelques belles réussites, nous plafonnons, nous stagnons, englués dans des schémas relationnels hérités d'un autre âge, où la défiance et le bras de fer restent trop souvent les réflexes premiers. Ce livre nous propose une autre voie, moins spectaculaire, mais plus durable : celle de la puissance tranquille, celle de l'influence douce, de la confiance tissée fil à fil.

L'édition que vous tenez entre les mains est plus qu'une réédition : c'est une traduction maison entièrement actualisée, fidèle à l'esprit de Carnegie, mais repensée pour le lecteur d'aujourd'hui par Clémentine Vacherie – à qui l'on doit déjà une remarquable retraduction de *1984* et d'autres œuvres fondatrices du XXe siècle. Grâce à elle, le style parfois daté de l'original retrouve une souplesse, une clarté et une fraîcheur qui permettent de redécouvrir Comment vous faire des amis et créer de l'adhésion non pas comme un monument du passé, mais comme un allié intime de notre présent.

Ce livre n'est pas une recette de séduction sociale. Il n'est pas non plus une méthode de manipulation. Il est un miroir tendu à chacun d'entre nous, une invitation à revisiter notre rapport à l'autre – collègue, client, collaborateur, ami, supérieur, conjoint – avec intelligence, humanité, et ambition. Il nous enseigne que la puissance ne réside pas dans la domination, mais dans la capacité à susciter l'adhésion libre et consciente. C'est une éthique de la relation, un art du lien, et peut-être même, pour ceux qui le liront en profondeur, une voie spirituelle.

Car les plus grandes transformations, comme toujours, commencent par les plus invisibles.

Jean-David Haddad

COMMENT VOUS FAIRE DES AMIS ET CRÉER DE L'ADHÉSION

12 choses que ce livre fera pour *vous*

1. Vous sortir d'une routine mentale, vous offrir de nouvelles pensées, de nouvelles visions, de nouvelles ambitions.
2. Vous permettre de vous faire des amis rapidement et facilement.
3. Accroître votre popularité.
4. Vous aider à rallier les autres à votre façon de penser.
5. Accroître votre influence, votre prestige, votre capacité à faire avancer les choses.
6. Vous permettre de gagner de nouveaux clients, de nouveaux acheteurs.
7. Accroître votre capacité de gain.
8. Faire de vous un meilleur représentant, un meilleur cadre...
9. Vous aider à gérer les plaintes, éviter les débats, garder vos contacts humains calmes et agréables.
10. Faire de vous un meilleur orateur, un interlocuteur plus intéressant.
11. Rendre les principes de psychologie plus simples à appliquer dans vos contacts quotidiens.
12. Vous aider à susciter de l'enthousiasme chez vos associés.

*Ce livre est dédié à un homme
qui n'a pas besoin de le lire.
À mon cher ami
Homer Croy*

Comment a été écrit ce livre
– et pourquoi

Pendant les trente-cinq dernières années, les maisons d'édition américaines imprimèrent plus de 200 000 livres différents. La plupart d'entre eux étaient d'un ennui mortel, et beaucoup se traduisirent par un échec financier. « Beaucoup », ai-je dit ? Le président de l'une des plus grandes maisons d'édition au monde m'a récemment avoué qu'après soixante-quinze ans d'expérience dans l'édition, chaque fois qu'il publie huit livres, son entreprise perd de l'argent sur sept d'entre eux.

Dans ce cas, pourquoi ai-je eu la témérité d'écrire un autre livre ? Et, une fois écrit, pourquoi devriez-vous le lire ?

Voilà deux questions légitimes ; et je vais tenter d'y répondre.

Depuis 1912, je dirige des cours de formation à destination d'hommes et de femmes d'affaires professionnels à New York. J'ai d'abord organisé des cours uniquement sur comment s'exprimer en public – destinés à entraîner des adultes, par l'expérience réelle, à réfléchir rapidement et exprimer leurs idées avec plus de clarté, d'efficacité et d'assurance, à la fois lors d'entretiens professionnels et devant des groupes.

Mais au fur et à mesure des saisons, je me suis rendu compte que ces adultes avaient certes cruellement besoin de s'entraîner à s'exprimer en public, mais qu'ils avaient encore plus besoin de s'exercer dans l'art subtil de bien s'entendre avec les autres dans le travail de tous les jours et dans les contacts sociaux.

J'ai également fini par comprendre que j'avais moi-même désespérément besoin d'un tel entraînement. Lorsque je regarde quelques années en arrière, je suis consterné par mon propre manque de subtilité et de compréhension. Comme j'aurais souhaité qu'un livre tel que celui-ci eût été dans mes mains vingt ans plus tôt ! Quelle aubaine cela aurait été !

Traiter avec les autres est sans doute le plus gros problème auquel vous devrez faire face, en particulier si vous êtes un homme d'affaires. En effet, et cela s'applique également si vous êtes comptable, femme au foyer, architecte ou ingénieur. Des investigations et recherches menées il y a quelques années sous les auspices de la Carnegie Foundation dévoilèrent un fait d'autant plus important – un fait qui sera confirmé plus tard par des recherches additionnelles faites au Carnegie Institute of Technology. Ces investigations révélèrent que même dans un domaine aussi technique que l'ingénierie, environ 15 % du succès financier d'une personne est dû à son savoir technologique, et environ 85 % à ses aptitudes en ingénierie humaine – à sa personnalité et à sa capacité à guider d'autres personnes.

Pendant de nombreuses années, j'ai dirigé des cours chaque saison à l'Engineers' Club of Philadelphia, et également pour le New York Chapter of the American Institute of Electrical Engineers. Un total de 1 500 ingénieurs, sans doute plus, ont assisté à mes cours. Ils venaient me trouver parce qu'ils avaient enfin compris, après des années d'observation et d'expérience, que les hommes les mieux payés en ingénierie ne sont que rarement ceux qui en savent beaucoup sur l'ingénierie. On peut, par exemple, engager de simples compétences techniques en ingénierie, en comptabilité, en architecture ou n'importe quelle profession rapportant 25 à 50 dollars la semaine. Le marché en est toujours saturé. Mais l'homme qui possède un savoir technique *en plus* de la capacité à exprimer des idées, à prendre la tête d'un projet et à susciter l'enthousiasme chez les autres – cet homme se dirige vers des prétentions salariales plus élevées.

À l'apogée de son activité, John D. Rockefeller a dit à Matthew C. Brush que « la capacité à gérer les gens est autant achetable qu'une marchandise comme le sucre ou le café ». « Et je paierais plus cher pour cette aptitude », avait dit John D., « que pour n'importe quoi d'autre au monde ».

Ne serait-il pas logique de supposer que chaque université sur terre dispenserait des cours pour développer la capacité la plus chère au monde ? Mais s'il n'y a ne serait-ce qu'un seul cours pratique et sensé de ce genre, dispensé aux adultes, dans une seule université sur terre, celle-ci a échappé à mon attention lors de la rédaction de cet ouvrage.

L'Université de Chicago et les United Y.M.C.A. Schools ont effectué une enquête pour déterminer quels adultes veulent faire des études.

Cette enquête a coûté 25 000 dollars et a duré deux ans. La dernière partie de l'enquête a été menée à Meriden, dans le Connecticut. Elle avait été choisie comme étant une petite ville américaine typique. Chaque adulte résidant à Meriden fut interrogé et dut répondre à 156 questions – comme « Quelle est votre profession ? Qu'avez-vous fait comme études ? Comment occupez-vous votre temps libre ? Quels sont vos revenus ? Vos hobbies ? Vos ambitions ? Vos problèmes ? Quels sujets seriez-vous susceptibles de vouloir étudier ? », etc. Cette enquête révéla que la santé est l'intérêt premier des adultes – le deuxième étant les gens : comment comprendre et gérer les relations, comment se faire apprécier des autres, et comment gagner les autres à votre cause.

Le comité à l'origine de cette enquête décida donc de proposer un tel cours pour les adultes de Meriden. Ils recherchèrent avec assiduité un manuel pratique sur le sujet, mais n'en trouvèrent aucun. Ils finirent par contacter l'une des plus grandes autorités du monde en matière d'éducation des adultes et lui demandèrent s'il connaissait un livre qui pourrait répondre aux besoins de ce groupe. Il répondit : « Non, je sais ce que recherchent ces personnes. Mais le livre dont elles ont besoin n'a pas encore été écrit. »

Je savais d'expérience que cette affirmation était vraie, car j'avais moi-même cherché pendant des années la découverte d'un manuel pratique sur les relations humaines.

Étant donné qu'aucun ouvrage de ce genre n'existait, j'ai essayé d'en écrire un pour l'utiliser dans mes propres cours. Et le voici. J'espère qu'il vous plaira.

Pour préparer ce livre, j'ai lu tout ce que j'ai pu trouver sur le sujet – avec Dorothy Dix, les archives des tribunaux des affaires familiales, le *Parent's Magazine*, le professeur Overstreet, Alfred Adler et William James. En plus de cela, j'ai engagé un chercheur qualifié pour passer un an et demi dans diverses librairies, pour lire tout ce que j'avais loupé, épluchant des tomes érudits sur la psychologie, examinant des centaines d'articles de magazines, fouillant d'innombrables biographies, essayant de déterminer comment les grands hommes de tous les âges s'étaient comportés avec les autres. Nous avons lu leurs biographies ; nous avons lu les récits de vie de tous ces grands hommes, de Jules César à Thomas Edison. Je me souviens que nous avons parcouru plus d'une centaine de biographies uniquement pour Théodore Roosevelt. Nous étions déterminés à nous y consacrer à plein temps, à ne pas regarder à la dépense, afin de découvrir chaque idée pratique que quiconque ait appliquée à travers les âges pour se faire des amis et influencer les autres.

J'ai personnellement interrogé une multitude de personnes accomplies, certaines d'entre elles étant de renommée mondiale – Marcon, Franklin D. Roosevelt, Owen D. Young, Clark Gable, Mary Pickford, Martin Johnson – et j'ai essayé de découvrir les techniques qu'ils ont utilisées dans les relations humaines.

À partir de toutes ces informations, j'ai préparé une brève présentation. Je l'ai appelée : « Comment vous faire des amis et créer de l'adhésion ». Je dis « brève », car en tout cas, elle *l'était* au début, mais elle s'est rapidement rallongée en une conférence qui dure une heure et demie. Pendant des années, chaque saison, j'ai donné cette conférence aux adultes présents aux cours du Carnegie Institute à New York.

Je donnais cette conférence et les encourageais à tester ces conseils dans leur cadre professionnel et leurs contacts sociaux, puis de revenir en classe et d'échanger sur leurs expériences et les résultats qu'ils avaient obtenus. Quelle mission intéressante ! Ces hommes et ces femmes, avides de développement personnel, étaient fascinés par l'idée de travailler dans un nouveau genre de laboratoire – le premier et le seul laboratoire de relations humaines pour adultes qui ait jamais existé.

Ce livre n'a pas été écrit au sens propre du terme. Il a grandi comme un enfant. Il a grandi et s'est développé hors de ce laboratoire, par les expériences de milliers d'adultes.

Des années auparavant, nous avions commencé avec un ensemble de règles imprimées sur un morceau de papier cartonné, pas plus grand qu'une carte postale. La saison suivante, nous avons imprimé une carte plus grande, puis une brochure, puis une série de livrets, chacun voyant sa taille et portée augmenter sans arrêt. Et à présent, après quinze années d'essais et de recherches, ce livre est né.

Les règles que nous avons mises par écrit ne sont pas de simples théories ou des conjectures. Elles fonctionnent à merveille. Aussi incroyable que cela puisse paraître, j'ai vu l'application de ces principes littéralement révolutionner la vie de nombre de personnes.

Laissez-moi vous donner un exemple : la saison dernière, un homme avec 314 employés s'inscrivit à l'un de ces cours. Pendant des années, il avait donné des ordres, critiqué et condamné ses employés sans retenue ni discrétion. La gentillesse, les mots de remerciements et les encouragements lui étaient inconnus. Après avoir étudié les principes développés dans ce livre, cet employeur a drastiquement changé sa philosophie de vie. L'organisation de son entreprise est à présent inspirée par une nouvelle loyauté, un nouvel enthousiasme, un nouvel esprit de travail d'équipe. 314 ennemis sont devenus 314 amis. Comme il l'a fièrement dit lorsqu'il a pris la parole devant la classe : « Avant, lorsque je me baladais dans mon entreprise, personne ne me saluait. À vrai dire, mes employés détournaient les yeux lorsqu'ils me voyaient approcher. Mais à présent, ils sont tous mes amis, et même le concierge m'appelle par mon prénom. »

Cet employeur a maintenant plus de profit, plus d'aisance et – chose extrêmement importante – bien plus de bonheur dans son travail et dans son foyer.

D'innombrables représentants ont drastiquement augmenté leurs ventes en mettant en application ces principes. Nombre d'entre eux ont ouvert de nouveaux comptes – qu'ils avaient déjà demandés, en vain. Des cadres ont reçu plus d'autorité, ainsi qu'une augmentation de salaire. L'un d'eux a rapporté, à la dernière saison, une augmentation de salaire de 5 000 dollars par an car il avait appliqué ces vérités. Un autre cadre, dans la Philadelphia Gas Works Company, était menacé d'être rétrogradé à cause de sa belligérance et de son incapacité à guider les autres avec dextérité. Cette formation ne l'a pas seulement sauvé de sa rétrogradation à seulement 65 ans, elle lui a également apporté une promotion avec un salaire plus élevé.

À d'innombrables reprises, les épouses qui assistaient au banquet donné à la fin de la formation m'ont rapporté que leur foyer était bien plus heureux depuis que leurs maris avaient commencé cette formation.

Les gens sont souvent étonnés des nouveaux résultats qu'ils obtiennent. On dirait de la magie. Dans certains cas, portés par leur enthousiasme, ils me téléphonaient chez moi, le dimanche, car ils ne pouvaient attendre quarante-huit heures pour rendre compte de leurs exploits lors du cours prévu.

Un homme avait été si bouleversé par une conversation sur ces principes qu'il était resté debout jusque tard dans la nuit, à en discuter avec les autres membres de la classe. À trois heures du matin, les autres rentrèrent chez eux. Mais il était si ébranlé par la prise de conscience de ses propres erreurs, si inspiré par la vision d'un nouveau monde plus riche qui s'ouvrait devant lui, qu'il fut incapable de dormir. Il ne put fermer l'œil cette nuit-là, pas plus que la suivante, et encore la suivante.

Qui était-il ? Une personne naïve, sans formation, prête à être éblouie par n'importe quelle nouvelle théorie qui se présentait à lui ? Non, loin de là. C'est un marchand d'art raffiné, blasé, typiquement l'homme du monde, qui parle trois langues couramment et est diplômé de deux universités étrangères.

En écrivant ce chapitre, je reçus une lettre d'un Allemand de la vieille école, un aristocrate dont les ancêtres avaient servi comme des officiers professionnels de l'armée sous les Hohenzollern pendant des générations. Sa lettre, rédigée sur un paquebot transatlantique, relatant l'application de ces principes, s'éleva presque au rang de ferveur religieuse.

Un autre homme, un vieux New-Yorkais, diplômé d'Harvard, dont le nom pesait lourd dans le carnet mondain, un homme riche, le propriétaire d'une importante fabrique de tapis, déclara qu'il avait appris plus de choses au sujet de l'art subtil d'influencer les autres en 14 semaines à travers ce système de formation qu'il n'en avait appris durant ses 4 années à l'université. Absurde ? Risible ? Fantastique ? Bien entendu, vous avez le privilège de renier cette déclaration avec l'adjectif qui vous plaira. Je ne fais que rapporter, sans aucun commentaire, une déclaration faite par un diplômé d'Harvard, conservateur et éminemment accompli, lors d'un discours public prononcé devant environ 600 personnes au Yale Club de New York, la soirée du jeudi 23 février 1933.

« Comparé à ce que nous devrions être », dit le célèbre professeur William James d'Harvard, « nous ne sommes qu'à moitié éveillés. Nous ne nous servons que d'une infime partie de nos ressources physiques et mentales. En résumé, l'individu humain vit donc à l'intérieur de ses limites. Il possède des pouvoirs de toutes sortes qu'il n'arrive généralement pas à utiliser. »

Ces pouvoirs que l'on « n'arrive généralement pas à utiliser » ! L'unique but de ce livre est de vous aider à découvrir, développer et tirer profit de ces atouts en sommeil et inutilisés.

« L'éducation », dit le Dr. John G. Hibben, ancien président de l'Université de Princeton, « est la capacité à affronter des situations de la vie ».

Si, lorsque vous aurez terminé la lecture des trois premiers chapitres de ce livre, vous n'êtes pas même un peu mieux préparé à affronter les situations de la vie, alors je devrais considérer cet ouvrage comme un échec total en ce qui vous concerne. « Car le grand but de l'éducation », dit Herbert Spencer, « n'est pas le savoir, mais l'action ».

Et ceci est un livre d'action.

Cette introduction, comme la plupart des introductions, est déjà trop longue. Donc allons-y. Attaquons les choses sérieuses. Rendez-vous immédiatement au Chapitre 1.

Dale Carnegie
1936

PREMIÈRE PARTIE

Les techniques fondamentales pour influencer les autres

1

« Si vous souhaitez récolter du miel, ne donnez pas un coup de pied dans la ruche »

Le 7 mai 1931, New York assista à la chasse à l'homme la plus sensationnelle que la vieille ville ait connue. Après des semaines de recherches, « Two Gun » Crowley – le tueur, le tireur qui ne fumait pas et ne buvait pas – était coincé dans l'appartement de sa chérie, sur West End Avenue.

150 policiers et détectives assiégèrent l'étage au-dessus de sa tanière. Perçant des trous sur le toit, ils tentèrent d'enfumer Crowley, le « tueur de flics », avec du gaz lacrymogène. Puis ils installèrent leurs mitrailleuses sur les immeubles voisins, et pendant plus d'une heure, l'un des quartiers résidentiels huppés de New York résonna des craquements des coups de feu et du *rat-tat-tat* des mitrailleuses. Crowley, accroupi derrière un fauteuil rembourré, tira en continu sur la police. 10 000 personnes nerveuses regardèrent la bataille. On n'avait jamais rien vu de tel auparavant sur les trottoirs de New York.

Lorsque Crowley fut capturé, le chef de la police Mulrooney déclara que le desperado aux deux pistolets était l'un des plus dangereux criminels de l'histoire de New York. « Il tue à la moindre occasion », assura le chef.

Mais comment « Two Gun » Crowley se voyait-il ? Nous le savons, car alors que la police faisait feu dans son appartement, il écrivit une lettre adressée « À qui de droit ». Et, pendant qu'il écrivait, le sang coulant de ses blessures laissait une traînée pourpre sur le papier. Dans cette lettre, Crowley disait : « Sous ma veste se trouve un cœur fatigué, mais bon – de ceux qui ne feraient de mal à personne. »

Peu de temps avant ce jour, Crowley s'était adonné à une séance de bécotage sur une route de campagne à Long Island. Soudain, un policier s'approcha de la voiture garée et dit : « Montrez-moi votre permis. »

Sans dire un mot, Crowley sortit son pistolet et fit tomber le policier avec une pluie de plomb. Alors que l'officier mourant tombait à terre, Crowley bondit hors de la voiture, saisit le revolver de l'officier, tira une autre balle dans le corps prostré. Et ceci était le tueur qui a dit : « Sous ma veste se trouve un cœur fatigué, mais bon – de ceux qui ne feraient de mal à personne. »

Crowley fut condamné à la chaise électrique. Lorsqu'il arriva dans le quartier des condamnés à mort de Sing Sing, a-t-il dit : « Voilà ce que je paie pour avoir tué des gens » ? Non, il a dit : « Voilà ce que je paie pour m'être défendu. »

Voici la morale de cette histoire : « Two Gun » Crowley ne se reprochait rien du tout.

Est-ce là une attitude inhabituelle chez les criminels ? Si vous le croyez, lisez cela :

« J'ai passé les meilleures années de ma vie en donnant aux autres des plaisirs plus légers, en les aidant à passer un bon moment, et tout ce que je récolte, ce sont des insultes, l'existence d'un homme traqué. »

C'est Al Capone qui a dit cela. Oui, l'ennemi public numéro 1 d'autrefois en Amérique – le chef de gang le plus malveillant à avoir criblé de balles Chicago. Capone ne s'est pas condamné. À vrai dire, il se voyait comme un bienfaiteur public – peu apprécié et incompris.

Tout comme Dutch Schultz avant qu'il ne s'effondre sous les balles d'un gangster à Newark. Dutch Schultz, l'une des ordures les plus célèbres de New York, a dit dans une interview pour un journal qu'il était un bienfaiteur public. Et il y croyait.

J'ai entretenu d'intéressantes correspondances à ce sujet avec le directeur Lawes, de la prison de Sing Sing à New York, et il déclara que « peu de criminels à Sing Sing se voient comme des hommes mauvais. Ils sont tout aussi humains que vous et moi. Donc ils raisonnent, ils expliquent. Ils peuvent vous dire pourquoi ils devaient forcer un coffre-fort ou presser la détente. La plupart d'entre eux essaient, par une forme de raisonnement, erroné ou logique, de justifier leurs actes antisociaux même envers eux-mêmes, ce qui maintient donc fermement la conviction qu'ils n'auraient jamais dû être emprisonnés ».

Si Al Capone, « Two Gun » Crowley, Dutch Schultz, et les hommes désespérés derrière les barreaux ne se reprochent rien – qu'en est-il des gens avec qui vous et moi entrons en contact ?

Le regretté John Wanamaker avoua un jour : « J'ai appris il y a trente ans qu'il est idiot de réprimander quelqu'un. J'ai assez de soucis à dépasser mes propres limites sans avoir à m'inquiéter du fait que Dieu n'ait pas jugé bon de répartir équitablement le don de l'intelligence. »

Wanamaker a appris cette leçon assez tôt, mais moi, j'ai dû faire des bourdes dans ce vieux monde pendant un tiers de siècle avant de ne serait-ce que commencer à prendre conscience que 99 % du temps, aucun homme ne se reproche rien, peu importe à quel point il est dans le faux.

La critique est futile car elle amène une personne à être sur la défensive et généralement à s'efforcer de se justifier. Critiquer est dangereux, car cela blesse la précieuse fierté d'un homme, son sentiment d'importance, et provoque du ressentiment.

L'armée allemande ne laisserait pas un soldat déposer une plainte et critiquer quelque chose après un évènement. Il doit d'abord dormir sur sa rancune et se calmer. S'il dépose immédiatement sa plainte, il est puni. Il devrait y avoir une loi comme celle-ci également dans la vie civile – une loi pour les parents qui pleurnichent, les épouses acariâtres, les employeurs qui font des remontrances et toute la détestable parade de critiqueurs.

Vous trouverez pléthore d'exemples de la futilité de la critique dans un millier de pages d'Histoire. Prenez par exemple la fameuse querelle entre Théodore Roosevelt et le présent Taft – une querelle qui divisa le parti républicain, plaça Woodrow Wilson à la Maison-Blanche, écrivit des lignes en gras et lettres lumineuses au sujet de la Guerre mondiale et altéra le cours de l'Histoire. Retraçons les faits rapidement. Lorsque Théodore Roosevelt sortit de la Maison-Blanche en 1908, il propulsa Taft au rang de président, puis partit en Afrique pour tuer des lions. Lorsqu'il revint, il explosa. Il dénonça le conservatisme de Taft, essaya d'obtenir sa propre nomination pour un troisième mandat, forma le parti progressiste et détruisit pratiquement le GOP. À l'élection qui suivit, William Howard Taft et le parti républicain ne menèrent que deux États : le Vermont et l'Utah. La défaite la plus désastreuse que le vieux parti ait jamais connue.

Théodore Roosevelt accusa Taft, mais le président Taft se reprochait-il quoi que ce soit ? Bien sûr que non. Avec les larmes aux yeux, Taft dit : « Je ne vois pas ce que j'aurais pu faire différemment. »

Qui était à blâmer ? Roosevelt ou Taft ? Honnêtement, je l'ignore, et je m'en fiche. Ce que je veux souligner, c'est que toutes les critiques de Théodore Roosevelt n'ont pas persuadé Taft qu'il se trompait. Elles ont simplement conduit Taft à s'efforcer de se justifier et à répéter, les larmes aux yeux : « Je ne vois pas ce que j'aurais pu faire différemment. »

Aussi, nous pouvons prendre l'exemple du scandale pétrolier de Teapot Dome. Cette affaire a fait frémir les journaux d'indignation au début des années 1920. Elle ébranla la nation ! De mémoire d'homme, rien de semblable ne s'était produit auparavant dans la vie publique américaine. Voici les faits bruts du scandale : Albert Fall, secrétaire de l'Intérieur dans l'administration d'Harding, se vit confier le crédit-bail des réserves de pétrole du gouvernement à Elk Hill et Teapot Dome – des réserves de pétrole qui avaient été mises de côté pour l'utilisation future de la Marine. Le secrétaire Fall a-t-il permis un appel d'offres ? Non, Monsieur. Il a remis le gros contrat juteux directement à son ami Edward L. Doheny. Et qu'a fait ce dernier ? Il offrit au secrétaire Fall ce qu'il se plaisait à appeler un « prêt » de 100 000 dollars. Puis, de façon autoritaire, le secrétaire Fall ordonna aux Marines des États-Unis de garder cette région pour chasser les concurrents dont les puits adjacents pompaient le pétrole des réserves d'Elk Hill. Ces concurrents, chassés de leur terre à coups de pistolets et de baïonnettes, saisirent la justice – et firent sauter le couvercle du scandale de Teapot Dome à 100 millions de dollars. Une puanteur surgit, si infecte qu'elle détruisit l'administration Harding, écœura toute la nation, menaça d'anéantir le parti républicain, et envoya Albert B. Fall derrière les barreaux.

Fall fut violemment condamné – comme peu d'hommes de la vie publique le furent. S'est-il repenti ? Jamais ! Des années plus tard, Herbert Hoover insinua lors d'un discours que la mort du président Harding avait été provoquée par l'anxiété mentale et l'inquiétude dues à la trahison d'un ami. Lorsque Mme Fall entendit cela, elle bondit de sa chaise, se mit à pleurer, leva les poings au ciel et hurla : « Comment ! Harding trahi par Fall ? Non ! Mon mari n'a jamais trahi personne. Toute une maison remplie d'or ne tenterait pas mon mari à faire quelque chose de mal. Il est celui qui a été trahi, puis conduit à l'abattoir et crucifié ! »

Nous y voilà ; la nature humaine en pleine action, le malfaiteur accusant tout le monde sauf lui-même. Nous sommes tous comme cela. Donc, lorsque vous et moi serons tentés de critiquer quelqu'un demain, rappelons-nous Al Capone, « Two Gun » Crowley et Albert Fall. Rendons-nous compte que les critiques sont comme des pigeons voyageurs. Elles reviennent toujours à l'envoyeur. Rendons-nous compte que la personne que nous allons corriger et condamner se justifiera certainement et nous condamnera en retour ; ou, comme le gentil Taft, dira : « Je ne vois pas ce que j'aurais pu faire différemment. »

Le matin du samedi 15 avril 1865, Abraham Lincoln agonisait dans une chambre d'une pension bon marché de l'autre côté de la rue, juste en face du Ford's Theater, où Booth lui avait tiré dessus. Le long corps de Lincoln était étendu en diagonale sur un lit trop petit pour lui. Une reproduction bas de gamme de la fameuse peinture *The Horse Fair* de Rosa Bonheur était accrochée au-dessus du lit, et un lugubre brûleur à gaz émettait une lueur jaune vacillante.

Alors que Lincoln agonisait, le ministre de la Guerre, Stanton, dit : « Ici gît le meneur d'hommes le plus parfait que le monde ait jamais connu. »

Quel était le secret du succès de Lincoln lorsqu'il s'agissait de traiter avec les autres ? J'ai étudié la vie d'Abraham Lincoln pendant dix ans et ai consacré trois années entières à écrire et réécrire un livre intitulé *Lincoln l'Inconnu*. Je crois avoir donné une étude aussi détaillée et exhaustive que possible de la personnalité et de la vie de famille de Lincoln. J'ai fait une recherche spéciale concernant la méthode de Lincoln pour s'adresser aux autres. Se livrait-il à la critique ? Oh, bien sûr. En tant que jeune homme à la Pigeon Creek Valley d'Indiana, non seulement il critiquait, mais il écrivait également des lettres et des poèmes ridiculisant les autres et laissait tomber ces lettres sur les routes de campagne, où il était certain qu'elles seraient trouvées. Une de ces lettres fit naître des rancœurs qui consumèrent pendant une vie entière.

Même après que Lincoln était devenu avocat à Springfield, dans l'Illinois, il attaquait ouvertement ses opposants à travers des lettres publiées dans les journaux. Mais il ne l'a fait qu'une fois de trop.

À l'automne 1842, il ridiculisa un politicien irlandais vaniteux et pugnace du nom de James Shields. Lincoln le descendit en flèche à travers une lettre anonyme publiée dans le *Journal de Springfield*. La ville éclata de rire. Shields, sensible et fier, bouillonna d'indignation. Il découvrit qui avait écrit cette lettre, sauta sur son cheval, se lança à la poursuite de Lincoln, et le provoqua en duel. Lincoln ne souhaitait pas se battre. Il était contre les duels, mais il ne pouvait y échapper tout en sauvant son honneur. On lui donna le choix des armes. Comme il possédait de longs bras, il choisit des épées longues de la cavalerie et prit des cours de combat à l'épée avec un diplômé de West Point ; puis, le jour convenu, lui et Shields se retrouvèrent sur un banc de sable le long du Mississippi, prêts à se battre jusqu'à la mort ; mais à la dernière minute, leurs témoins les interrompirent et arrêtèrent le duel.

Ce fut l'incident personnel le plus choquant de la vie de Lincoln. Il lui apprit une leçon inestimable dans l'art de traiter avec les autres. Plus jamais il n'écrivit de lettre insultante. Plus jamais il ne ridiculisa qui que ce soit. Et à partir de ce jour-là, il ne critiqua presque plus personne, sur quelque sujet que ce soit.

Encore et toujours, pendant la guerre de Sécession, Lincoln nomma un nouveau général à la tête de l'Armée du Potomac, et chacun leur tour, McClellan, Pope, Burnside, Hooker et Meade firent des bourdes tragiques et amenèrent Lincoln à faire les cent pas, désespéré. La moitié de la nation condamna violemment ces généraux incompétents, mais Lincoln, « sans haine contre personne, compatissant avec tous », garda le silence. L'une de ses citations favorites était : « Ne jugez point, si vous ne souhaitez pas être jugé. »

Et lorsque Mme Lincoln et d'autres parlèrent sévèrement des sudistes, Lincoln répondit : « Ne les critiquez pas ; ils sont les mêmes que nous serions dans des circonstances similaires. »

Et pourtant, si un homme avait l'occasion de critiquer quelqu'un, c'était sans hésitation Lincoln. Prenons un seul exemple :

La bataille de Gettysburg eut lieu pendant les trois premiers jours de juillet 1863. La nuit du 4 juillet, Lee commença à se retirer vers le sud alors que des nuages d'orage faisaient s'abattre des torrents de pluie sur le pays. Lorsque Lee atteignit le Potomac avec son armée vaincue, il trouva devant lui une rivière en crue, infranchissable, et derrière lui, une armée de l'Union victorieuse. Lee était piégé. Il ne pouvait s'échapper. Lincoln le sut. Voilà une opportunité en or, tombée du ciel – l'opportunité de capturer l'armée de Lee et mettre fin à la guerre immédiatement. Donc, avec un flot de grands espoirs, Lincoln ordonna à Meade non pas de réunir un conseil de guerre, mais d'attaquer Lee sans attendre. Lincoln télégraphia ses ordres, puis envoya un messager spécial à Meade, exigeant une action immédiate.

Et que fit le général Meade ? L'exact opposé de ce qu'on lui avait dit de faire. Il réunit un conseil de guerre, en violation directe avec les ordres de Lincoln. Il hésita. Il temporisa. Il télégraphia toutes sortes d'excuses. Il refusait catégoriquement d'attaquer Lee. Finalement, les eaux se retirèrent et Lee s'échappa vers le Potomac avec ses forces.

Lincoln était furieux. « Qu'est-ce que cela signifie ? » hurla-t-il à son fils Robert. « Bon Dieu ! Qu'est-ce que cela signifie ? Nous les tenions, nous n'avions plus qu'à tendre la main et ils étaient à nous ; et pourtant, rien de ce que j'aurais pu dire ou faire n'aurait fait bouger l'armée. Dans de telles circonstances, presque n'importe quel général aurait pu vaincre Lee. Si j'y avais été, je l'aurais battu moi-même. »

Avec un goût amer dans la bouche, Lincoln s'assit et écrivit la lettre suivante à Meade. Et rappelez-vous que cette période de sa vie était extrêmement conservatrice et freinait sa phraséologie. Donc cette lettre de Lincoln en 1863 équivalait à la réprimande la plus sévère.

« *Mon cher Général,*

Je ne peux croire que vous appréciiez l'ampleur du malheur impliqué dans la fuite de Lee. Il était définitivement à notre portée, et l'arrêter aurait, en lien avec nos dernières réussites, mis un terme à la guerre. À présent, elle sera prolongée jusqu'à nouvel ordre. Si vous n'avez pas pu attaquer Lee avec certitude lundi dernier, comment pourriez-vous le faire au sud de la rivière, alors que vous ne pourriez prendre qu'au maximum les deux tiers des forces que vous aviez alors avec vous ? Il serait déraisonnable de s'attendre à ce que vous puissiez faire grand-chose à présent, et je ne m'y attends pas. Votre occasion en or est passée, et je suis incommensurablement bouleversé par ce fait. »

Que pensez-vous que Meade ait fait lorsqu'il a lu cette lettre ?

Meade ne l'a jamais vue. Lincoln ne l'a jamais envoyée. Elle fut retrouvée dans les papiers de Lincoln après sa mort.

Je pense – et ce n'est qu'une supposition – qu'après avoir écrit cette lettre, Lincoln regarda par la fenêtre et se dit : « Une minute. Peut-être que je ne devrais pas me précipiter. C'est assez facile pour moi d'être assis là, dans le calme de la Maison-Blanche, et d'ordonner à Meade d'attaquer ; mais si j'avais été à Gettysburg, et si j'avais vu autant de sang que Meade cette semaine, et si mes oreilles avaient été percées par les hurlements et les cris perçants des blessés et des mourants, peut-être n'aurais-je pas été aussi enclin à attaquer, moi non plus. Si j'avais le caractère craintif de Meade, peut-être aurais-je fait exactement la même chose que lui. Quoi qu'il en soit, de l'eau a coulé sous les ponts. Si j'envoie cette lettre, cela me soulagera, mais cet acte conduira Meade à essayer de se justifier. Cela le fera me condamner. Cela fera naître des rancunes, dégradera toute son utilité future en tant que commandant, et le forcera peut-être à quitter l'armée. »

Donc, comme je l'ai déjà dit, Lincoln laissa la lettre de côté, car il avait appris, d'expérience amère, que les critiques acerbes et les réprimandes finissent presque toujours en futilité.

Théodore Roosevelt dit que lorsqu'il était confronté, en tant que président, à un problème déroutant, il avait pour habitude de s'adosser à son fauteuil et de lever les yeux vers un grand tableau de Lincoln accroché au-dessus de son bureau à la Maison-Blanche, puis il se demandait : « Que ferait Lincoln à ma place ? Comment résoudrait-il ce problème ? »

La prochaine fois que nous serons tentés de réprimander quelqu'un, sortons un billet de cinq dollars de notre poche, regardons le portrait de Lincoln sur ce billet et demandons-nous : « Comment Lincoln gèrerait ce problème s'il s'était présenté à lui ? »

Connaissez-vous quelqu'un que vous aimeriez changer, réglementer, améliorer ? Bien ! C'est une bonne chose. Je suis totalement en faveur de cela. Mais pourquoi ne pas commencer par vous-même ? D'un point de vue purement égoïste, c'est bien plus bénéfique que d'essayer d'améliorer les autres – et bien moins dangereux.

« Lorsque le combat d'un homme part de lui-même », a dit Browning, « il vaut quelque chose ». Cela vous prendra sans doute jusqu'à Noël pour vous perfectionner. Vous pourrez alors vous reposer longuement pendant les fêtes et consacrer le Nouvel An à réglementer et critiquer les autres.

Mais commencez par vous-même.

« Ne te plains pas de la neige qui se trouve sur le toit du voisin quand ton seuil est sale », disait Confucius.

Lorsque j'étais encore jeune et que je faisais tout mon possible pour impressionner les autres, j'écrivis une lettre ridicule à Richard Harding Davis, un auteur qui a autrefois pesé lourd sur l'horizon littéraire américain. Je préparais un article de magazine sur les auteurs, et je demandai à Davis de m'en dire plus sur sa méthode de travail. Quelques semaines auparavant, j'avais reçu une lettre avec cette annotation au bas de cette dernière : « Dicté mais non relu. » Je fus assez impressionné. Je sentis que l'auteur de cette lettre devait être très grand, occupé, important. Je n'étais pas occupé le moins du monde, mais je souhaitais faire de l'effet à Richard Harding Davis, donc je conclus ma courte lettre avec ces mots : « Dicté mais non relu »

Il ne prit jamais la peine de me répondre. Il me renvoya simplement ma lettre avec ceci gribouillé en bas : « Votre impolitesse n'a d'égale que vos mauvaises manières. » Effectivement, j'avais fait une bourde, et peut-être méritais-je cette réprimande. Mais, étant humain, je n'ai pas apprécié. Cela m'a atteint si sévèrement que lorsque j'ai appris la mort de Richard Harding Davis dix ans plus tard, la seule pensée qui persistait dans ma tête – j'ai honte de l'admettre – était la blessure qu'il m'avait infligée.

Si vous et moi voulons susciter une rancœur demain qui pourrait irriter quelqu'un pendant des décennies et durer jusqu'à la mort, autorisons-nous simplement une petite critique cinglante – peu importe si nous la pensons justifiée ou non.

Lorsqu'il s'agit d'interagir avec les autres, n'oublions pas que nous ne traitons pas avec des créatures de la logique. Nous faisons face à des créatures d'émotion, remplies de préjugés et motivées par la fierté et la vanité.

Et la critique est une étincelle dangereuse – une étincelle qui pourrait déclencher une explosion dans la poudrière de la fierté – une explosion qui précipite parfois la mort. Par exemple, le général Leonard Wood fut critiqué et interdit de partir en France avec l'armée. Ce coup porté à sa fierté écourta sans doute sa vie.

Les critiques acerbes ont mené le sensible Thomas Hardy, l'un des meilleurs romanciers au monde ayant enrichi la littérature anglaise, à abandonner l'écriture de fiction pour toujours. La critique a conduit Thomas Chatterton, le poète anglais, au suicide.

Benjamin Franklin, sans aucun tact dans sa jeunesse, devint si diplomatique, si adroit dans ses relations avec les autres, qu'il fut nommé ambassadeur américain pour la France. Le secret de son succès ? « Je ne parlerai mal de personne », disait-il, « et dirai tout le bien que je connais de tout le monde ».

Tout imbécile peut critiquer, condamner et se plaindre, – et la plupart des imbéciles le font.

Mais être compréhensif et indulgent demande du caractère et du sang-froid.

« Un grand homme montre sa grandeur », disait Carlyle, « par la façon dont il traite ceux qui lui sont inférieurs ».

Au lieu de condamner les autres, essayons de les comprendre. Essayons de comprendre pourquoi ils font ce qu'ils font. C'est bien plus bénéfique et intrigant que de critiquer, et cela engendre la sympathie, la tolérance et la gentillesse. « Tout savoir, c'est tout pardonner. »

Comme le disait le Dr Johnson : « Dieu lui-même, Monsieur, ne propose pas de juger un homme avant la fin de ses jours. »

Pourquoi vous et moi le devrions-nous ?

2

Le grand secret pour traiter avec les autres

Il n'y a qu'une seule façon au monde de faire faire quelque chose à quelqu'un. Vous êtes-vous déjà arrêté pour réfléchir à cela ? Oui, une seule façon. Et c'est en faisant en sorte que l'autre personne veuille le faire.

N'oubliez pas, il n'y a aucun autre moyen.

Bien entendu, vous pouvez faire en sorte que quelqu'un veuille vous donner sa montre en collant un revolver sur ses côtes. Vous pouvez obtenir la coopération de votre employé – jusqu'à ce que vous ayez le dos tourné – en le menaçant de le licencier. Vous pouvez conduire un enfant à faire ce que vous voulez qu'il fasse par un coup ou une menace. Mais ces méthodes grossières entraînent des répercussions nettement indésirables.

La seule façon de vous faire faire quelque chose est en vous donnant ce que vous voulez.

Que voulez-vous ?

Le célèbre Dr Sigmund Freud, de Vienne, l'un des psychologues les plus éminents du XXe siècle, a dit que tout ce que nous faisons émerge de deux motivations : le désir sexuel et le désir de grandeur.

Le professeur John Dewey, le philosophe le plus profond d'Amérique, l'exprima un peu différemment. Le Dr Dewey disait que le désir le plus profond de la nature humaine est « le désir d'importance ». Rappelez-vous cette phrase : « le désir d'importance ». C'est essentiel. Vous allez beaucoup en entendre parler dans ce livre.

Que voulez-vous ? Peu de choses, mais les quelques-unes que vous souhaitez, vous les désirez avec une insistance qui ne sera pas niée. Pratiquement chaque adulte normal veut :

1. La santé et la préservation de la vie
2. La nourriture

3. Le sommeil
4. L'argent et les choses que l'argent peut acheter
5. La vie dans l'au-delà
6. La satisfaction sexuelle
7. Le bien-être de nos enfants
8. Un sentiment d'importance

Pratiquement tous ces vœux sont satisfaits – tous sauf un. Il y a un seul désir, presque aussi profond, impérieux, que celui de manger ou de dormir, qui n'est que rarement satisfait. C'est ce que Freud appelle « le désir de grandeur ». Ce que Dewey appelle « le désir d'importance ».

Autrefois, Lincoln commença une lettre par : « Tout le monde apprécie un compliment. » William James dit : « Le principe le plus profond dans la nature humaine est l'envie irrésistible d'être apprécié. » Cela dit, il ne parlait pas du « vœu », du « désir » ou de l'« envie simple » d'être apprécié. Il a dit l'« *envie irrépressible* » d'être apprécié.

Voici une faim humaine qui ronge et ne faiblit pas, et le rare individu qui satisfait honnêtement cette faim vitale tiendra les autres dans le creux de sa main, et « même le croque-mort sera attristé lorsqu'il mourra ».

Le désir d'un sentiment d'importance est l'une des principales différences caractéristiques entre les hommes et les animaux. Voici un exemple : Lorsque j'étais un garçon de ferme dans le Missouri, mon père fit un élevage de beaux porcs Duroc ainsi que de vaches Hereford de race. Nous exposions nos porcs et nos vaches aux kermesses et foires au bétail dans tout le Middle West. Nous avons gagné plusieurs fois des premiers prix. Mon père accrochait ses rubans bleus sur une feuille de mousseline blanche, et lorsque des amis ou des visiteurs venaient chez nous, il sortait la grande feuille de mousseline. Il tenait un coin et moi l'autre pendant qu'il montrait les rubans bleus.

Les porcs n'avaient cure des rubans qu'ils avaient gagnés. Mais Père, oui. Ces prix lui donnaient un sentiment d'importance.

Si nos ancêtres n'avaient pas eu ce désir ardent pour un sentiment d'importance, la civilisation aurait été impossible. Sans lui, nous n'aurions rien été de plus que des animaux.

C'est ce désir d'un sentiment d'importance qui conduisit un pauvre épicier sans instruction à étudier des livres de loi qu'il avait trouvés au fond d'un tonneau qu'il avait acheté pour cinquante centimes. Vous avez probablement entendu parler de cet épicier. Il s'appelait Lincoln.

C'est ce désir d'un sentiment d'importance qui inspira Dickens pour l'écriture de ses romans immortels. Ce désir inspira Sir Christopher Wren pour graver ses symphonies dans la pierre. Ce désir conduisit Rockefeller à amasser des millions qu'il ne dépensa jamais ! Et ce même désir mena l'homme le plus riche de votre ville à faire construire une maison bien trop grande pour ses besoins.

Ce désir vous donne envie de porter les derniers habits à la mode, de conduire la dernière voiture, et de parler de vos brillants enfants.

C'est ce désir qui conduit de nombreux garçons à devenir des gangsters et des bandits armés. « Aujourd'hui, le jeune criminel moyen », disait E. P. Mulrooney, ancien commissaire de la police de New York, « est rempli d'égo, et sa première requête après son arrestation est que ces journaux à sensation le fassent passer pour un héros. La désagréable perspective de s'asseoir dans la chaise électrique semble lointaine tant qu'il peut se gausser de partager une page avec des photos de Babe Ruth, LaGuardia, Einstein Londbergh, Toscanini ou Roosevelt ».

Dites-moi comment vous obtenez votre sentiment d'importance, je vous dirai ce que vous êtes. Cela détermine votre caractère. C'est la chose la plus importante à savoir sur vous. Par exemple, John D. Rockefeller trouvait son sentiment d'importance en donnant de l'argent pour bâtir un hôpital moderne à Pékin, en Chine, afin de prendre soin de millions de personnes démunies qu'il n'avait jamais rencontrées et qu'il ne rencontrerait jamais. Dillinger, en revanche, obtenait son sentiment d'importance en étant un bandit, un braqueur de banque et un assassin. Lorsque les fédéraux le pourchassèrent, il se précipita dans une ferme dans le Minnesota et s'écria : « Je suis Dillinger ! » Il était fier d'être l'ennemi public numéro 1. « Je ne vais pas vous faire de mal, mais je suis Dillinger ! » avait-il dit.

En effet, la seule différence significative entre Dillinger et Rockefeller est comment chacun trouvait son sentiment d'importance.

L'Histoire regorge d'exemples amusants de personnes célèbres s'efforçant de trouver un sentiment d'importance. Même George Washington souhaitait qu'on l'appelle « Sa Majesté, le Président des États-Unis », et Christophe Colomb implorait qu'on lui attribue le titre « Amiral des Océans et Vice-Roi des Indes ». La Grande Catherine refusait d'ouvrir les lettres qui n'étaient pas adressées à « Sa Majesté Impériale » ; et Mme Lincoln, à la Maison-Blanche, se tournait vers Mme Grant comme une tigresse et hurlait : « Comment osez-vous vous asseoir en ma présence sans que je vous y invite ! »

Nos millionnaires ont aidé à financer l'expédition de l'amiral Byrd en Antarctique en 1928 en comprenant que des chaînes de montagnes enneigées porteraient leur nom ; et Victor Hugo aspirait à n'avoir rien de moins que la ville de Paris renommée en son honneur. Même Shakespeare, le plus puissant de tous, essaya d'ajouter de l'éclat à son nom en obtenant des armoiries pour sa famille.

Les gens devenaient parfois invalides afin de gagner la sympathie et d'attirer l'attention, et d'obtenir un sentiment d'importance. Prenez par exemple Mme McKinley. Elle obtenait un sentiment d'importance en forçant son mari, le président des États-Unis, à négliger des affaires d'État importantes alors qu'il restait allongé sur le lit, à côté d'elle, pendant des heures à chaque fois, ses bras autour d'elle, l'apaisant pour qu'elle s'endorme. Elle nourrissait son désir tenaillant d'attention en insistant pour qu'il reste près d'elle jusqu'à ce que toutes ses dents aient été soignées, et un jour, elle fit une scène orageuse lorsqu'il dut la laisser seule avec le dentiste car il devait honorer un rendez-vous avec John Hay.

Une fois, Mary Roberts Rinehart me parla d'une jeune femme brillante et énergique qui était devenue invalide afin d'obtenir un sentiment d'importance. « Un jour », dit Mme Rinehart, « cette femme avait été forcée de faire face à quelque chose, peut-être son âge, et le fait qu'elle ne se marierait jamais. Les années solitaires s'étendaient devant elle et il ne lui restait que peu de choses à prévoir.

Elle a tenu le lit ; et pendant dix ans, sa vieille mère fit des allers-retours jusqu'au troisième étage, portant des plateaux, s'occupant d'elle. Puis un jour, la vieille mère, fatiguée par toute l'aide qu'elle avait apportée, s'allongea et mourut. Pendant quelques semaines, l'invalide dépérit ; puis elle se leva, s'habilla, et recommença à vivre. »

Certaines autorités déclarent que les gens peuvent vraiment devenir fous afin de trouver, dans le pays imaginaire de la folie, le sentiment d'importance qui leur a été refusé dans le monde cruel de la réalité. Il y a plus de patients, dans les hôpitaux américains, souffrant de maladies mentales que de toutes les autres maladies combinées. Si vous avez plus de quinze ans et que vous résidez dans l'État de New York, vous avez une chance sur vingt d'être confiné dans un asile psychiatrique pendant sept années de votre vie.

Qu'est-ce qui cause la folie ?

Personne ne peut répondre à une question d'aussi grande envergure, mais nous savons que certaines maladies, comme la syphilis, démolissent et détruisent les cellules cérébrales et conduisent à la folie. En fait, environ la moitié de toutes les maladies mentales peuvent être attribuées à des causes physiques telles que les lésions cérébrales, l'alcool, les toxines et les blessures. Mais l'autre moitié – et c'est là l'effroyable partie de l'histoire – l'autre moitié des personnes qui deviennent folles n'ont visiblement aucun dommage biologique au niveau des cellules cérébrales. Lors d'examens post-mortem, lorsque leurs tissus cérébraux sont étudiés sous les microscopes les plus puissants, ces derniers semblent tout aussi sains que les vôtres et les miens.

Pourquoi ces personnes deviennent-elles folles ?

J'ai récemment posé cette question au médecin-chef de l'un de nos hôpitaux psychiatriques les plus importants. Ce docteur, qui a reçu les plus grands honneurs et les prix les plus convoités pour ses connaissances sur la folie, m'a répondu franchement qu'il ignorait pourquoi les gens devenaient fous. Personne ne le sait avec certitude. Mais il ajouta tout de même que de nombreuses personnes qui devenaient folles trouvaient dans la folie un sentiment d'importance qu'elles étaient incapables d'atteindre dans le monde de la réalité. Puis il me raconta cette histoire :

« J'ai en ce moment même une patiente dont le mariage s'est avéré être une tragédie. Elle voulait de l'amour, de la satisfaction sexuelle, des enfants et du prestige social, mais la vie a anéanti tous ses espoirs. Son mari ne l'aimait pas. Il refusait même de manger avec elle et la forçait à lui servir ses repas dans sa chambre, à l'étage. Elle n'avait pas d'enfant, aucun rang social. Elle devint folle ; et, dans sa tête, elle avait divorcé de son mari et avait repris son nom de jeune fille. Elle est maintenant persuadée d'avoir épousé un aristocrate anglais, et elle insiste pour qu'on l'appelle Lady Smith.

Et en ce qui concerne les enfants, elle imagine qu'elle a à présent un nouvel enfant chaque nuit. Chaque fois que je l'appelle, elle me dit : "Docteur, j'ai eu un bébé hier soir." »

La vie a détruit le bateau de ses rêves en le projetant violemment contre les rochers pointus de la réalité ; mais dans les îles ensoleillées et fantastiques de la folie, ses trois-mâts goélettes voguent à toute allure vers le port, les voiles gonflées et le vent chantant dans les mâts.

« Tragique ? Oh, je ne sais pas. Son médecin m'a dit : "Si je pouvais tendre la main et restaurer sa santé mentale, je ne le ferais pas. Elle est bien plus heureuse comme cela." »

En tant que groupe, les fous sont aussi heureux que vous et moi. Beaucoup aiment être fous. Pourquoi pas ? Ils ont résolu leurs problèmes. Ils vous feront un chèque d'un million de dollars, ou vous donneront une lettre de recommandation pour rencontrer l'Aga Khan. Ils ont trouvé, dans le monde imaginaire de leur propre création, le sentiment d'importance qu'ils désiraient tant.

Si certaines personnes sont si avides d'un sentiment d'importance qu'elles deviennent véritablement folles pour l'obtenir, imaginez quel miracle vous et moi pourrions accomplir en donnant aux autres une honnête reconnaissance pour ce côté de la folie.

Il n'y a eu, pour autant que je sache, que deux personnes dans l'Histoire à toucher un salaire d'un million de dollars par an : Walter Chrysler et Charles Schwab.

Pourquoi Andrew Carnegie payait un million de dollars par an, ou plus de trois mille dollars par jour, à Charles Schwab ? Pourquoi ?

Parce que Schwab était un génie ? Non. Parce qu'il savait plus de choses sur la production d'acier que d'autres ? Sottise. Charles Schwab m'a dit lui-même que de nombreux hommes travaillant pour lui connaissaient bien plus de choses que lui sur la production d'acier.

Schwab dit qu'il touchait ce salaire en grande partie grâce à sa capacité à traiter avec les autres. Je lui ai demandé comment il s'y était pris. Voici son secret retranscrit avec ses propres mots – des mots qui devraient être gravés dans un bronze éternel et accrochés dans chaque maison et école, dans chaque magasin et bureau à travers le pays – des mots que les enfants devraient mémoriser au lieu de perdre leur temps à retenir la conjugaison des verbes latins ou la quantité de pluie annuelle au Brésil – des mots qui ne feront que transformer votre vie et la mienne si seulement nous les vivons :

« Je considère ma capacité à susciter l'enthousiasme chez les miens comme le plus grand atout que je possède », dit Schwab, *« et le meilleur moyen de développer cela chez quelqu'un passe par la reconnaissance et l'encouragement.*

Rien ne tue plus les ambitions d'une personne que les critiques venant de ses supérieurs. Je ne critique jamais qui que ce soit. J'aspire à donner à une personne la motivation à travailler. Donc j'ai hâte d'encenser quelqu'un, mais déteste trouver des défauts. Si j'apprécie quoi que ce soit, je suis chaleureux dans ma reconnaissance et généreux dans mes louanges. »

Voici ce que faisait Schwab. Mais que font la plupart des gens ? L'exact opposé. S'ils n'apprécient pas quelque chose, ils hurlent ; s'ils l'apprécient, ils ne disent rien.

« Lors de ma large association dans la vie, à rencontrer de nombreux hommes formidables à travers le monde », déclara Schwab, « je dois encore trouver la personne, aussi important et glorifié que soit son poste, qui n'a pas fourni un meilleur travail et qui a mis en avant un plus grand effort dans un esprit d'admiration qu'il ne l'aurait fait dans un esprit de critique. »

Il déclara avec franchise que ceci était l'une des raisons marquantes du succès phénoménal d'Andrew Carnegie. Il encensait ses associés autant en public qu'en privé.

Carnegie voulait même louer ses adjoints sur sa tombe. Il écrivit sa propre épitaphe : « Ici gît un homme qui savait comment s'entourer de personnes plus intelligentes que lui. »

La reconnaissance sincère était l'un des secrets du succès de Rockefeller concernant ses relations avec les autres. Par exemple, lorsque l'un de ses partenaires, Edward T. Bedford, commit une erreur qui fit perdre à l'entreprise un million de dollars à cause d'un mauvais investissement en Amérique du Sud, John D. aurait pu le critiquer ; mais il savait que Bedford avait fait de son mieux – et l'incident était clos. Donc Rockefeller trouva quelque chose à encenser ; il félicita Bedford d'avoir réussi à sauver 60 % de l'argent qu'il avait investi. « C'est excellent », dit Rockefeller. « Nous ne faisons pas toujours aussi bien à la direction. »

Ziegfeld, l'entrepreneur le plus spectaculaire à avoir ébloui Broadway, a gagné sa réputation grâce à sa capacité subtile de « glorifier la femme américaine ». Jour après jour, il prit sous son aile de petites créatures ternes sur lesquelles personne ne se retournait et les transforma sur scène en visions glamour de mystère et de séduction. Conscient de la valeur de la reconnaissance et de la confiance en soi, il les faisait *se sentir* belles par le simple pouvoir de sa galanterie et de son estime. Il était pragmatique : il augmenta le salaire des danseuses de trente dollars par semaine à cent soixante-quinze. Et il était également chevaleresque ; à la première des Follies, il envoyait des télégrammes aux stars du casting, et inondait chaque danseuse du spectacle de roses « American Beauty ».

Une fois, j'ai succombé à la mode du jeûne et ai passé six jours et six nuits sans manger. Ce n'était pas difficile. Je ressentais moins la faim à la fin du sixième jour qu'à celle du second. Pourtant je connais, tout comme vous, des gens qui penseraient qu'ils commettraient un crime s'ils laissaient leur famille ou leurs employés passer six jours sans manger ; mais ils les laissent passer six jours, six semaines, et parfois soixante ans sans leur donner la chaleureuse reconnaissance qu'ils désirent presque autant que la nourriture.

Lorsqu'Alfred Lunt tint le rôle principal dans *Une soirée à Vienne*, il dit : « Il n'est rien dont je n'aie autant besoin que d'alimenter mon estime de moi-même. »

Nous nourrissons le corps de nos enfants, de nos amis et de nos employés, mais combien rarement nourrissons-nous leur estime de soi. Nous leur fournissons du rosbif et des pommes de terre pour leur donner de l'énergie, mais nous négligeons de leur adresser des mots gentils de reconnaissance qui chanteraient dans leurs souvenirs pendant des années, comme la musique des étoiles du matin.

Certains lecteurs disent en ce moment même, en lisant ces lignes : « Des vieilleries ! Des flatteries ! De la pommade ! J'ai essayé ce truc-là. Ça ne marche pas – pas avec les gens intelligents. »

Bien sûr, la flatterie ne marche que rarement avec les personnes perspicaces. C'est superficiel, égoïste et hypocrite. C'est voué à l'échec et c'est généralement le cas. Cependant, certaines personnes sont tellement avides de reconnaissance qu'elles avaleront n'importe quoi, tout comme un homme affamé mangera de l'herbe et des vers.

Par exemple, pourquoi les frères Mdivani, mariés de nombreuses fois, connaissaient-ils un tel succès matrimonial ? Pourquoi ces soi-disant « princes » purent épouser deux magnifiques célébrités de la télévision, ainsi qu'une diva renommée mondialement, et Barbara Hutton avec ses millions gagnés par ses magasins à prix unique ? Pourquoi ? Comment ont-ils fait ?

« Pour les femmes, le charme des Mdivani figurait parmi les plus grands mystères du monde », raconte Adela Rogers.

« Pola Negri, une femme du monde, une connaisseuse d'hommes, ainsi qu'une grande artiste, me l'expliqua un jour. Elle a dit : "Ils comprennent l'art de la flatterie comme aucun autre homme que j'aie rencontré. Et cet art est presque perdu dans cette époque raisonnable et comique. C'est là, je vous l'assure, le secret du charme des Mdivani sur les femmes. J'en suis certaine." »

Même la reine Victoria était sensible à la flatterie. Disraeli avoua qu'il en a énormément usé pour traiter avec la reine. Pour employer ses mots exacts, il « lui en servait à la pelle ». Mais Disraeli était l'un des hommes les plus raffinés, habiles et adroits à avoir dirigé le vaste Empire britannique. Il était un génie de sa lignée. Ce qui marcherait pour lui ne marcherait pas forcément pour vous ni pour moi. À long terme, la flatterie vous fera plus de mal que de bien. Elle est fausse, et tout comme la fausse monnaie, elle pourrait vous attirer des ennuis si vous la passez à quelqu'un d'autre.

La différence entre la reconnaissance et la flatterie ? C'est simple. L'une est sincère, et l'autre est hypocrite. L'une vient du cœur ; l'autre d'un faux sourire. L'une est désintéressée ; l'autre est égoïste. L'une est universellement admirée ; l'autre universellement condamnée.

J'ai récemment vu un buste du général Obregon, au château de Chapultepec, à Mexico. Sous le buste, ces sages paroles de la philosophie du général Obregon sont gravées : « N'ayez pas peur de l'ennemi qui vous attaque. Méfiez-vous des amis qui vous flattent. »

Non ! Non ! Non ! Je ne conseille pas la flatterie ! Loin de là. Je parle d'un nouveau mode de vie. Laissez-moi répéter : *je parle d'un nouveau mode de vie*.

Le roi George V avait une série de maximes affichées sur les murs de son bureau à Buckingham Palace. L'une d'elles disait : « Apprenez-moi ni à proférer ni à recevoir des éloges faciles. » La flatterie n'est que cela : des éloges faciles. Une fois, j'ai lu une définition de la flatterie qui vaut la peine d'être répétée : « La flatterie est de dire à l'autre précisément ce qu'il pense de lui-même. »

« Employez n'importe quelle langue », disait Ralph Waldo Emerson, « vous ne pourrez jamais dire que ce que vous êtes. »

Si nous avions seulement à flatter, tout le monde comprendrait et nous serions tous experts dans les relations humaines.

Lorsque nous ne sommes pas engagés dans la réflexion d'un problème défini, nous passons généralement 95 % de notre temps à penser à nous-mêmes. Maintenant, si nous arrêtons de penser à nous-mêmes un moment et commençons à penser aux bons points de l'autre personne, nous n'aurons pas à recourir à la flatterie, aussi facile et fausse qu'elle peut presque être repérée avant même qu'elle ne sorte de notre bouche.

Emerson a dit : « Chaque homme que je rencontre est d'une certaine manière mon supérieur. De cette façon, j'apprends de lui. »

Si cela était vrai pour Emerson, ne serait-ce pas mille fois plus vrai encore pour vous et moi ? Cessons de penser à nos accomplissements, à nos souhaits. Essayons de trouver les bons points de l'autre. Puis oubliez la flatterie. Donnez une reconnaissance honnête et sincère. Soyez « chaleureux dans votre reconnaissance et généreux dans vos louanges », et les gens chériront vos mots, les garderont comme un trésor et les répèteront pendant toute une vie – ils les répèteront des années après que vous les aurez oubliés.

3

Celui qui peut le faire a le monde entier avec lui. Celui qui ne le peut pas marche seul.

Je vais pêcher dans le Maine chaque été. Personnellement, j'adore les fraises à la crème, mais j'ai découvert que pour une étrange raison, les poissons préfèrent les vers. Donc lorsque j'allais pêcher, je ne pensais pas à ce que je voulais. Je pensais à ce qu'ils voulaient. Je ne mettais pas des fraises à la crème sur l'hameçon. Au lieu de cela, je laissais pendre un ver ou une sauterelle devant le poisson et je disais : « Ça te tente, ça ? »

Pourquoi ne pas utiliser le même bon sens qu'avec les poissons avec les gens ?

C'est ce que fit Lloyd George. Lorsqu'on lui demanda comment il arrivait à rester au pouvoir après que les autres dirigeants – Wilson, Orlando et Clemenceau – avaient été oubliés, il répondit que si son maintien au sommet devait être attribué à une seule chose, ce serait le fait qu'il ait appris qu'il était nécessaire de mettre un appât à l'hameçon pour ferrer le poisson.

Pourquoi parler de ce que l'on veut ? C'est puéril. Absurde. Bien sûr, vous vous intéressez à ce que vous voulez. Vous vous y intéresserez éternellement. Mais ce n'est pas le cas de qui que ce soit d'autre. Nous autres sommes exactement comme vous : nous nous intéressons à ce que nous voulons.

Donc le seul moyen au monde d'influencer les autres est de parler de ce qu'ils veulent et de leur montrer comment l'obtenir.

Rappelez-vous cela demain, lorsque vous essaierez de pousser quelqu'un à faire quelque chose. Si, par exemple, vous ne voulez pas que votre fils fume, ne lui faites pas la morale, et ne parlez pas de ce que vous voulez ; montrez-lui plutôt que les cigarettes pourraient l'empêcher d'intégrer l'équipe de basket-ball ou de gagner le 100 mètres.

C'est une bonne chose à garder à l'esprit, que vous vous adressiez à des enfants, des veaux ou des chimpanzés. Par exemple : un jour, Ralph Waldo Emerson et son fils essayèrent de faire rentrer un veau dans la grange. Mais ils firent l'erreur classique de penser uniquement à ce qu'ils voulaient : Emerson poussa et son fils tira. Mais le veau faisait exactement la même chose qu'eux : il pensait seulement à ce qu'il souhaitait, donc il raidit ses pattes et refusa obstinément de quitter le pâturage. La servante irlandaise vit leur détresse. Elle était incapable d'écrire des essais ou des livres ; mais, au moins à cette occasion, elle eut plus de bon sens qu'Emerson. Elle pensa à ce que le veau désirait, donc elle plaça son doigt maternel dans la bouche de l'animal et le laissa téter son doigt alors qu'elle le dirigeait doucement dans la grange.

Chaque acte que vous avez accompli depuis le jour de votre naissance a eu lieu parce que vous vouliez quelque chose. Qu'en est-il de la fois où vous avez donné 100 dollars à la Croix-Rouge ? En effet, aucune exception à la règle. Vous avez fait cette donation à la Croix-Rouge parce que vous vouliez donner un coup de main ; vous vouliez accomplir un bel acte, désintéressé, divin. « Dans la mesure où vous l'avez fait pour l'un de mes petits frères, vous l'avez fait pour moi. »

Si vous n'aviez pas plus souhaité ce sentiment que vos 100 dollars, vous n'auriez pas fait cette donation. Bien entendu, vous avez pu faire cette donation car vous aviez honte de refuser ou parce qu'un client vous a demandé de le faire. Mais une chose est certaine : vous avez fait cette donation parce que vous vouliez quelque chose.

Le professeur Harry A. Overstreet, dans son livre éclairant *Influencer le Comportement Humain*, a dit : « L'action surgit de ce que nous désirons fondamentalement... et le meilleur conseil qui peut être donné à une personne aspirant à persuader les autres, que ce soit dans les affaires, chez soi, à l'école, en politique, est celui-ci : tout d'abord, provoquez chez l'autre un désir ardent. Celui qui peut le faire a le monde entier avec lui. Celui qui ne le peut pas marche seul ! »

Andrew Carnegie, le pauvre homme écossais qui avait commencé à travailler à deux cents à l'heure pour finalement faire don de 365 millions de dollars, apprit tôt dans sa vie que le seul moyen d'influencer les autres est de parler de ce que l'autre personne veut. Il n'a passé que quatre ans à l'école ; pourtant, il a appris comment se comporter avec les autres.

Pour illustration : sa belle-sœur était morte d'inquiétude pour ses deux garçons. Ils étaient à Yale, et si occupés par leurs propres affaires qu'ils oubliaient de donner des nouvelles et ne prêtaient aucune attention aux lettres remplies d'inquiétude de leur mère.

Puis Carnegie paria cent dollars qu'il pourrait obtenir une réponse par retour de lettre, sans même le demander. Quelqu'un suivit son pari, donc il écrivit à ses neveux une lettre au ton familier, mentionnant avec désinvolture dans un post-scriptum qu'il leur envoyait à chacun un billet de 5 dollars.

Cependant, il oublia de glisser l'argent dans l'enveloppe.

Les réponses arrivèrent par retour en remerciant « cher oncle Andrew » pour cette jolie lettre et... vous pouvez finir la phrase tout seul.

Demain, vous pourriez vouloir persuader quelqu'un de faire quelque chose. Avant de parler, arrêtez-vous une minute et demandez-vous : « Comment puis-je amener cette personne à *vouloir* le faire ? »

Cette question nous empêchera de nous précipiter imprudemment dans une discussion futile sur nos désirs.

Je loue la grande salle de bal d'un certain hôtel de New York pour vingt soirées à chaque saison afin de donner une série de conférences.

Au début d'une saison, je fus soudainement informé que je devrais payer presque trois fois le prix habituel. Cette nouvelle me parvint après que les billets avaient été imprimés et distribués et que toutes les annonces avaient été faites.

Naturellement, je ne souhaitais pas payer l'augmentation, mais quelle aurait été l'utilité de parler de ce que je voulais avec l'hôtel ? Ils étaient intéressés uniquement par ce qu'ils voulaient. Donc quelques jours plus tard, je partis voir le directeur.

« J'ai été un peu stupéfait lorsque j'ai reçu votre lettre », dis-je, « mais je ne vous blâme pas du tout. À votre place, j'aurais sans doute écrit une lettre similaire. Votre devoir en tant que directeur de l'hôtel est d'engranger le plus de profit possible.

Si vous ne le faites pas, vous serez renvoyé et vous mériteriez effectivement de l'être. Maintenant, prenons une feuille de papier et écrivons les avantages et les inconvénients qui vous reviendront si vous insistez pour que je paie cette augmentation de prix. »

Puis je pris un papier à en-tête, traçai une ligne en son centre et nommai une colonne « Avantages » et une autre « Inconvénients ».

J'écrivis ces mots sous le titre « Avantages » : « Salle de bal libre ». Puis je poursuivis : « Vous aurez l'avantage d'avoir la salle de bal libre pour pouvoir la louer pour des soirées dansantes et des conventions. C'est un gros avantage, car ce genre d'affaires vous rapportera bien plus qu'une série de conférences. Si je bloque votre salle pour vingt soirées pendant la saison, cela signifie bien sûr une perte d'affaires tout à fait rentables pour vous.

Maintenant, réfléchissons aux inconvénients. Tout d'abord, au lieu d'augmenter vos bénéfices par mon biais, vous les ferez diminuer. En fait, vous allez les perdre, car je ne peux payer le prix que vous demandez. Je serai forcé d'organiser ces conférences ailleurs.

Un autre inconvénient vous concernant : ces conférences attirent du monde instruit et cultivé dans votre hôtel. C'est une bonne publicité pour vous, non ? À vrai dire, même si vous dépensiez 5 000 dollars en publicité dans les journaux, vous ne feriez pas venir autant de monde dans votre hôtel que moi avec ces conférences. Cela a beaucoup de valeur pour un hôtel, vous ne croyez pas ? »

Pendant que je parlais, je notai ces deux « inconvénients » dans la colonne correspondante, puis tendis la feuille au directeur avant d'ajouter : « J'espère que vous réfléchirez attentivement à la fois aux avantages et aux inconvénients qui vous reviendront, avant de me donner votre décision définitive. »

Le lendemain, je reçus une lettre m'informant que mon tarif de location serait augmenté de 50 % au lieu de 300 %.

Retenez bien que j'ai obtenu cette réduction sans dire un mot sur ce que je voulais. Je n'ai fait que parler de ce que l'autre personne voulait et comment elle pouvait l'obtenir.

Supposez que j'aie fait la chose la plus humaine et naturelle : supposez que j'aie débarqué comme une tornade dans son bureau et que j'aie hurlé : « Comment ça ? Augmenter le prix de location de 300 % alors que vous savez que les billets ont déjà été imprimés et les annonces faites ? 300 % ! Ridicule ! Absurde ! Je ne paierai rien du tout ! »

Que se serait-il alors passé ? Une dispute aurait éclaté, les esprits se seraient échauffés, le sang aurait commencé à bouillir, on aurait postillonné des paroles regrettables – et vous savez comment cela se serait terminé. Même si j'aurais pu le convaincre qu'il avait tort, sa fierté l'aurait empêché de céder et d'abandonner.

Voici l'un des meilleurs conseils jamais donnés sur l'art subtil des relations humaines. « S'il y a un seul secret pour réussir », a dit Henry Ford, « il réside dans la capacité à comprendre le point de vue de l'autre personne et à voir les choses tout aussi bien de son point de vue que du vôtre. »

C'est un si bon conseil que je veux le répéter : « S'il y a un seul secret pour réussir, il réside dans la capacité à comprendre le point de vue de l'autre personne et à voir les choses tout aussi bien de son point de vue que du vôtre. »

C'est si simple, si évident que n'importe qui devrait en saisir la véracité d'un seul coup d'œil ; pourtant, 90 % des personnes sur cette terre l'ignorent 90 % du temps.

Un exemple ? Regardez les lettres qui atterrissent sur votre bureau demain matin, et vous découvrirez que la plupart d'entre elles violent cet important critère du bon sens. Prenez celle-ci, une lettre écrite par le chef du département radio d'une agence de publicité avec des bureaux à travers le continent. Cette lettre a été envoyée aux directeurs de stations de radio locales à travers le pays (j'ai mis par écrit, entre parenthèses, mes réactions à chaque paragraphe).

M. John Blank,
Blankville,
Indiana

Cher M. Blank,
La société ---------- désire conserver sa position de leader en tant qu'agence de publicité dans le secteur de la radio.

(Qui se soucie de ce que votre société désire ? Je suis préoccupé par mes propres problèmes. La banque saisit l'hypothèque de ma maison, les insectes détruisent mes roses trémières, le marché boursier a chuté hier. Je suis arrivé en retard ce matin, je n'ai pas été invité à la soirée dansante des Jones hier soir, le médecin m'a annoncé que je fais de l'hypertension, que j'ai une névrite et des pellicules. Et ensuite, que se passe-t-il ? J'arrive à mon bureau, inquiet, j'ouvre mon courrier, et voilà qu'un petit blanc-bec de New York caquète sur ce que veut sa société. Bah ! Si seulement il se rendait compte de l'impression que sa lettre donne, il quitterait le secteur de la publicité et partirait produire des bains parasiticides.)

Les comptes publicitaires nationaux de cette agence ont été le rempart du réseau leader. Nos programmes élaborés depuis nous ont permis de rester au sommet des agences année après année.

(Vous êtes importants, riches et au sommet, hein ? Et alors ? Je m'en ficherais si vous étiez aussi gros que General Motors, General Electric et le General Staff de l'armée américaine toutes combinées. Si vous étiez autant doté de raison qu'un stupide colibri, vous vous rendriez compte que je m'intéresse à combien je suis important – pas combien vous l'êtes. Tout ce déballage sur votre énorme succès me fait me sentir petit et sans importance.)

Nous désirons gérer nos programmes avec les dernières nouvelles des stations de radio.

(Vous désirez ! Vous désirez. Mais quel connard. Je me fous de ce que *vous* désirez, ou de ce que Mussolini ou Bing Crosby désire. Laissez-moi vous dire une bonne fois pour toutes que je suis intéressé par ce que *je* désire – et vous n'en avez encore rien dit dans votre lettre absurde.)

Veuillez, donc, renseigner la société -------- sur votre liste privilégiée pour les informations de station hebdomadaires, avec chaque détail qui pourrait être utile pour une agence avec un temps d'exclusivité intelligent.

(« Liste privilégiée. » Quel toupet ! Vous me donnez l'impression d'être insignifiant par votre grand discours sur votre société – et vous me demandez de vous renseigner sur une « liste privilégiée », et vous ne dites même pas « s'il vous plaît » quand vous me demandez cela.)

Un accusé de réception rapide de cette lettre, en nous donnant vos derniers « faits et gestes », serait utile pour vous et moi.

(Imbécile ! Vous m'envoyez une lettre type – une lettre dont le contenu est éparpillé n'importe comment telles des feuilles d'automne – et vous avez le culot de me demander, alors que je suis préoccupé par l'hypothèque, les roses trémières et ma tension, de m'asseoir, de dicter une note personnelle pour accuser réception de votre lettre type – et vous me demandez de le faire « rapidement ». Comment ça, « rapidement » ? Savez-vous que je suis aussi occupé que vous – ou, en tout cas, j'aime penser que c'est le cas. Et pendant qu'on y est, qui vous a donné le digne droit de me donner des ordres ? ... Vous dites que ce serait « utile pour vous et pour moi ». Finalement, enfin, vous avez commencé à percevoir mon point de vue. Mais vous êtes très vague quant à la façon dont ce serait à mon avantage.)

Très sincèrement vôtre,
John Doe,
Chef du Département de Radio

PS : *La réédition du* Blankville Journal *ci-joint est susceptible de vous intéresser, et vous souhaiterez sans doute la diffuser sur votre station.*

(Enfin, dans le post-scriptum, vous mentionnez quelque chose qui pourrait m'aider à résoudre un de mes problèmes. Pourquoi n'avez-vous pas commencé votre lettre avec cela – mais pour quoi faire ? Tout publiciste coupable d'avoir perpétré de telles bêtises que celles que vous m'avez envoyées a un problème au bulbe rachidien. Vous n'avez pas besoin d'une lettre vous rendant compte de nos derniers faits et gestes. Ce dont vous avez besoin, c'est d'un litre d'iode dans votre glande thyroïdienne.)

Alors, si un homme qui consacre sa vie à faire de la publicité, et qui se présente en expert dans l'art d'influencer les gens pour qu'ils achètent, écrit une lettre comme celle-ci, à quoi pouvons-nous nous attendre de la part du boucher, du boulanger ou du fabricant de tapis ?

Voici une autre lettre, écrite par le directeur d'un grand terminal de fret, à l'attention d'un étudiant de ce cours, M. Edward Vermylen. Quel effet cette lettre a-t-elle eu sur l'homme à qui elle était adressée ? Lisez-la et je vous le révèlerai ensuite.

A. Zeraga's Sons, Inc.
28 Front St.
Brooklyn, N.Y. 11201
      À l'attention de : M. Edward Vermylen

Monsieur,

Les opérations dans notre gare de réception de rail sur le départ sont handicapées car un pourcentage matériel de l'activité totale va nous être livré en fin d'après-midi. Cette condition résulte en un encombrement, des heures supplémentaires pour nos travailleurs, des retards pour les camions, et dans certains cas des retards pour le transport. Le 10 novembre, nous avions reçu de la part de votre entreprise un lot de 510 pièces, qui est arrivé ici à 16 h 20.

Nous sollicitons votre coopération concernant les effets indésirables découlant du retard de livraison de fret. Pourrions-nous vous demander, les jours où vous envoyez le volume qui a été reçu à la date ci-dessus, que tout soit mis en œuvre soit pour avoir le camion ici plus tôt, soit pour nous livrer une partie du fret dans la matinée ?

L'avantage qui vous reviendrait d'un tel arrangement serait un déchargement plus expéditif de vos camions et l'assurance que vos marchandises partent à la date de sa réception.

        Très sincèrement vôtre,
        J----- B----- Dir.

Après avoir lu cette lettre, M. Vermylen, directeur commercial pour A. Zerega's Sons, Inc., me l'envoya avec le commentaire suivant : « *Cette lettre a eu l'effet inverse de celui prévu. Elle commence par décrire les difficultés du Terminal, dont nous n'avons que faire, en général. Notre coopération est ensuite requise sans envisager une seconde que cela pourrait nous déranger, et puis, enfin, dans le dernier paragraphe, il est mentionné que si nous coopérons, cela se traduira par un déchargement plus expéditif de nos camions avec l'assurance que notre fret partira à la date de sa réception. En d'autres termes, ce qui nous intéresse le plus est mentionné en dernier, et l'effet global résulte en la naissance d'un esprit d'antagonisme plus que de coopération.* »

Voyons si nous pourrions réécrire et améliorer cette lettre. Ne perdons pas de temps à parler de nos problèmes. Comme Henry Ford le prévient, allons « chercher le point de vue de l'autre et voir les choses de son point de vue, autant que du nôtre ».

Voici une façon de réviser la lettre. Ce n'est sans doute pas la meilleure, mais n'est-elle pas déjà mieux ?

M. Edward Vermylen
A. Zeraga's Sons, Inc.
28 Front St.
Brooklyn, N.Y. 11201

Cher M. Vermylen,

Votre entreprise fait partie de nos fidèles clients depuis quatorze ans. Naturellement, nous vous sommes très reconnaissants pour votre appui et mettons un point d'honneur à vous fournir le service rapide et efficace que vous méritez. Cependant, nous sommes au regret de vous informer que cela nous est impossible lorsque vos camions nous apportent une importante cargaison en fin d'après-midi, comme ce fut le cas le 10 novembre. Pourquoi cela ? Car de nombreux autres clients nous livrent également en fin d'après-midi. Donc, évidemment, cela crée des encombrements. Ce qui signifie que vos camions sont inévitablement retardés sur le quai, et parfois, même votre fret est retardé.

Ce n'est pas réjouissant. Vraiment pas réjouissant. Comment cette situation pourrait-elle être évitée ? En faisant vos livraisons sur le quai dans la matinée, lorsque cela est possible. De cette façon, vos camions pourront continuer à avancer, votre fret sera immédiatement pris en charge, et nos employés rentreront tôt le soir pour profiter d'un dîner avec les délicieux macaronis et nouilles que vous produisez.

Je vous prie de ne pas prendre cela comme une plainte, et ne croyez pas que je suis en train de vous dire comment gérer votre entreprise. Cette lettre est simplement motivée par un désir de vous servir de façon plus efficace.

Mais quelle que soit l'heure à laquelle vos livraisons arriveront, nous ferons toujours tout notre possible pour vous servir rapidement.

Vous êtes débordé. Je vous en prie, ne prenez pas la peine de répondre à cette note.

Sincèrement vôtre,
J----- B-----, Dir.

Des millions de représentants battent le pavé aujourd'hui, las, découragés et sous-payés. Pourquoi ? Parce qu'ils ne pensent toujours qu'à ce qu'ils veulent. Ils ne se rendent pas compte que ni vous ni moi ne voulons acheter quelque chose. Si c'était le cas, nous irions l'acheter. Mais nous sommes éternellement tous les deux intéressés par le fait de résoudre nos problèmes. Et si un représentant pouvait nous montrer comment ses services ou ses marchandises nous aideraient à résoudre nos problèmes, il n'aurait pas besoin de nous les vendre. Nous achèterions. Et un client aime sentir qu'il achète, pas qu'il a été acheté.

Pourtant, de nombreux représentants ont passé leur vie à vendre sans voir les choses du point de vue du client. Par exemple, j'habite à Forest Hills, une petite communauté de résidences privées dans le centre du grand New York. Un jour, alors que je me précipitais vers la gare, je tombai par hasard sur un opérateur immobilier qui achetait et vendait des propriétés à Long Island depuis des années. Il connaissait bien Forest Hills, donc je lui demandai avec hâte si ma maison en stuc était construite en lattes métalliques ou en briques creuses. Il me répondit qu'il l'ignorait et me dit ce que je savais déjà : je pouvais l'apprendre en appelant la Forest Hills Gardens Association. Le lendemain matin, je reçus une lettre de sa part. Me donna-t-il l'information que je désirais ? Il aurait pu l'apprendre en un coup de téléphone d'une minute. Mais non. Il me redit que je pourrais avoir cette information en appelant directement l'Association, puis me proposa de le laisser gérer mon assurance.

Cela ne l'intéressait pas de m'aider. Seulement de s'aider lui-même.

J'aurais dû lui donner des exemplaires des excellents petits livres de Vash Young, *The Go-Giver* et *A Fortune to Share*. S'il lisait ces livres et pratiquait leur philosophie, cela lui rapporterait mille fois plus de profits que de gérer mon assurance.

Les professionnels font la même erreur. Il y a de nombreuses années, je suis entré dans le cabinet d'un ORL réputé à Philadelphie. Avant même de regarder mes amygdales, il me demanda quel était mon travail. Il n'était pas intéressé par la taille de mes amygdales. Mais par celle de mes finances. Sa préoccupation principale n'était pas combien il pouvait m'aider. Mais combien il pouvait me soutirer. Résultat : il n'a rien obtenu du tout. Je suis sorti de son cabinet avec un certain mépris pour son manque de moralité.

Le monde est rempli de gens qui accaparent tout et font preuve d'égoïsme. Donc les rares individus qui essaient de rendre service aux autres de façon désintéressée présentent un énorme avantage. Ils n'ont que peu de compétition. Owen D. Young a dit un jour : « L'homme qui peut se mettre à la place des autres, qui arrive à comprendre les cheminements de leur esprit, n'aura jamais à se soucier de ce que l'avenir lui réserve. »

Si, après avoir lu ce livre, vous retenez une seule chose : une tendance accrue à toujours penser par le point de vue des autres, et de voir les choses de leur point de vue – si vous retenez uniquement cette notion, cela pourrait aisément se révéler être l'une des étapes importantes de votre carrière.

La plupart des hommes vont à l'université et apprennent à lire Virgile, à maîtriser les mystères du calcul infinitésimal, sans jamais découvrir comment leur propre esprit fonctionne. Par exemple : un jour, j'ai donné un cours d'Art Oratoire aux jeunes diplômés d'université qui entraient au service de la Carrier Corporation à Newark, dans le New Jersey, l'entreprise qui climatise les bureaux et les salles de cinéma. L'un des participants voulait persuader les autres de faire du basketball, et voici ce qu'il a dit : « Je veux que vous sortiez et que vous fassiez du basketball. J'aime faire du basket, mais les quelques dernières fois où je suis allé au gymnase, il n'y avait pas assez de personnes pour faire un match. Deux ou trois d'entre nous faisaient des lancers de ballon l'autre soir – et j'ai eu un œil au beurre noir. J'aimerais que vous veniez tous demain soir. Je veux faire du basket. »

A-t-il parlé de ce que vous souhaitiez ? Vous ne voulez pas aller dans un gymnase que personne ne fréquente, si ? Vous

vous fichez de ce qu'il veut. Vous ne souhaitez pas avoir un œil au beurre noir.

Aurait-il pu vous montrer comment obtenir ce que vous voulez en utilisant le gymnase ? Certainement. Plus de dynamisme. Un appétit plus éveillé. Un cerveau plus clair. De l'amusement. Des jeux. Du basketball.

Pour répéter le sage conseil du professeur Overstreet : « Tout d'abord, provoquez chez l'autre un désir ardent. Celui qui peut le faire a le monde entier avec lui. Celui qui ne le peut pas marche seul. »

L'un des étudiants dans la formation de l'auteur s'inquiétait pour son petit garçon. Cet enfant en sous-poids refusait de s'alimenter correctement. Ses parents employaient la méthode traditionnelle. Ils le grondaient et le critiquaient constamment. « Maman veut que tu manges ceci et cela. » « Papa veut que tu grandisses pour devenir un homme fort. »

Le garçon a-t-il porté une quelconque attention à ces demandes ? Tout autant que vous aux jours de fêtes religieuses si vous êtes athée.

Personne avec une once de bon sens n'attendrait d'un enfant de trois ans qu'il réagisse au point de vue d'un père de trente ans. Et pourtant, c'est précisément ce que le père attendait. C'est absurde. Il a fini par le comprendre. Donc il s'est dit : « Que veut ce garçon ? Comment puis-je faire rejoindre ce qu'il veut à ce que je veux ? »

Ce fut simple pour le père dès qu'il commença à y réfléchir. Son garçon avait un tricycle qu'il adorait faire rouler de haut en bas du trottoir devant leur maison à Brooklyn. Quelques maisons plus bas, habitait une « menace », comme ils disent à Hollywood – un garçon plus grand qui faisait tomber le petit garçon de son tricycle et partait avec.

Naturellement, le petit garçon courait en hurlant pour rejoindre sa mère, et elle devait sortir, faire descendre la « menace » du tricycle et remettre son petit garçon dessus. Cela arrivait pratiquement tous les jours.

Que voulait le petit garçon ? Nul besoin d'être Sherlock Holmes pour répondre à cette question. Sa fierté, sa colère, son désir d'un sentiment d'importance – et toutes les fortes émotions qu'il entraîne – le poussaient à prendre sa revanche, à mettre un coup de poing dans le nez de la « menace ». Et lorsque son père lui expliqua qu'il pourrait botter les fesses du garçon plus grand un jour, mais seulement s'il mangeait ce que sa mère lui demandait d'avaler – lorsque son père lui promit cela, il n'y eut plus aucun problème de diététique. Cet enfant aurait mangé des épinards, de la choucroute, des maquereaux marinés, n'importe quoi tant que cela l'aidait à être assez grand pour écraser la brute qui l'avait humilié si souvent.

Après avoir résolu ce problème, les parents s'attaquèrent à un autre : le petit garçon avait la terrible habitude de mouiller son lit.

Il dormait avec sa grand-mère. Le matin, cette dernière le réveillait, sentait l'humidité des draps et disait : « Johnny, regarde ce que tu as encore fait cette nuit. »

Il répondait : « Non, c'est pas vrai. C'est toi. »

Elle le réprimandait, lui donnait des fessées, l'humiliait, répétait que sa mère ne voulait pas qu'il fasse cela – aucune de ces choses ne laissait le lit sec. Donc les parents se demandèrent : « Que pourrions-nous faire pour que cet enfant *veuille* arrêter de mouiller son lit ? »

Quels étaient ses souhaits ? Tout d'abord, il voulait porter un pyjama comme Papa, au lieu d'une chemise de nuit comme Grand-Mère. Cette dernière en avait marre de ses iniquités nocturnes, donc elle lui offrit avec plaisir de lui acheter un pyjama s'il changeait d'attitude. Ensuite, il voulait un lit rien qu'à lui. Grand-Mère n'émit aucune objection.

Sa mère l'emmena dans le grand magasin Loeser à Brooklyn, fit un clin d'œil à la vendeuse et dit : « Voici un petit gentleman qui aimerait faire quelques achats. »

La vendeuse lui donna un sentiment d'importance en s'adressant à lui : « Jeune homme, que puis-je vous montrer ? »

Il se grandit de quelques centimètres et répondit : « Je veux acheter mon lit à moi. »

Lorsque sa mère lui en montra un qu'elle voulait qu'il achète, elle adressa un nouveau clin d'œil à la vendeuse, et le garçon fut convaincu de l'acheter.

Le lit fut livré le lendemain ; et ce soir-là, lorsque son père rentra à la maison, le petit garçon courut à la porte en hurlant : « Papa ! Papa ! Monte, viens voir mon lit que *j*'ai acheté ! »

Le père, regardant le lit, obéit à l'injonction de Charles Schwab : il fut « chaleureux dans sa reconnaissance et généreux dans ses louanges ».

« Tu ne vas pas mouiller ce lit, n'est-ce pas ? » demanda le père.

« Oh, non, non ! Je ne vais pas mouiller ce lit. » Le garçon tint sa promesse, car sa fierté était impliquée. C'était *son* lit. *Lui* et *lui* seul l'avait acheté. Et à présent, il portait un pyjama, comme un petit homme. Il voulait se conduire comme un homme. Et il le fit.

Un autre père, K. T. Dutschmann, technicien téléphonique, un étudiant de ce cours, n'arrivait pas à obtenir que sa fille de trois ans mange son petit-déjeuner. Les méthodes habituelles – réprimandes, supplications et flatteries – n'avaient mené à rien. Donc les parents se demandèrent : « Comment pourrions-nous lui *donner envie* de le faire ? »

La petite fille adorait imiter sa mère, pour se sentir grande et adulte ; donc, un matin, ils la posèrent sur une chaise et la laissèrent préparer le petit-déjeuner. Juste au moment psychologique, son père entra nonchalamment dans la cuisine alors qu'elle mélangeait les céréales. Elle dit : « Oh, regarde, Papa, je prépare les Maltex, ce matin. »

Elle avala deux portions de céréales sans aucune incitation car elle s'y intéressait. Elle avait atteint un sentiment d'importance ; en préparant les céréales, elle avait découvert une piste d'expression de soi.

William Winter remarqua un jour que « l'expression de soi est la nécessité dominante dans la nature humaine ». Pourquoi ne pourrions-nous pas appliquer cette même psychologie aux relations commerciales ? Lorsque nous avons une idée brillante, au lieu de faire croire à l'autre que c'est la vôtre, pourquoi ne pas le laisser préparer et mélanger l'idée lui-même ? Puis il y pensera comme la sienne ; il l'aimera et s'en resservira peut-être deux portions.

N'oubliez pas : « Tout d'abord, provoquez chez l'autre un désir ardent. Celui qui peut le faire a le monde entier avec lui. Celui qui ne le peut pas marche seul. »

Neuf suggestions pour tirer le maximum de ce livre

1. Si vous voulez tirer le maximum de ce livre, il y a une condition nécessaire, un élément indispensable infiniment plus important qu'aucune autre règle ou technique. À moins d'avoir ce prérequis fondamental, mille règles quant à comment travailler ne vous aideront pas beaucoup. Mais si vous possédez cette faculté cardinale, alors vous pourrez accomplir des merveilles sans avoir à lire comment tirer le maximum d'un livre.
Quel est cet élément essentiel ? Uniquement cela : *un profond désir moteur d'apprendre, une vigoureuse détermination à améliorer votre capacité à traiter avec les autres.*
Comment développer un tel désir ? En vous rappelant sans arrêt à quel point ces principes sont importants pour vous. Imaginez-vous combien leur maîtrise vous aidera dans votre poursuite de récompenses sociales et financières plus riches. Répétez-vous sans cesse : « Ma popularité, mon bonheur et mon revenu dépendent largement de ma compétence à traiter avec les gens. »

2. Lisez d'abord chaque chapitre rapidement pour en avoir une vue d'ensemble. Vous serez alors sans doute tenté de vous précipiter vers le suivant. Mais n'en faites rien. À moins que vous ne lisiez ce livre simplement pour vous divertir. Mais si vous le lisez car vous souhaitez améliorer votre compétence dans les relations humaines, alors revenez en arrière et *relisez chaque chapitre minutieusement*. À long terme, cela vous fera gagner du temps et provoquera des résultats.

3. *Arrêtez fréquemment votre lecture pour réfléchir à ce que vous êtes en train de lire.* Demandez-vous simplement comment et quand vous pourriez appliquer chaque suggestion.

Cette façon de lire vous aidera bien plus que de foncer tête baissée comme un whippet chassant un lapin.

4. *Lisez avec un crayon rouge ou un stylo à la main ; et lorsque vous rencontrez une idée que vous pourriez appliquer, tracez une ligne à côté. Si c'est une idée quatre étoiles, soulignez chaque phrase ou bien marquez-la d'un « **** ».* Marquer et souligner un livre le rend encore plus intéressant, et d'autant plus simple pour le relire rapidement.

5. Je connais un homme qui est responsable administratif pour un grand cabinet d'assurance depuis quinze ans. Chaque mois, il lit tous les contrats d'assurance que son entreprise a établis ce mois-là. En effet, il a relu de nombreux contrats qui étaient sensiblement les mêmes mois après mois, année après année. Pourquoi ? Parce que l'expérience lui a appris que c'est là le seul moyen de garder clairement en tête les clauses de leurs contrats.
Une fois, j'ai passé presque deux ans à écrire un livre sur comment s'exprimer en public, et pourtant j'ai découvert que je dois y revenir de temps en temps afin de me rappeler ce que j'ai écrit dans mon propre livre. La rapidité avec laquelle nous oublions les choses est étonnante.
Donc, si vous voulez tirer un bénéfice réel et durable de ce livre, ne croyez pas que le lire en diagonale une seule fois suffira. Après l'avoir lu minutieusement, vous devez le reparcourir quelques heures par mois. Laissez-le sur votre bureau, devant vous, chaque jour. Jetez-y souvent un coup d'œil. Imprégnez-vous constamment des riches possibilités d'amélioration qu'il reste encore en perspective. N'oubliez pas que l'application de ces principes peut devenir habituelle et inconsciente uniquement par des campagnes d'analyse et d'application. C'est le seul moyen.

6. Bernard Shaw remarqua un jour : « Si vous enseignez quelque chose à un homme, il n'apprendra jamais. » Il avait raison. *Apprendre est une démarche active. Nous apprenons en agissant. Donc, si vous désirez maîtriser les principes que vous étudierez dans ce livre, faites-en quelque chose. Appliquez ces règles à*

chaque opportunité qui se présente. Si vous ne le faites pas, vous les oublierez rapidement. Seul le savoir qui est utilisé reste dans votre tête.

Vous trouverez certainement difficile d'appliquer ces idées tout le temps. Je le sais car j'ai écrit le livre, et pourtant je trouve très souvent difficile d'appliquer tout ce que je prêche. Par exemple, lorsque vous êtes contrarié, il est bien plus simple de critiquer et de condamner que d'essayer de comprendre le point de vue de l'autre personne. Il est souvent plus aisé de critiquer que d'encenser quelqu'un. Il est plus naturel de parler de ce qu'on veut plutôt que de ce que l'autre personne veut. Et ainsi de suite. Donc, lorsque vous lirez ce livre, n'oubliez pas que vous n'essayez pas simplement d'acquérir des informations. Vous essayez de construire de nouvelles habitudes. En effet, vous tentez un nouveau mode de vie. Cela demande du temps, de la persévérance et une application quotidienne.

Donc consultez souvent ces pages. Voyez cela comme un manuel de travail sur les relations humaines ; et dès que vous serez confronté à un problème spécifique – comme gérer un enfant, gagner votre épouse à votre cause, ou satisfaire un client agacé – réfléchissez-y à deux fois avant d'adopter la réaction naturelle, impulsive. En général, c'est une erreur. Au lieu de cela, tournez-vous vers ces pages et relisez les paragraphes que vous avez soulignés. Puis essayez ces nouvelles méthodes et regardez-les faire des merveilles pour vous.

7. Offrez à votre épouse, votre fils ou un associé d'affaires une pièce de 10 centimes ou 1 euro chaque fois qu'il ou elle vous surprend en train d'enfreindre un certain principe. Faites de la maîtrise de ces règles un jeu amusant.

8. Un jour, le président d'une importante banque de Wall Street a décrit, lors d'une prise de parole devant l'une de mes classes, un système très efficace de développement personnel qu'il a utilisé. Cet homme a peu d'éducation formelle ; pourtant, il est aujourd'hui l'un des financiers les plus importants d'Amérique, et il avoua qu'il devait la majorité de son succès à l'application constante de son système maison. Voici ce

qu'il fait. Je vais citer ses propres mots autant que je puisse m'en souvenir.

« Pendant des années, j'ai tenu un agenda contenant tous les rendez-vous que j'avais dans la journée. Ma famille ne prévoyait jamais rien avec moi le samedi soir, car elle savait que je consacrais un moment de chaque samedi soir au processus éclairant d'introspection, d'analyse et d'évaluation. Après le dîner, je m'isolais, j'ouvrais mon agenda et réfléchissais à tous les entretiens, les discussions et les réunions qui avaient eu lieu tout au long de la semaine. Je me demandais :
"Quelles erreurs ai-je fait cette fois ?"
"Qu'ai-je fait de bien – et comment aurais-je pu améliorer ma performance ?"
"Quelles leçons puis-je tirer de cette expérience ?"
Je me suis souvent aperçu que cette analyse hebdomadaire me rendait profondément malheureux. J'étais fréquemment stupéfait par mes propres bourdes. Bien entendu, au fil des années, ces gaffes devinrent plus rares. Parfois, j'étais enclin à me donner une petite tape dans le dos après l'une de ces séances. Ce système d'autoanalyse, d'autoéducation, poursuivie année après année, m'apporta plus qu'aucune autre chose que j'avais tentée auparavant.
Il m'a aidé à améliorer ma capacité à prendre des décisions – et cela m'a énormément aidé dans tous mes contacts avec les gens. Je ne saurais que trop le recommander. »

Pourquoi ne pas utiliser un système similaire pour vérifier votre application des principes exposés dans ce livre ? Si vous le faites, il en résultera deux choses.

Premièrement, vous vous trouverez engagé dans un processus pédagogique à la fois intrigant et inestimable.

Deuxièmement, vous découvrirez que votre capacité à rencontrer et traiter avec les autres grandira et s'étendra tel un laurier vert.

9. Choisissez un carnet sur lequel vous pourrez enregistrer vos triomphes par l'application de ces principes[1]. Soyez spéci-

---

[1] *Note de la traductrice* : Dans la version originale, l'auteur avait intégré un journal à la fin de ce livre. Nous proposons donc que le lecteur choisisse un carnet externe qui lui servira à cette même fin.

fique. Renseignez des noms, des dates, des résultats. Tenir un tel historique vous fera aspirer à de plus grands efforts encore ; et comme ces données seront fascinantes lorsque vous tomberez dessus par hasard, un soir, dans plusieurs années !

Afin de tirer le maximum de ce livre :

1. Développez un profond désir moteur de maîtriser les principes des relations humaines.
2. Lisez chaque chapitre deux fois avant de passer au suivant.
3. Lors de votre lecture, arrêtez-vous souvent pour vous demander comment vous pourriez appliquer chaque suggestion.
4. Soulignez chaque idée importante.
5. Relisez ce livre tous les mois.
6. Appliquez ces principes à chaque opportunité qui se présente. Utilisez cet ouvrage comme un manuel de travail visant à vous aider à régler vos problèmes quotidiens.
7. Faites de votre apprentissage un jeu amusant en offrant à un ami une pièce de 10 centimes ou 1 euro chaque fois qu'il vous surprend à enfreindre l'un de ces principes.
8. Contrôlez chaque semaine les progrès que vous faites. Demandez-vous quelles erreurs vous avez commises, quelle amélioration, quelles leçons vous avez apprises pour l'avenir.
9. Gardez des notes dans un carnet dédié qui montrent comment et quand vous avez appliqué ces principes.

DEUXIÈME PARTIE

Six façons de vous faire apprécier des autres

1
Faites cela
et vous serez le bienvenu partout

Pourquoi lire ce livre pour apprendre comment se faire des amis ? Pourquoi ne pas étudier la technique de l'homme le plus doué au monde pour se faire des amis ? Qui est-ce donc ? Vous pourriez le rencontrer demain en descendant la rue. Lorsque vous vous retrouverez à trois mètres de lui, il commencera à remuer la queue. Si vous vous arrêtez et que vous le caressez, il bondira presque pour vous montrer combien il vous apprécie. Et vous savez que derrière ce témoignage d'affection de sa part, il n'y a aucune arrière-pensée : il ne veut vous vendre aucun bien immobilier, et il ne souhaite pas vous épouser.

Avez-vous déjà réfléchi au fait qu'un chien est le seul animal qui n'a pas besoin de travailler pour vivre ? Une poule doit pondre des œufs ; une vache doit donner du lait ; et un canari doit chanter. Mais un chien vit en ne vous donnant rien d'autre que de l'amour.

Lorsque j'avais cinq ans, mon père acheta un chiot au pelage doré pour cinquante centimes. Il fut la lumière et la joie de mon enfance. Chaque après-midi, aux environs de 16 h 30, il s'asseyait dans le jardin, ses magnifiques yeux fermement rivés sur le chemin, et dès qu'il entendait ma voix ou me voyait agiter sa gamelle à travers le buisson, il partait comme une fusée, montant la colline en courant, hors d'haleine, pour m'accueillir avec des bonds de joie et des aboiements de pure extase.

Tippy fut mon fidèle compagnon pendant cinq ans. Puis, un soir tragique – je ne l'oublierai jamais – il fut tué à trois mètres de ma tête, frappé par un éclair. La mort de Tippy fut la tragédie de mon enfance.

Tu n'as jamais lu de livre sur la psychologie, Tippy. Tu n'en avais pas besoin. Tu savais par un instinct divin qu'on pouvait se faire plus d'amis en deux mois en s'intéressant sincèrement aux autres qu'en deux ans en essayant d'attirer l'intérêt des autres sur soi. Laissez-moi répéter cela. *Vous pouvez vous faire plus d'amis en deux mois en vous intéressant sincèrement aux autres qu'en deux ans en essayant d'attirer l'intérêt des autres sur vous.*

Pourtant, je connais, et vous aussi, des personnes qui sillonnent la vie en essayant d'attirer l'intérêt des autres sur elles – matin, midi et soir.

La New York Telephone Company publia une étude détaillée de conversations téléphoniques pour découvrir quel mot était le plus utilisé. Vous l'avez deviné : c'est le pronom « je ». « Je ». « Je ». Il a été utilisé 3 990 fois au cours de 500 conversations téléphoniques. « Je ». « Je ». « Je ». « Je ». « Je ».

Lorsque vous regardez une photo de groupe où vous êtes présent, quelle tête recherchez-vous en premier ?

Si vous pensez que d'autres personnes s'intéressent à vous, répondez à cette question : Si vous mouriez ce soir, combien viendraient à votre enterrement ?

Pourquoi les autres devraient-ils s'intéresser à vous sinon parce que vous vous intéressez d'abord à eux ? Attrapez votre stylo sur-le-champ et notez votre réponse dans votre carnet.

Si nous essayons simplement d'impressionner les autres et de susciter leur intérêt pour nous, nous n'aurons jamais beaucoup d'amis véritables et sincères. Les amis, les vrais, ne s'obtiennent pas de cette façon.

Napoléon a tenté cette approche, et lors de sa dernière rencontre avec Joséphine, il a dit : « Joséphine, j'ai été aussi chanceux que tout homme sur cette terre ; et pourtant, à cette heure, vous êtes la seule personne au monde sur laquelle je puisse compter. » Et des historiens doutaient du fait qu'il pût réellement compter sur elle.

Le regretté Alfred Adler, le célèbre psychologue viennois, écrivit un livre intitulé *Le Sens de la Vie*. Dans cet ouvrage, il affirme : « C'est l'individu qui ne s'intéresse pas à ses semblables qui rencontrera les plus grandes difficultés dans la vie et qui infligera les plus grandes blessures aux autres. C'est de tels individus que tous les échecs humains surgissent. »

Vous pourriez lire des centaines de volumes érudits sur la psychologie sans rencontrer une déclaration aussi importante pour vous et moi. Je n'aime pas me répéter, mais cette affirmation d'Adler est si riche de sens que je vais la répéter en italique :

C'est l'individu qui ne s'intéresse pas à ses semblables qui rencontrera les plus grandes difficultés dans la vie et qui infligera les plus grandes blessures aux autres. C'est de tels individus que tous les échecs humains surgissent.

Une fois, j'ai suivi un cours d'écriture de nouvelles à l'Université de New York, et pendant ce cours, l'éditeur du magazine *Collier* a pris la parole. Il a dit qu'il pouvait prendre n'importe quelle histoire parmi les dizaines qui traînaient sur son bureau chaque jour et, après avoir lu quelques paragraphes, sentir si l'auteur aimait les gens ou non. « Si l'auteur n'aime pas les gens », a-t-il dit, « les gens n'aimeront pas ses histoires ».

Ce dur à cuire d'éditeur s'interrompit deux fois lors de sa conférence sur l'écriture de fiction et s'excusa de prêcher un sermon. « Je vous dis les mêmes choses que votre prédicateur vous dirait. Mais n'oubliez pas, vous devez vous intéresser aux autres si vous voulez devenir un auteur d'histoires accompli. »

Si cela est vrai pour écrire de la fiction, vous pouvez être sûr que ça l'est triplement pour se comporter avec les autres dans la vraie vie.

J'ai passé une soirée dans la loge d'Howard Thurston la dernière fois qu'il est apparu à Broadway – Thurston, le doyen reconnu des magiciens ; Thurston, le roi de la prestidigitation. Pendant quarante ans, il avait voyagé dans le monde entier, encore et encore, créant des illusions, déroutant les spectateurs, déclenchant des exclamations d'étonnement. Plus de 60 millions de personnes avaient payé leur entrée pour voir son spectacle, et il avait engrangé presque deux millions de profit.

J'ai demandé à M. Thurston de me confier le secret de son succès. Sa scolarité n'y était certainement pour rien, car il s'était enfui de chez lui lorsqu'il était un petit garçon, était devenu un vagabond, se déplaçait par des wagons de marchandises, dormait dans des meules de foin, mendiait sa nourriture de porte en porte, et avait appris à lire en regardant les panneaux le long des rails, depuis ses wagons de marchandises.

Avait-il une excellente connaissance de la magie ? Non, il m'a dit que des centaines de livres avaient été écrits sur la prestidigitation, et une foule de gens en savaient autant que lui à ce sujet. Mais il possédait deux choses que les autres n'avaient pas. Tout d'abord, il avait la capacité d'exposer sa personnalité sous les projecteurs. C'était un maître dans l'art du spectacle. Il connaissait la nature humaine. Tout ce qu'il faisait, chaque geste, chaque intonation dans sa voix, chaque haussement de sourcil avait été soigneusement répété à l'avance, et ses actions étaient programmées à la seconde près. Mais, en plus de cela, Thurston nourrissait un véritable intérêt pour les autres. Il m'a raconté que de nombreux magiciens regardaient le public et se disaient : « Eh bien, il y a là une ribambelle de pigeons, une bande de ploucs ; je vais les berner comme il faut. » Mais la méthode de Thurston était radicalement différente. Il me raconta que chaque fois qu'il montait sur scène, il se disait : « Je suis reconnaissant car ces personnes sont venues me voir. Ils rendent possible le fait que je gagne ma vie d'une façon très agréable. Je vais leur offrir le meilleur de moi-même. »

Il a déclaré qu'il ne s'est jamais rendu sous les projecteurs sans s'être répété : « J'aime mon public. J'aime mon public. » Ridicule ? Absurde ? Vous avez le droit d'en penser ce que vous voulez. Je ne fais que vous relater cette histoire, sans aucun commentaire, comme une recette utilisée par l'un des magiciens les plus célèbres de tous les temps.

Madame Schumann-Heink me dit sensiblement la même chose. Malgré la faim et le chagrin, malgré une vie remplie de tant de tragédies qu'elle avait un jour tenté de se tuer ainsi que ses bébés – malgré tout cela, elle continua à chanter pour atteindre son objectif, et devint sans doute l'une des chanteuses wagnériennes les plus remarquables à avoir fait frissonner un public ; et elle aussi me confia que l'un des secrets de son succès était ce fait d'être intensément intéressée par les autres.

C'était également l'un des secrets de l'étonnante popularité de Théodore Roosevelt. Même ses domestiques l'adoraient. Son valet, James E. Amos, écrivit un livre à son sujet, intitulé *Théodore Roosevelt, un Héro pour son Valet*. Dans cet ouvrage, Amos raconte cet incident éclairant :

« Un jour, ma femme interrogea le président au sujet d'un colin. Elle n'en avait jamais vu, et il lui en décrivit un en détail.

Quelque temps plus tard, le téléphone de notre cottage sonna. *[Amos et sa femme vivaient dans une petite maison sur le domaine de Roosevelt, à Oyster Bay.]* Ma femme décrocha : c'était M. Roosevelt lui-même. Il l'appelait, avait-il dit, pour l'informer qu'un colin se trouvait devant sa fenêtre, et que si elle jetait un œil dehors, elle pourrait le voir. Ce genre de petites choses étaient extrêmement caractéristiques de ce personnage. Chaque fois qu'il passait devant notre cottage, même s'il ne nous voyait pas, nous l'entendions appeler : "Eh oh, Annie ?" ou "Eh oh, James !" C'était seulement un salut amical lorsqu'il passait par-là. »

Comment était-ce possible que des employés n'apprécient pas un homme tel que lui ? Comment était-ce possible que qui que ce soit ne l'apprécie pas ?

Un jour, Roosevelt fit un saut à la Maison-Blanche alors que le présent et Mme Taft étaient absents. Sa sincère affection pour les personnes humbles se montrait par le fait qu'il saluait tous les anciens domestiques de la Maison-Blanche par leur nom, même les aide-cuisinières.

« Lorsqu'il vit Alice, la cuisinière », écrit Archie Butt, « il lui demanda si elle faisait toujours du pain au maïs. Alice lui répondit qu'elle en préparait parfois pour les domestiques, mais que personne n'en mangeait en haut.

"Ils ont des goûts déplorables", gronda Roosevelt, "et j'en informerai le président lorsque je le verrai".

Alice lui en porta une tranche sur une assiette, puis il se dirigea vers le bureau, le mangeant en marchant et saluant les jardiniers et les ouvriers lorsqu'il les rencontrait...

Il s'adressait à chacune de ces personnes de la même façon que par le passé. Ils en parlent encore entre eux en chuchotant, et Ike Hoover a dit avec les larmes aux yeux : "Ce fut le seul jour heureux que nous eûmes en presque deux ans, et aucun de nous ne l'échangerait contre un billet de 100 dollars." »

Ce fut ce même intérêt intense pour les problèmes des autres qui a fait que le Dr Charles W. Eliot était l'un des meilleurs présidents d'université – et n'oubliez pas qu'il a piloté le destin d'Harvard depuis quatre ans avant la fin de la guerre de Sécession, jusqu'à cinq ans avant l'explosion de la Guerre mondiale. Voici un exemple qui démontre comment fonctionnait le Dr Eliot. Un jour, un étudiant en première année, L. R. G. Crandon, se rendit au bureau du président pour emprunter 50 dollars au Fonds de Prêt Étudiant. Le prêt fut accepté. « Puis j'ai présenté mes sincères remerciements et me dirigeais vers la porte » – je cite à présent les propres mots de Crandon – « lorsque le président Eliot me dit : "Asseyez-vous." Puis il poursuivit, à ma grande surprise : "J'ai entendu dire que vous cuisiniez et mangiez dans votre chambre. Je ne pense pas que ce soit mauvais pour vous tant que vous avez de la bonne nourriture et surtout assez. Lorsque j'étais à l'université, je faisais pareil. Avez-vous déjà fait du pain de viande ? S'il est fait à partir d'une viande de veau assez maturée et assez cuite, c'est l'une des meilleures choses que vous puissiez faire, car il n'y a aucun déchet. Voici comment je le préparais." Puis il me raconta comment choisir la pièce de viande, la lenteur à laquelle il fallait la faire cuire, avec une telle évaporation que la soupe allait devenir de la gelée un peu plus tard, puis comment la couper et la presser avec une poêle dans une autre, et qu'il fallait manger le tout froid. »

J'ai découvert par mon expérience personnelle que l'on peut même obtenir l'attention, le temps et la coopération de la personne la plus convoitée en Amérique en montrant un intérêt sincère pour elle. Laissez-moi illustrer mes propos :

Il y a plusieurs années, j'ai organisé un cours sur l'écriture de fiction au Brooklyn Institute of Arts and Sciences, et nous souhaitions que Kathleen Norris, Fannie Hurst, Ida Tarbell, Albert Payson Terhune, Rupert Hughes et bien d'autres auteurs aussi éminents et débordés viennent à Brooklyn pour nous offrir les bénéfices de leurs expériences. Donc nous leur avons écrit, en disant que nous admirions leur travail et que nous serions profondément intéressés par l'opportunité d'écouter leurs conseils et d'apprendre les secrets de leur succès.

Chacune de ces lettres fut signée par environ cent cinquante étudiants. Nous avions dit que nous nous rendions bien compte qu'ils étaient occupés – trop occupés pour préparer une conférence. Donc nous avons joint une liste de questions auxquelles ils pourraient répondre, sur eux et leurs méthodes de travail. Ils ont apprécié cela. Qui ne l'apprécierait pas ? Donc ils ont quitté leur foyer et ont fait le voyage jusqu'à Brooklyn pour nous donner un coup de main.

En utilisant la même méthode, j'ai persuadé Leslie M. Shaw, ministre des Finances sous Théodore Roosevelt, George W. Wickersham, ministre de la Justice sous Taft, William Jennings Bryan, Franklin D. Roosevelt et bien d'autres hommes importants, de venir parler à mes étudiants lors de conférences.

Chacun d'entre nous, que nous soyons des bouchers, des boulangers ou même le roi sur son trône, aime que les autres nous admirent. Prenez par exemple le Kaiser allemand. À l'issue de la Guerre mondiale, il était sans doute l'homme le plus férocement et universellement détesté sur cette terre. Même sa propre nation s'est retournée contre lui lorsqu'il a fui en Hollande pour sauver sa tête. La haine qui lui était vouée était si intense que des millions de gens auraient adoré le démembrer ou le brûler sur un bûcher. Au milieu de cet incendie de furie, un petit garçon écrivit au Kaiser une simple lettre, sincère, qui rayonnait de bienveillance et d'admiration. Le garçon disait que peu importait ce que les gens pensaient, il aimerait toujours Wilhelm comme son Empereur. Le Kaiser fut profondément touché par sa lettre et invita le garçon à venir le voir. Ce dernier y alla, ainsi que sa mère – et le Kaiser l'épousa. Ce petit garçon n'avait pas besoin de lire un livre sur « Comment vous faire des amis et créer de l'adhésion ». Il le savait instinctivement.

Si nous voulons nous faire des amis, commençons à faire des choses pour les autres – des choses qui demandent du temps, de l'énergie, du désintéressement et de la gentillesse. Lorsque le duc de Windsor était le prince de Galles, il était prévu qu'il visite l'Amérique du Sud, et avant d'entamer ce voyage, il a passé des mois à étudier l'espagnol pour qu'il puisse s'exprimer en public dans la langue du pays ; et les Sud-Américains l'adorèrent pour cette raison.

Pendant des années, j'ai mis un point d'honneur à découvrir le jour d'anniversaire de mes amis. Comment ? Bien que je n'aie pas la moindre confiance en l'astrologie, j'ai commencé à demander à l'autre partie si elle croyait que la date de naissance influait sur le caractère et le tempérament. Puis je lui demandais de me donner son jour et son mois de naissance. S'il répondait le 24 novembre, par exemple, je me répétais sans arrêt : « 24 novembre, 24 novembre. » Dès qu'il tournait le dos, j'écrivais son nom et son anniversaire, puis je le consignais plus tard dans un carnet d'anniversaires. Au début de chaque année, je note ces dates d'anniversaire dans mon calendrier pour que j'y pense automatiquement. Lorsque le jour J arrive, j'envoie une lettre ou un télégramme. Quel effet cela produit ! Je suis très souvent la seule personne au monde à s'en souvenir.

Si nous voulons nous faire des amis, saluons les autres avec entrain et enthousiasme. Lorsque quelqu'un vous appelle au téléphone, employez la même psychologie. Dites « Bonjour » sur un ton qui traduit combien vous êtes ravi d'avoir cette personne au bout du fil. La New York Telephone Company dirige une école qui entraîne ses opérateurs à dire : « Votre numéro, s'il vous plaît » sur un ton qui signifie : « Bonjour, je suis ravi de vous aider ». N'oublions pas cela lorsque nous répondrons au téléphone demain.

Cette philosophie peut-elle s'appliquer dans les affaires ? Est-ce possible ? Je pourrais citer nombre d'exemples ; mais nous n'avons pas le temps d'en relater plus de deux.

Charles R. Walters, de l'une des grandes banques à New York City, fut désigné pour préparer un rapport confidentiel sur une certaine société. Il ne connaissait qu'une seule personne qui détenait les faits dont il avait si urgemment besoin. Il entreprit d'aller voir cet homme, le président d'une importante entreprise industrielle. Alors que M. Walters fut conduit dans le bureau du directeur, une jeune femme passa la tête dans l'ouverture de la porte et informa le directeur qu'elle n'avait aucun timbre pour lui ce jour-là.

« Je collectionne des timbres pour mon fils de 12 ans », expliqua le directeur à M. Walters.

M. Walters exposa sa mission et commença à poser des questions. Le directeur répondait de façon vague, générale, nébuleuse. Il ne souhaitait pas parler, et visiblement, rien ne pourrait l'en persuader. L'entretien fut bref et stérile.

« Honnêtement, je ne savais pas quoi faire », dit M. Walters en racontant cette histoire à la classe. « Puis je me suis rappelé ce que sa secrétaire lui avait dit – des timbres, un fils de 12 ans… et je me suis également souvenu que le service international de notre banque récupérait des timbres – des timbres collés sur des lettres arrivant de tous les continents, lavés par les sept mers.

Le lendemain après-midi, je rendis visite à cet homme et lui fis passer un message, disant que j'avais quelques timbres pour son garçon. Ai-je été accueilli avec enthousiasme ? Oui, Monsieur. Il n'aurait pas pu me serrer la main avec plus d'entrain même s'il s'était présenté au Congrès. Il rayonnait de bienveillance, tout sourire. "Mon George va adorer celui-ci", répétait-il alors qu'il caressait les timbres. "Et regardez celui-là ! C'est un trésor."

Nous avons passé une demi-heure à parler des timbres et à regarder une photo de son fils, puis il me consacra plus d'une heure de son temps afin de me fournir toutes les informations que je recherchais – sans même que j'aie à le lui suggérer. Il me raconta tout ce qu'il savait, puis il fit appeler ses subordonnés et les questionna. Il téléphona à quelques-uns de ses associés. Il me rassasia en faits, chiffres, rapports et correspondances. Dans le jargon des journalistes, je tenais un scoop. »

Voici un autre exemple :
C.M. Knaphle Jr, de Philadelphie, avait essayé pendant des années de vendre du charbon à une grosse chaîne de magasins. Mais cette entreprise achetait toujours son carburant à un négociant à l'extérieur de la ville et le transportait juste devant le bureau de Knaphle. Un soir, M. Knaphle a fait un discours devant l'une de mes classes, déversant sa colère brûlante contre les chaînes de magasins, les cataloguant comme un fléau pour la nation.

Et il se demande encore pourquoi il ne pouvait rien leur vendre.

Je lui ai suggéré d'essayer des tactiques différentes. Pour faire court, voici ce qu'il s'est passé. Nous avons organisé un débat entre des membres du cours, avec pour sujet : « Est-ce que l'expansion des chaînes de magasins fait plus de mal que de bien à notre pays ? »

Knaphle, sur ma proposition, choisit l'infirmation ; il accepta de défendre les chaînes de magasins, puis alla directement voir un cadre de la chaîne qu'il haïssait, et dit : « Je ne suis pas ici pour essayer de vous vendre du charbon. Je suis venu vous demander une faveur. » Il parla de son débat et poursuivit : « Je suis venu vous demander de l'aide, car je ne peux penser à une autre personne plus à même de me donner les faits que je recherche. J'ai hâte de gagner ce débat, et j'apprécierais grandement toute aide que vous pourriez m'apporter. »

Voici la suite de l'histoire de M. Knaphle à travers ses propres mots :

« J'avais demandé à cet homme exactement une minute de son temps. C'était en sachant cela qu'il avait accepté de me voir. Après avoir exposé mon cas, il m'invita à m'asseoir et me parla pendant exactement une heure et quarante-sept minutes. Il fit venir un autre cadre qui avait écrit un livre sur les chaînes de magasins. Il écrivit à la National Chain Store Association et me fournit la copie d'un débat sur le sujet. Il avait l'impression que les chaînes de magasins rendaient un réel service à l'Humanité. Il était fier de ce qu'il faisait pour des centaines de communautés. Ses yeux brillaient légèrement lorsqu'il parlait, et je dois avouer qu'il m'a ouvert les yeux sur des choses auxquelles je n'aurais jamais ne serait-ce que pensé. Il changea l'entièreté de mon état d'esprit.

Lors de mon départ, il me raccompagna à la porte, posa son bras sur mes épaules, me souhaita le meilleur pour mon débat, et me demanda de revenir le voir, pour lui dire comment je m'en serais sorti. Voici les derniers mots qu'il m'adressa : "Je vous en prie, revenez me voir à la fin du printemps. J'aimerais vous passer une commande de charbon."

Pour moi, c'était presque un miracle. Voilà qu'il proposait d'acheter du charbon sans même que j'aie à le lui suggérer. J'avais bien plus avancé en deux heures, en m'intéressant sincèrement à lui et à ses problèmes, que je n'aurais pu le faire en dix ans, en essayant de l'intéresser à moi et à mon charbon. »

Vous n'avez pas découvert une nouvelle vérité, M. Knaphle, car il y a bien longtemps, 100 ans avant la naissance du Christ, un célèbre et vieux poète romain, Publilius Syrus, avait fait remarquer : « Nous nous intéressons aux autres lorsqu'ils s'intéressent à nous. »

Donc, si vous souhaitez que quelqu'un vous apprécie, voici la Règle n°1 :

Intéressez-vous sincèrement aux autres.

Si vous voulez développer une personnalité plus agréable, une capacité augmentée dans les relations humaines, je vous conseille de lire *Le Retour à la Religion* par le Dr Henry Link. Ne vous laissez pas effrayer par le titre. Il ne s'agit pas d'un livre de sainte-nitouche. Il a été écrit par un psychologue renommé qui a personnellement interviewé et aidé plus de 3 000 personnes qui étaient venues le voir avec des soucis de personnalité. Le Dr Link m'a raconté qu'il aurait très bien pu intituler son livre *Comment développer votre personnalité*. Il traite de ce sujet. Vous le trouverez intéressant, très éclairant. Si vous le lisez, et agissez selon ses conseils, vous serez pratiquement assuré de développer votre capacité à traiter avec les autres.

2

Un moyen simple de faire une bonne première impression

J'ai récemment assisté à un dîner à New York. L'une des invités, une femme ayant touché un héritage, avait hâte de faire bonne impression auprès de tous. Elle avait dépensé une modeste fortune en achetant un manteau de zibeline, des diamants et des perles. Mais elle n'avait rien modifié sur son visage. Il transpirait l'aigreur et l'égoïsme. Elle n'avait pas compris ce que tout le monde sait : l'expression affichée sur le visage d'une femme est bien plus importante que les vêtements qu'elle a sur le dos. (D'ailleurs, pensez-y lorsque votre femme voudra acheter un manteau de fourrure.)

Charles Schwab m'a dit que son sourire avait valu un million de dollars. Et il a probablement minimisé la vérité. Car sa personnalité, son charme, sa capacité à se faire apprécier des autres, étaient presque entièrement responsables de son succès extraordinaire ; et l'un des facteurs les plus délicieux de sa personnalité est son sourire captivant.

Un jour, j'ai passé un après-midi avec Maurice Chevalier – et, honnêtement, j'ai été déçu. Morose, taciturne, il était drastiquement différent de ce que j'imaginais – jusqu'à ce qu'il ait souri. À partir de là, c'était comme si le soleil avait transpercé un nuage. Sans son sourire, Maurice Chevalier serait encore certainement un ébéniste à Paris, suivant la tradition de son père et de ses frères.

Les actions valent bien plus que les mots, et un sourire dit : « Je t'aime bien. Tu me rends heureux. Je suis ravi de te voir. »

C'est la raison pour laquelle les chiens font tant sensation. Ils sont si heureux de nous voir qu'ils bondissent dans tous les sens. Donc, naturellement, nous sommes contents de les voir.

Un sourire hypocrite ? Non. Ça ne berne personne. Nous savons que c'est mécanique et cela nous agace. Je parle d'un vrai sourire, chaleureux, un sourire qui vient de l'intérieur, le genre de sourire qui obtient un bon prix au marché.

La responsable de recrutement d'un grand magasin réputé de New York m'a raconté qu'elle préfèrerait engager une vendeuse qui n'a pas terminé l'école primaire, si elle a un joli sourire, plutôt qu'un docteur en philosophie avec un visage sérieux.

Le président du conseil d'administration de l'une des plus grandes entreprises de caoutchouc aux États-Unis m'a confié que, selon ses observations, les hommes réussissent rarement quoi que ce soit, sauf s'ils prennent du plaisir à le faire. Ce leader industriel ne croit pas vraiment au vieil adage qui dit que seul le travail acharné est la clef magique qui déverrouillera la porte de nos désirs. « J'ai connu des hommes », dit-il, « qui ont réussi parce qu'ils appréciaient réellement de faire leur travail. Plus tard, j'ai vu ces hommes commencer à réellement *travailler*. Ce travail est devenu ennuyeux. Ils ont perdu toute la joie qu'ils y mettaient, et ils ont échoué. »

Vous devez apprécier de rencontrer des gens si vous attendez d'eux qu'ils apprécient de vous rencontrer.

J'ai demandé à des milliers d'hommes d'affaires de sourire à quelqu'un à chaque heure de la journée pendant une semaine, puis de venir en classe pour parler des résultats. Comment ça s'est passé ? Voyons… Voici une lettre de William B. Steinhardt, membre de la Bourse de New York. Son cas n'est pas isolé. En fait, c'est typiquement le cas de centaines de personnes.

« J'ai été marié pendant plus de dix-huit ans », écrivit M. Steinhardt, « et pendant tout ce temps, je n'ai que rarement souri à ma femme, ou lui ai adressé une vingtaine de mots entre le moment où je me levais et celui où j'étais prêt à partir pour aller travailler. J'étais l'un des pires ronchons à avoir jamais descendu Broadway.

Comme vous m'aviez demandé de raconter mon expérience avec les sourires, j'ai pensé que je l'essaierais pendant une semaine. Donc, le lendemain matin, alors que je peignais mes cheveux, j'ai regardé ma tronche morose dans le miroir et je me suis dit : "Bill, tu vas effacer cet air renfrogné de ta grise mine aujourd'hui. Tu vas sourire. Et tu ferais bien de commencer maintenant." Lorsque je me suis assis pour le petit-déjeuner, j'ai salué ma femme avec un "Bonjour, ma chère", et j'ai souri en le disant.

Vous m'aviez prévenu que cela pourrait la surprendre. Eh bien, vous aviez sous-estimé sa réaction. Elle était déroutée. Choquée. Je l'ai informée qu'à l'avenir, elle pourrait s'attendre à cela de façon régulière, et je l'ai refait chaque matin depuis deux mois maintenant.

Mon changement d'attitude apporta plus de bonheur dans notre foyer en deux mois, depuis que j'avais commencé à agir de la sorte, qu'en une année qui venait de s'écouler.

Maintenant, lorsque je pars pour mon bureau, je salue le liftier dans l'immeuble avec un "Bonjour" et un sourire. J'adresse un sourire au concierge. Je souris au caissier au guichet du métro lorsque je demande de la monnaie. Lorsque je me trouve à la Bourse, je souris à des personnes qui ne m'avaient jamais vu sourire jusqu'à récemment.

J'ai rapidement découvert que tout le monde me rendait mon sourire. Je traite avec enthousiasme ceux qui viennent me voir pour des plaintes ou des doléances. Je souris tout en les écoutant, et je découvre que des ajustements se font bien plus facilement. J'ai découvert que les sourires me rapportent des dollars, beaucoup de dollars chaque jour.

Je partage mon bureau avec un autre courtier. L'un de ses commis est un jeune gars sympathique, et j'étais si fou de joie des résultats que j'obtenais que je lui ai récemment parlé de ma nouvelle philosophie de relations humaines. Il m'a alors avoué que lorsqu'il m'avait vu pour la première fois, en partageant mon bureau avec lui, il avait pensé que j'étais un horrible ronchon – et il n'a changé d'avis que récemment. Il a dit que j'étais vraiment humain lorsque je souriais.

J'ai également éliminé les critiques de mon système. À présent, je montre de la reconnaissance et j'encense au lieu de condamner. J'ai arrêté de parler de ce que je veux. J'essaie maintenant de comprendre le point de vue de l'autre. Et ces choses ont littéralement révolutionné ma vie. Je suis un homme totalement différent, plus heureux, plus riche – plus riche d'amis et de bonheur ; les seules choses qui comptent le plus, finalement. »

N'oubliez pas que cette lettre a été écrite par un agent de change sophistiqué et expérimenté qui gagne sa vie en achetant et en vendant des actions pour son compte propre à la Bourse de New York – un travail si difficile que 99 % des personnes qui le tentent échouent.

Vous n'avez pas envie de sourire ? Et alors ? Deux choses. D'abord, forcez-vous à sourire. Si vous êtes seul, forcez-vous à siffler ou fredonner ou chanter une chanson. Comportez-vous comme si vous étiez déjà heureux, et cela aura tendance à vous rendre heureux. Voici comment le regretté professeur William James d'Harvard le dit :

« L'action semble suivre le sentiment, mais l'action et le sentiment vont réellement ensemble ; et en régulant l'action, qui est sous le contrôle le plus direct de la volonté, nous pouvons indirectement réguler le sentiment, qui n'est pas contrôlé.

Ainsi, le chemin souverain et délibéré vers la bonne humeur, si nous l'avons perdue, est de se redresser avec enthousiasme et d'agir et de parler comme si la bonne humeur était déjà là… »

Chaque personne dans ce monde recherche le bonheur – et il y a une façon certaine de le trouver. En contrôlant vos pensées. Le bonheur ne dépend pas de conditions extérieures, mais intérieures.

Ce n'est pas ce que vous avez, qui vous êtes, où vous êtes ou ce que vous faites qui vous rend heureux ou malheureux. C'est ce que vous en pensez. Par exemple, deux personnes peuvent se trouver au même endroit, à faire la même chose ; ils peuvent tous deux avoir autant d'argent et de prestige – et pourtant, l'un peut être misérable et l'autre heureux. Pourquoi ? À cause d'une attitude mentale différente. J'ai vu autant de visages heureux parmi les coolies chinois qui transpiraient et travaillaient dur sous la chaleur écrasante de la Chine pour sept centimes par jour que j'en vois sur Park Avenue.

« Rien n'est bon ou mauvais, c'est la pensée qui le détermine », disait Shakespeare.

Abe Lincoln remarqua un jour que « la plupart des gens sont aussi heureux qu'ils l'ont décidé ». Il avait raison. J'ai vu une illustration saisissante de cette vérité. Je montais les escaliers de la gare de Long Island, à New York. Juste en face de moi, trente ou quarante garçons handicapés avaient du mal à monter les marches avec leurs canes et leurs béquilles. Un des garçons devait être porté. Je fus stupéfait de leurs rires et de leur gaieté. J'en parlai à l'un des hommes chargés d'accompagner les enfants. « Ah, oui », dit-il, « quand un garçon comprend qu'il va être handicapé à vie, il est d'abord en état de choc ; mais après avoir surmonté le choc, en général, il se résigne à son destin et devient ensuite plus heureux encore que les garçons sans handicap ».

J'avais envie de tirer mon chapeau à ces enfants. Ils m'apprirent une leçon que j'espère ne jamais oublier.

J'ai passé un après-midi avec Mary Pickford à l'époque où elle préparait son divorce avec Douglas Fairbanks. Tout le monde imaginait sans doute à ce moment-là qu'elle était bouleversée et malheureuse ; mais j'ai découvert qu'elle était l'une des personnes les plus sereines et victorieuses que j'aie jamais rencontrées. Elle irradiait de bonheur. Son secret ? Elle l'a révélé dans un petit livre de trente-cinq pages, un livre que vous pourriez aimer. *Pourquoi ne pas essayer Dieu ?* par Mary Pickford.

Franklin Bettger, l'ancien troisième base pour les St. Louis Cardinals, et à présent l'un des assureurs les plus accomplis d'Amérique, m'a dit qu'il s'était rendu compte il y a plusieurs années qu'un homme avec un sourire est toujours le bienvenu. Donc, avant d'entrer dans le bureau d'un homme, il s'arrête toujours un instant et pense à toutes les choses qu'il est reconnaissant d'avoir dans sa vie, puis affiche un grand sourire authentique, avant de pénétrer dans la pièce en effaçant ce sourire de son visage.

Il croit que cette technique simple joue un grand rôle dans son extraordinaire succès en matière de vente d'assurances.

Lisez attentivement ce petit conseil avisé d'Elbert Hubbard – mais rappelez-vous, le lire avec toute l'attention du monde ne vous apportera rien si vous ne l'appliquez pas :

Chaque fois que vous sortez, relevez le menton, gardez la tête haute et remplissez vos poumons au maximum ; buvez le soleil ; saluez vos amis avec un sourire, et mettez votre âme dans chaque poignée de mains. N'ayez pas peur d'être incompris et ne gaspillez pas une minute à penser à vos ennemis. Essayez de fixer dans votre esprit ce que vous aimeriez faire ; et à ce moment-là, sans dévier de votre trajectoire, vous vous dirigerez tout droit vers votre but. Gardez à l'esprit les belles choses, splendides, que vous aimeriez faire, et alors, à mesure que les jours glisseront, vous vous retrouverez en train de saisir inconsciemment les opportunités nécessaires pour satisfaire votre désir, tout comme le polype retire de la marée les éléments dont il a besoin. Imaginez la personne compétente, honnête, utile que vous désirez être, et cette pensée à laquelle vous vous accrochez vous transformera au fil des heures en cet individu particulier... Les pensées sont suprêmes. Préservez une bonne attitude mentale – de courage, de franchise et de joie. Penser correctement, c'est créer. Toutes choses viennent par le désir, et chaque prière sincère est exaucée. Nous devenons ce que notre cœur désire. Relevez le menton et gardez la tête haute. Nous sommes des dieux dans leur chrysalide.

Les anciens Chinois étaient très sages – une sagesse concernant les pratiques du monde ; ils avaient un proverbe que vous et moi devrions découper et coller à l'intérieur de nos chapeaux. La voici : « L'homme qui ne sait pas sourire ne devrait pas tenir boutique. »

Et en parlant de boutique, Frank Irving Fletcher, dans l'une de ses publicités pour Oppenheim, Collins & Co., nous présenta cette simple philosophie :

LA VALEUR D'UN SOURIRE À NOËL

Il ne coûte rien, mais crée beaucoup.
Il enrichit ceux qui le reçoivent, sans appauvrir ceux qui l'offrent.
Il arrive en un éclair et son souvenir dure parfois pour toujours.
Aucun n'est si riche qu'il puisse se débrouiller sans, et aucun si pauvre mais plus riche par ses bénéfices.
Il crée du bonheur dans le foyer, nourrit la bonne volonté dans un travail, et le signe distinctif des amis.
C'est un repos pour les fatigués, la lumière du jour pour les découragés, un rayon de soleil pour les déprimés, et le meilleur antidote de la Nature pour les soucis.

Pourtant on ne peut l'acheter, le mendier, l'emprunter ou le voler, car c'est quelque chose qui n'a aucune valeur pour personne jusqu'à ce qu'il soit offert !
Et si lors des achats de dernière minute de Noël, certains de nos vendeurs sont trop épuisés pour vous offrir un sourire, pourrions-nous vous demander de laisser un des vôtres ?
Car personne n'a plus besoin d'un sourire que ceux qui n'en ont plus à offrir !

Donc si vous souhaitez que les autres vous apprécient, voici la Règle n°2 :

Souriez.

3

« Si vous ne faites pas cela, vous foncez vers les ennuis »

En 1898, un évènement tragique eut lieu dans le comté de Rockland, à New York. Un enfant avait trouvé la mort, et en ce jour difficile, les voisins s'apprêtaient à assister aux funérailles. Jim Farley se dirigea vers la grande pour atteler son cheval. Le sol était recouvert de neige, l'air d'un froid saisissant ; le cheval n'avait pas fait d'exercice physique depuis des jours ; et alors qu'il le dirigeait vers l'abreuvoir, il se retourna malicieusement, se cabra haut dans les airs, et tua Jim Farley. Donc le petit village de Stony Point avait cette semaine-là deux enterrements au lieu d'un.

Jim Farley laissa derrière lui une veuve et trois garçons, ainsi que quelques centaines de dollars en assurance.

Son aîné, Jim, avait dix ans, et il partit travailler dans une briqueterie ; il faisait tourner le sable, le versait dans les moules, retournait la brique sur le côté pour qu'elle sèche au soleil. Ce garçon n'avait jamais eu la chance d'avoir une éducation poussée. Mais grâce à sa gentillesse irlandaise, il avait un don pour être apprécié par les autres, donc il entra en politique, et au fil des années, il développa une remarquable capacité à se rappeler le nom des gens.

Il n'avait jamais vu l'intérieur d'un lycée ; mais avant ses quarante-six ans, quatre universités l'avaient gratifié de diplômes et il était devenu président du Comité national démocrate des États-Unis.

Un jour, j'ai interviewé Jim Farley et lui ai demandé quel était le secret de son succès. Il m'a répondu : « Le travail acharné », et j'ai répliqué : « Ne vous moquez pas de moi. »

Puis il me demanda ce que je pensais être la raison de son succès. Je répondis : « Je crois savoir que vous pouvez appeler 10 000 personnes par leur prénom. »

« Non, vous vous trompez. Je peux appeler 50 000 personnes par leur prénom. »

Ne vous y trompez pas. Cette capacité aida M. Farley à propulser Franklin D. Roosevelt à la Maison-Blanche.

Durant les années où Jim Farley voyageait en tant que représentant pour une entreprise de gypse, ainsi que celles où il exerçait en tant que secrétaire de mairie à Stony Point, il construisit un système pour se souvenir des noms.

Au départ, c'était une méthode très simple. Chaque fois qu'il rencontrait une nouvelle personne, il découvrait son nom complet et la taille de sa famille, la nature de son travail et la couleur de ses opinions politiques. Il gravait ces détails dans sa tête et les associait au visage de l'homme en question, et à leur prochaine rencontre, même un an plus tard, il était capable de lui adresser une tape dans le dos, demander des nouvelles de sa femme et de ses enfants, et s'enquérir des roses trémières du jardin. Il n'est pas surprenant qu'il se soit fait des relations !

Pendant des mois avant le début de la campagne de Roosevelt pour la présidence, Jim Farley écrivit des centaines de lettres par jour, adressées à des personnes à travers tous les États de l'Ouest et du Nord-Ouest. Puis il sauta dans un train, et en 19 jours, il couvrit 20 États et pratiquement 20 000 kilomètres, voyageant en carriole, en train, en voiture et en skiff. Il s'arrêtait en ville, rencontrait ses relations pour un déjeuner ou petit-déjeuner, un thé ou un dîner, et leur parlait à cœur ouvert. Puis il filait à nouveau vers une nouvelle étape de son voyage.

Dès qu'il revint dans l'Est, il écrivit à un homme de chaque ville qu'il avait visitée, demandant une liste de tous les invités avec lesquels il avait discuté. La liste finale contenait des milliers de noms ; et pourtant, chaque personne y figurant fut flattée de recevoir une lettre personnelle de la part de James Farley. Ces lettres commençaient par « Cher Bill » ou « Cher Joe », et elles étaient toujours signées « Jim ».

Jim Farley découvrit très tôt dans sa vie que l'homme moyen est plus intéressé par son propre nom que par tous les autres noms de la terre réunis. Rappelez-vous ce nom et dites-le avec facilité, et vous aurez offert un compliment subtil mais très efficace. En revanche, oubliez-le ou écorchez-le, et vous vous mettrez dans une position nettement désavantageuse. Par exemple, un jour, j'ai organisé un cours d'art oratoire à Paris et ai envoyé une lettre type à tous les Américains résidant dans la ville. Les dactylographes français, avec visiblement peu de connaissances de la langue anglaise, indiquèrent les noms en les écorchant, bien évidemment. Un homme, le directeur d'une grande banque américaine implantée à Paris, m'adressa une réprimande cinglante car son nom n'avait pas été écrit correctement.

Quelle était la raison du succès d'Andrew Carnegie ?

Il était appelé le Roi de l'Acier ; et pourtant, il ne connaissait que peu de choses sur la production de l'acier. Des centaines d'hommes travaillant pour lui en savaient bien plus que lui à ce sujet.

Mais il savait comment se comporter avec les autres – et c'est ce qui l'a rendu riche. Très tôt, il montra un don pour l'organisation, ainsi que pour diriger. Dès ses dix ans, il avait lui aussi découvert l'étonnante importance que les autres accordent à leur propre nom. Et il employa cette découverte pour gagner la coopération. Un exemple : Lorsqu'il n'était encore un garçon en Écosse, il trouva une lapine – une maman. Et hop ! Il eut bientôt toute une portée de lapereaux – et rien à leur donner à manger. Mais il eut une brillante idée. Il dit aux garçons du voisinage que s'ils cueillaient assez de trèfles et de pissenlits pour nourrir les lapins, il donnerait leur nom aux petits.

Le plan fonctionna à merveille, et Carnegie ne l'oublia jamais.

Des années plus tard, il récolta des millions en utilisant la même psychologie dans le monde des affaires. Par exemple, il souhaitait vendre des rails en acier au Pennsylvania Railroad. À l'époque, J. Edgar Thomson en était le président. Donc Andrew Carnegie construisit une grande aciérie à Pittsburgh et la baptisa « Aciérie Edgar Tomson ».

Voici une devinette. Voyons si vous arrivez à trouver la réponse. Lorsque le Pennsylvania Railroad a eu besoin de rails en acier, à qui pensez-vous que J. Edgar Tomson les a achetés ?... Sears, Roebuck ? Non, non. Vous vous trompez. Essayez encore.

Lorsque Carnegie et George Pullman s'affrontaient pour la suprématie dans le commerce de wagons-lits, le Roi de l'Acier se souvint de la leçon des lapins.

La Central Transportation Company, qu'Andrew Carnegie dirigeait, se battait contre l'entreprise que possédait Pullman. Tous deux s'efforçaient d'obtenir le commerce de wagons-lits de l'Union Pacific Railroad ; ils se descendaient l'un l'autre, cassaient les prix, détruisaient toute chance de profit. Carnegie et Pullman s'étaient tous deux rendus à New York pour rencontrer le conseil d'administration de l'Union Pacific. Tombant l'un sur l'autre un soir au St. Nicholas Hotel, Carnegie dit : « Bonsoir, M. Pullman. Ne nous comportons-nous pas tous deux comme des imbéciles ? »

« Que voulez-vous dire ? » demanda Pullman.

Puis Carnegie exprima ce qu'il avait en tête – une fusion de leurs deux intérêts. Il décrivit en termes élogieux les avantages mutuels qu'ils pourraient retirer à travailler, non pas l'un contre l'autre, mais l'un avec l'autre. Pullman écouta attentivement, mais il n'était pas totalement convaincu. Il finit par demander : « Comment appelleriez-vous la nouvelle compagnie ? » Puis Carnegie répondit immédiatement : « Eh bien, la Pullman Palace Car Company, bien évidemment. »

Le visage de Pullman s'illumina. « Venez dans ma chambre », dit-il. « Nous allons en discuter. » Cette conversation marqua l'histoire de l'industrie.

Cette habitude d'Andrew Carnegie de se souvenir et d'honorer les noms de ses amis et de ses associés d'affaires était l'un des secrets de sa qualité de dirigeant. Il était fier de pouvoir appeler nombre de ses ouvriers par leur prénom ; et il se vantait du fait qu'aucune grève n'avait jamais perturbé sa flamboyante usine sidérurgique tant qu'il avait été à sa direction.

Paderewski, en revanche, donnait un sentiment d'importance à son chef de couleur chez Pullman en s'adressant toujours à lui en l'appelant « M. Copper ». À quinze occasions différentes, Paderewski a visité toute l'Amérique, se produisant devant des audiences hautement enthousiastes d'une côte à l'autre ; et à chaque fois, il a voyagé dans une voiture privée et le même chef lui réservait un repas tardif prêt à être avalé après le concert. Dans ces années-là, jamais Paderewski ne l'a appelé « George », comme le voulait l'usage en Amérique. Avec son formalisme désuet, Paderewski l'appelait toujours « M. Copper », et M. Copper aimait cela.

Les hommes sont tellement fiers de leur nom qu'ils s'évertuent à le perpétuer à tout prix. Même le vieux P. T. Barnum, un dur à cuire qui fanfaronnait, déçu de n'avoir aucun fils pour perpétuer son nom, offrit à son petit-fils, C. H. Seeley, 25 000 dollars s'il s'appelait « Barnum » Seeley.

Il y a 200 ans, des hommes riches payaient des auteurs pour qu'ils leur dédient leurs livres.

Des bibliothèques et des musées doivent leurs collections les plus riches à des hommes qui ne supportent pas que leur nom disparaisse de la mémoire de notre espèce. La New York Public Library possède ses collections Astor et Lenox. Le Metropolitan Museum perpétue les noms de Benjamin Altman et J. P. Morgan. Et presque chaque église est magnifiée par des vitraux commémorant le nom de leurs donateurs.

La majorité des gens ne se souviennent pas des noms, pour la simple raison qu'ils ne prennent ni le temps ni l'énergie nécessaires de se concentrer et de répéter les noms pour les fixer de façon indélébile dans leur mémoire. Ils se trouvent des excuses ; ils sont trop occupés.

Mais ils ne sont sans doute pas plus occupés que ne l'était Franklin D. Roosevelt, et il prit même le temps de se souvenir des noms des mécaniciens qu'il rencontrait.

Pour illustrer cela : L'organisation Chrysler construisit une voiture spéciale pour M. Roosevelt. W. F. Chamberlain et un mécanicien la livrèrent à la Maison-Blanche. J'ai devant moi une lettre écrite par M. Chamberlain qui relate ses expériences. « J'ai appris au président Roosevelt comment conduire une voiture avec un grand nombre de gadgets inhabituels, mais il m'a appris beaucoup sur l'art subtil de se comporter avec les autres.

Lorsque j'ai appelé à la Maison-Blanche », écrit M. Chamberlain, « le président était très plaisant et enjoué. Il m'appelait par mon prénom, me mettait totalement à l'aise, et m'impressionna particulièrement par le fait qu'il était *extrêmement intéressé* par les choses que je devais lui montrer et lui expliquer. La voiture était si bien conçue qu'elle pouvait être totalement contrôlée manuellement. Une foule se rassembla pour observer la voiture ; et il fit cette remarque : "Je la trouve merveilleuse. Vous n'avez qu'à toucher un bouton et elle avance, et vous pouvez la conduire sans effort. Je trouve cela génial – j'ignore ce qui la fait avancer. J'adorerais avoir le temps de la démonter et de voir comment ça marche."

Lorsque les amis et associés de Roosevelt admiraient la machine, il dit devant eux : "M. Chamberlain, j'apprécie assurément tout le temps et l'effort que vous avez consacrés à créer cette voiture. C'est de l'excellent travail." Il admira le radiateur, le rétroviseur spécial et l'horloge, les feux adaptés, la garniture, la position assise du siège conducteur, les valises dans le coffre avec son monogramme sur chacune d'elles. En d'autres termes, il s'arrêta sur tous les détails auxquels il savait que j'avais beaucoup réfléchi. Il mit un point d'honneur à faire remarquer toutes ces pièces d'équipement à Mme Roosevelt, à Miss Perkins, au ministre du Travail, et à sa secrétaire. Il fit même venir le vieux porteur en disant : "George, vous veillerez à prendre grand soin de ces valises."

Lorsque la leçon de conduite fut terminée, le président se tourna vers moi et me dit : "Eh bien, M. Chamberlain, cela fait trente minutes que je fais attendre le Federal Reserve Board. Je pense que je ferais mieux de me remettre au travail."

J'emmenai avec moi un mécanicien à la Maison-Blanche. Il fut présenté à Roosevelt à son arrivée. Il ne parla pas au président, et Roosevelt n'entendit son prénom qu'une seule fois. C'était un gars timide, et il restait dans l'ombre. Mais avant de nous quitter, le président tourna son regard vers le mécanicien, lui serra la main, l'appela par son nom, et le remercia d'être venu à Washington. Et ses remerciements n'étaient absolument pas pour la forme. Il pensait ce qu'il disait. Je le sentais.

Quelques jours après mon retour à New York, je reçus une photo signée du président Roosevelt et un petit mot de remerciements, exprimant encore une fois sa reconnaisse envers mon aide. Comment avait-il trouvé le temps de le faire reste un mystère pour moi. »

Franklin D. Roosevelt savait que l'une des façons les plus simples, évidentes et importantes d'établir de bonnes relations était de se souvenir des noms et de faire que les gens se sentent importants – et pourtant, combien d'entre nous le font ?

La moitié du temps, nous sommes présentés à un étranger, nous discutons quelques minutes, et nous ne nous rappelons même pas son nom lorsque nous nous disons au revoir.

Une des premières leçons qu'un politique apprend est celle-ci : « Se rappeler le nom d'un électeur est une qualité d'homme d'État. L'oublier est de l'inconscience. »

Et la capacité à se souvenir des noms est presque aussi importante dans les affaires et les relations sociales qu'en politique.

Napoléon III, empereur de France, et neveu du grand Napoléon, se vantait d'arriver à se rappeler le nom de chaque personne qu'il rencontrait, malgré ses devoirs royaux.

Sa technique ? Simple. S'il n'entendait pas distinctement le nom en question, il disait : « Je vous prie de m'excuser. Je n'ai pas bien entendu ce nom. » Puis, comme s'il s'agissait d'un nom inhabituel, il poursuivait : « Comment s'écrit-il ? »

Pendant la conversation, il prenait la peine de répéter le nom plusieurs fois, et essayait de l'associer dans sa mémoire aux traits de l'homme, à son expression et à son aspect général.

S'il s'agissait d'un homme d'importance, Napoléon s'infligeait encore plus d'efforts. Dès que son Altesse Royale était seul, il écrivait le nom sur un bout de papier, le regardait, se concentrait dessus, le figeait dans sa mémoire, puis il déchirait le papier. De cette façon, il se souvenait du nom par sa mémoire photographique en plus de sa mémoire auditive.

Tout ceci prend du temps, mais « les bonnes manières sont faites d'insignifiants sacrifices », disait Emerson.

Donc, si vous souhaitez que les autres vous apprécient, voici la Règle n°3 :

N'oubliez pas que le nom d'un homme est pour ce dernier le son le plus doux et le plus important de notre langue.

4

Un moyen simple de devenir un bon interlocuteur

J'ai récemment été invité à une partie de bridge. Personnellement, je n'y joue pas – et une femme blonde présente était dans le même cas que moi. Elle avait découvert que j'avais été le chef de Lowell Thomas avant qu'il ne parte à la radio et que j'avais énormément voyagé à travers l'Europe tout en l'aidant à préparer les conférences illustrées sur le voyage qu'il donnait à ce moment-là. Donc elle me dit : « Oh, M. Carnegie, j'insiste pour que vous me parliez de tous les endroits merveilleux que vous avez visités et les monuments que vous avez vus. »

Lorsque nous nous assîmes sur le canapé, elle me confia que son mari et elle venaient de rentrer d'un voyage en Afrique. « L'Afrique ! » m'exclamai-je. « Comme c'est intéressant ! J'ai toujours voulu voir ce continent, mais je n'y suis jamais allé, à part lors d'un séjour de vingt-quatre heures à Alger. Dites-moi, avez-vous visité le pays du gros gibier ? Vraiment ? Quelle chance. Je vous envie. Parlez-moi de l'Afrique. »

Et c'était parti pour 45 minutes. Elle ne me demanda plus jamais où j'étais allé ou ce que j'avais vu. Elle n'avait pas envie de m'entendre parler de mes voyages. Tout ce qu'elle voulait, c'était une oreille attentive, pour qu'elle puisse satisfaire son égo et raconter où elle était allée, elle.

Était-elle étrange ? Non. De nombreuses personnes sont comme elle.

Par exemple, il y a peu, j'ai rencontré un éminent botaniste lors d'un dîner organisé par J. W. Greenberg, l'éditeur new-yorkais. Je n'avais jamais échangé avec un botaniste auparavant, et je l'ai trouvé fascinant. J'étais littéralement assis sur le bord de ma chaise et l'écoutais parler de hachisch, de Luther Burbank et de jardins d'intérieur, et il m'a confié des faits étonnants sur la modeste pomme de terre. J'ai moi-même un petit jardin d'intérieur – et il était assez renseigné pour me dire comment résoudre quelques-uns de mes soucis.

Comme je l'ai dit, nous nous trouvions à un dîner. Il devait y avoir une dizaine d'autres invités ; mais j'ai enfreint toutes les règles de courtoisie, j'ai ignoré tous les autres, et ai discuté avec le botaniste pendant des heures.

Minuit sonna. Je dis au revoir à tout le monde et partis. Le botaniste se tourna alors vers notre hôte et me couvrit de nombreux compliments très flatteurs. J'étais « très intéressant ». J'étais ceci, j'étais cela ; et il termina en disant que j'étais un « interlocuteur fort intéressant ».

Un interlocuteur intéressant ? Moi ? À vrai dire, je n'ai pas dit grand-chose. Je n'aurais rien pu dire sans fatalement changer de sujet, car je n'en savais pas plus sur la botanique que sur l'anatomie d'un pingouin. Mais voici ce que j'ai fait : j'ai écouté attentivement. J'ai écouté car j'étais sincèrement intéressé. Et il l'a senti. Ce fait lui a naturellement plu. Ce genre d'écoute est l'un des plus beaux compliments que l'on peut faire à quelqu'un. Jack Woodford écrivait dans *Strangers in Love* : « Peu d'êtres humains sont insensibles à la flatterie implicite d'une attention captivée. » J'ai fait même mieux que lui donner une attention captivée. J'ai été « chaleureux dans ma reconnaissance et généreux dans mes louanges ».

Je lui ai dit que j'avais été extrêmement diverti et instruit – et c'était la vérité. Que j'aurais aimé avoir son savoir – et j'étais sincère. Que j'adorerais me balader dans les champs en sa compagnie – et c'était le cas. Que je le reverrais un jour – et je le ferai.

Donc il me voyait à présent comme un bon interlocuteur quand, en réalité, je n'avais simplement été qu'une oreille attentive et l'avais encouragé à parler.

Quel est le secret, le mystère, d'un entretien professionnel réussi ? Eh bien, selon le sympathique intellectuel Charles W. Eliot : « Il n'y a aucun mystère quant aux entretiens professionnels réussis... Accorder votre totale attention à la personne qui vous parle est très important. Rien n'est plus flatteur que cela. »

Cela va de soi, n'est-ce pas ? Vous n'avez pas besoin de passer quatre ans à étudier à Harvard pour le découvrir. Et pourtant, vous et moi connaissons des commerçants qui louent des espaces onéreux, qui achètent leurs articles de manière économe, qui organisent leurs vitrines de façon attrayante, qui dépensent des centaines de dollars en publicités, puis engagent des vendeurs qui n'ont pas une grande capacité d'écoute – des vendeurs qui interrompent les clients, les contredisent, les agacent, tout ce qu'il faut pour les faire fuir.

Prenez, par exemple, l'expérience de J. C. Wootton. Il raconta son histoire à l'une de mes classes : il avait acheté un costume dans un grand magasin dans la ville audacieuse de Newark, dans le New Jersey, près de la mer. Le costume s'avéra décevant ; la teinture de la veste noircissait le col de sa chemise chaque fois qu'elle frottait contre lui.

Rapportant le costume au magasin, il retrouva le vendeur à qui il avait eu affaire et lui raconta toute l'histoire. Ai-je dit « raconta » son histoire ? Toutes mes excuses, c'est un peu exagéré. Il *essaya* de raconter son histoire. Mais il n'a pas réussi. Il n'arrêtait pas d'être interrompu.

« Nous avons vendu des milliers de costumes comme celui-ci », rétorqua le vendeur, « et c'est la toute première plainte que nous recevons ».

Ce sont là ses mots exacts ; et son ton était encore pire. Sa tonalité agressive disait : « Vous mentez. Vous pensez pouvoir obtenir quelque chose de nous, hein ? Eh bien, je vais vous apprendre une chose ou deux. »

Dans le feu du débat, un deuxième vendeur s'immisça dans la conversation. « Tous les costumes foncés frottent un peu les premiers temps », dit-il. « Nous n'y pouvons rien. Surtout pour des costumes à ce prix-là. C'est à cause de la teinture. »

« À ce moment-là, j'étais plutôt furieux », confia M. Wootton en racontant son histoire. « Le premier vendeur remettait en question mon honnêteté. Le deuxième insinuait que j'avais acheté un article de qualité inférieure. Je bouillonnais. J'étais sur le point de leur dire de reprendre leur costume et d'aller en enfer, lorsque soudain, le responsable du magasin nous rencontra. Il connaissait son travail. Il changea totalement mon attitude. Il métamorphosa un homme en colère en un client satisfait. Comment ? En faisant trois choses :

D'abord, *il a écouté mon histoire du début à la fin sans dire un mot.*

Ensuite, lorsque j'ai eu fini et que les vendeurs recommençaient à exposer leur point de vue, il a défendu *mon point de vue.* Non seulement a-t-il souligné que mon col était de toute évidence taché par le costume, mais il a également insisté sur le fait qu'aucun article de ce magasin ne devait être vendu s'il ne donnait pas entière satisfaction.

Enfin, il a admis qu'il ignorait la cause du problème et m'a dit très simplement : "Que voudriez-vous que je fasse avec ce costume ? Je ferai tout ce qu'il vous plaira."

Quelques minutes auparavant, j'étais prêt à leur dire de garder leur maudit costume. Mais à cet instant, j'ai répondu : "Je veux seulement votre avis. Je veux savoir si ce souci est temporaire, et si nous pouvons faire quelque chose pour le corriger."

Il proposa que j'essaie de le porter encore une semaine. "S'il ne vous satisfait toujours pas, vous pourrez le ramener et nous vous en offrirons un autre qui vous conviendra", a-t-il promis. "Nous sommes vraiment désolés de vous avoir causé ce souci."

Je suis sorti satisfait de ce magasin ; le costume ne laissait plus aucune trace à la fin de la semaine ; et ma confiance en ce magasin fut totalement restaurée. »

Il n'était pas étonnant que cet homme soit le responsable de son magasin ; et, quant à ses subordonnés, ils resteront... – j'allais dire qu'ils resteraient de simples vendeurs toute leur vie. Non, ils seront sans doute rétrogradés aux emballages, où ils n'auront plus jamais de contact avec les clients.

Un frappeur chronique, même le détracteur le plus violent, s'adoucira souvent et sera maîtrisé en présence d'une personne patiente et sympathique qui l'écoute – une personne qui sera silencieuse tandis que le critiqueur furieux se dilate comme un cobra royal et crache son venin hors de son corps. Par exemple : la New York Telephone Company découvrit il y a quelques années qu'elle devrait avoir affaire à l'un des clients les plus vicieux à avoir jamais insulté une personne répondant au téléphone. Et pour insulter, il insultait. Il délirait. Il menaçait d'arracher les fils du téléphone. Il refusait de payer certains frais, erronés selon lui. Il envoya des lettres à des journaux. Il déposa d'innombrables plaintes auprès de la Commission de la fonction publique, et engagea plusieurs procès contre la compagnie téléphonique.

Finalement, l'un des meilleurs « médiateurs » de l'entreprise fut envoyé pour échanger avec cet oiseau de malheur. Ce « médiateur » écouta et laissa le vieil acariâtre se complaire dans sa tirade. Le représentant de la compagnie l'écouta, acquiesça et soutint sa plainte.

« Il a continué à délirer et je l'ai écouté pendant presque trois heures », dit le « médiateur » alors qu'il relatait ses expériences devant l'une des classes de l'auteur. « Puis j'y suis revenu et j'en ai écouté un peu plus. Je l'ai vu quatre fois, et avant la fin de la dernière visite, j'étais devenu un membre privilégié d'une organisation qu'il venait de créer. Il l'avait appelée "L'Association Protectrice pour les Abonnés Téléphoniques". Je suis toujours membre de cette association, et, autant que je sache, j'en suis le seul membre aujourd'hui, sans compter M. ------.

J'ai écouté et compati avec lui sur chaque point qu'il soulevait lors de ces entretiens. Aucun représentant d'une compagnie téléphonique ne lui avait jamais parlé de la sorte, et il est devenu presque amical. Le sujet pour lequel j'étais venu le voir au départ n'a même pas été mentionné lors de ma première visite, ni la deuxième, ni la troisième ; mais à la quatrième, j'ai définitivement clos le dossier, il a payé l'intégralité de ses factures, et pour la première fois dans l'histoire de ses difficultés avec la compagnie téléphonique, il a retiré les plaintes qu'il avait déposées à la Commission. »

Certainement que M. ------ se considérait comme un saint militant, qui défendait les droits publics contre une cruelle exploitation. Mais en réalité, tout ce qu'il désirait était un sentiment d'importance. Il l'obtenait tout d'abord en tapant du pied et en se plaignant. Mais dès que son sentiment d'importance lui fut donné par un représentant de la compagnie, ses griefs imaginaires se volatilisèrent.

Un matin, il y a quelques années, un client en colère entra en trombe dans le bureau de Julian F. Detmer, le fondateur de la Detmer Woolen Company, qui deviendra plus tard le plus grand fournisseur de laine dans l'industrie du vêtement.

« Cet homme nous devait 15 dollars », m'expliqua M. Detmer. « Le client le niait, mais nous savions qu'il était dans le faux. Donc notre service de crédit insistait pour qu'il paie. Après avoir reçu un certain nombre de lettres de notre service de crédit, il fit ses valises, partit à Chicago, et débarqua dans mon bureau pour m'informer non seulement qu'il ne paierait pas cette facture, mais qu'en plus, il ne dépenserait plus ne serait-ce qu'un dollar pour des articles de la Detmer Woolen Company.

J'ai patiemment écouté tout ce qu'il avait à dire. J'étais tenté de l'interrompre, mais je me suis rendu compte que ce serait un mauvais choix stratégique. Donc je l'ai laissé continuer. Lorsqu'il finit par se calmer et être plus réceptif, je dis doucement : "Je tiens à vous remercier d'être venu jusqu'à Chicago pour m'en parler. Vous m'avez rendu un grand service, car si notre service de crédit vous a embêté, c'est peut-être également le cas pour d'autres bons clients, et ce serait bien dommage. Croyez-moi, je suis bien plus intéressé d'entendre cela que vous de le dire."

C'était bien la dernière chose qu'il s'attendait à entendre de ma bouche. Je pense qu'il était un peu déçu, car il était venu à Chicago pour me dire une chose ou deux, et voilà que je le remerciais au lieu de me battre contre lui. Je lui ai assuré que nous allions effacer son ardoise de 15 dollars et oublier l'affaire, car c'était un homme très prudent avec un seul compte à vérifier, alors que nos employés en avaient des milliers. Donc il était moins enclin à commettre une erreur que nous.

Je lui ai dit que je comprenais très bien comment il se sentait, que si j'avais été à sa place, j'aurais ressenti la même chose. Comme il n'allait plus rien acheter chez nous, je lui recommandai d'autres entreprises versées dans la laine.

Par le passé, nous déjeunions généralement ensemble lorsqu'il venait à Chicago, donc je l'invitai à manger avec moi ce jour-là. Il accepta avec réticence, mais lorsque nous revînmes au bureau, il passa une commande plus importante que jamais. Il rentra chez lui d'une humeur apaisée et, souhaitant être aussi juste avec nous que nous l'avions été avec lui, il examina ses factures, en trouva une qui avait été égarée, et nous envoya un chèque de 15 dollars avec ses excuses.

Plus tard, lorsque sa femme lui offrit un bébé, il donna comme deuxième prénom à son fils celui de Detmer, et il resta un ami et un client de la maison jusqu'à sa mort, 22 ans après cette histoire. »

Il y a des années, un pauvre garçon immigrant allemand lavait les vitres d'une boulangerie après l'école pour 50 centimes par semaine, et sa famille était si pauvre qu'il avait pour habitude de sortir dans la rue avec un panier chaque jour et de ramasser des morceaux de charbon qui étaient tombés dans le caniveau, à l'endroit où les wagons de charbon livraient du combustible. Ce garçon, Edward Bok, n'a jamais passé plus de six années à l'école au cours de sa vie ; pourtant, il a fini par devenir l'un des éditeurs de magazines les plus accomplis de toute l'histoire du journalisme américain. Comment y est-il parvenu ? C'est une longue histoire, mais on peut brièvement raconter comment il a démarré : en utilisant les principes préconisés dans ce chapitre.

Il quitta l'école à l'âge de 13 ans et devint un garçon de bureau pour la Western Union pour 6,25 dollars par semaine ; mais il n'abandonna pas une seule seconde l'idée de recevoir une éducation. Au lieu de cela, il commença à s'éduquer lui-même. Il économisa le prix de ses trajets et sauta le déjeuner jusqu'à ce qu'il ait assez d'argent pour acheter une encyclopédie de Biographies Américaines – puis il fit quelque chose d'inédit. Il lut l'histoire des vies d'hommes célèbres et leur écrivit pour leur demander plus d'informations sur leur enfance. Il disposait d'une oreille attentive. Il encourageait ces personnes célèbres à parler d'elles. Il écrivit au général James A. Garfield, qui était alors dans la course à la présidence, et lui demanda s'il était vrai qu'il avait travaillé pour une société de remorquage ; et Garfield lui répondit. Il écrivit au général Grant, l'interrogeant sur une certaine bataille ; et Grant lui dessina une carte, avant d'inviter ce garçon de 14 ans à dîner et à passer la soirée avec lui.

Il écrivit à Emerson et le pria de parler de lui. Bientôt, ce petit coursier entretenait des correspondances avec nombre de personnes parmi les plus célèbres de la nation : Emerson, Phillips Brooks, Oliver Wendell Holmes, Longfellow, Mme Abraham Lincoln, Louisa May Alcott, le général Sherman et Jefferson Davis.

Non seulement il échangeait avec ces personnes éminentes, mais en plus, dès qu'il avait des vacances, il rendait visite à beaucoup d'entre eux en tant qu'invité dans leur maison. Cette expérience l'imprégna d'une confiance inestimable. Ces hommes et ces femmes embrasèrent son esprit d'une vision et d'une ambition qui façonnèrent sa vie. Et tout ceci – laissez-moi le redire – a été rendu possible uniquement grâce à l'application des principes que nous abordons ici.

Isaac F. Marcosson, qui est sans doute champion du monde des interviews de célébrités, déclara que nombreux sont ceux qui manquent de faire bonne impression car ils n'écoutent pas attentivement. « Ils sont si préoccupés par ce qu'ils vont dire ensuite qu'ils ne sont pas à l'écoute. De grands hommes m'ont dit qu'ils préféraient quelqu'un qui écoute attentivement plutôt que quelqu'un qui tient bien une conversation, mais la capacité à écouter semble plus rare que toute autre qualité. »

Certes, les hommes importants désirent trouver quelqu'un qui les écoutera avec attention, mais c'est également le cas pour les gens ordinaires. Comme l'a dit le *Reader's Digest* : « De nombreuses personnes appellent un médecin lorsqu'elles n'ont besoin que d'un public. »

Lors des heures les plus sombres de la guerre de Sécession, Lincoln écrivit à un vieil ami de Springfield, dans l'Illinois, lui demandant de venir à Washington. Lincoln lui dit qu'il avait quelques problèmes dont il souhaitait discuter avec lui. Son ancien voisin se présenta à la Maison-Blanche, et Lincoln lui parla pendant des heures de l'opportunité de publier une proclamation afin de libérer les esclaves. Lincoln énuméra tous les arguments pour et contre une telle action, puis lut des lettres et des articles de journaux, certains le dénonçant car il n'avait pas encore libéré les esclaves, et d'autres le fustigeant car il allait bientôt le faire. Après avoir parlé des heures durant, Lincoln serra la main de son ancien voisin, lui dit au revoir et le renvoya dans l'Illinois sans même demander son avis. Lincoln avait fait la conversation à lui tout seul. Cela sembla lui clarifier les idées. « Il avait l'air plus détendu après cette conversation », raconta son vieil ami. Lincoln ne souhaitait pas un avis. Il voulait simplement une oreille attentive, amicale et compatissante sur laquelle il pourrait se décharger. C'est ce que nous désirons tous lorsque nous avons des ennuis.

C'est souvent tout ce que veut le client mécontent, l'employé insatisfait ou l'ami blessé.

Si vous voulez savoir comment faire pour que les autres vous évitent, rient dans votre dos et vous haïssent même, voici la recette : n'écoutez personne pendant très longtemps. Ne parlez que de vous. S'il vous vient une idée pendant que l'autre parle, n'attendez pas qu'il finisse. Il n'est pas aussi intelligent que vous. Pourquoi perdre votre temps à écouter son jacassement sans intérêt ? Foncez tête la première et coupez-le au milieu de sa phrase.

Vous connaissez quelqu'un qui se comporte de la sorte ? Moi oui, malheureusement ; et le plus surprenant dans tout cela, c'est que certains d'entre eux ont leur nom inscrit dans le registre social.

Ennuyeux, voilà ce qu'ils sont – des personnes ennuyeuses intoxiquées par leur propre égo, ivres d'un sentiment de leur propre importance.

Les hommes qui ne parlent que d'eux ne pensent qu'à eux. Et comme l'a dit le Dr Nicholas Murray Butler, président de l'Université de Columbia, « les hommes qui ne pensent qu'à eux sont sans éducation, et de façon irrémédiable. Ils n'en ont aucune, peu importe combien ils peuvent être instruits ».

Donc si vous aspirez à devenir un bon interlocuteur, écoutez attentivement les autres. Comme le disait Mme Charles Northern Lee : « Pour être intéressant, soyez intéressé. » Posez des questions auxquelles l'autre aura plaisir à répondre. Encouragez-le à parler de lui et de ses accomplissements.

N'oubliez pas que l'homme à qui vous vous adressez est cent fois plus intéressé par lui-même, ses désirs et ses problèmes que par vous et vos problèmes. Pour cette personne, une rage de dents importe bien plus qu'une famine en Chine qui tue un million de personnes. Un furoncle sur son cou l'intéresse plus que quarante tremblements de terre en Afrique. Pensez à cela la prochaine fois que vous engagerez une conversation.

Donc, si vous souhaitez que les autres vous apprécient, voici la Règle n°4 :

Écoutez attentivement. Encouragez les autres à parler d'eux.

5

Comment intéresser les autres

Toute personne ayant un jour été invitée à Oyster Bay par Théodore Roosevelt fut étonnée par l'étendue et la variété de ses connaissances. « Que son invité soit un cowboy ou un membre de la cavalerie, un politique new-yorkais ou un diplomate », écrivit Gamaliel Bradford, « Roosevelt savait quoi lui dire ». Comment faisait-il ? La réponse est simple. Chaque fois que Roosevelt attendait un invité, la veille, il restait debout assez tard et lisait tout ce qu'il pouvait sur le sujet qui intéressait son convive.

Car Roosevelt savait, comme tous les leaders, que *la voie royale vers le cœur d'un homme est de parler des choses qu'il chérit le plus.*

L'aimable William Lyon Phelps, autrefois professeur de littérature à Yale, apprit cette leçon assez tôt dans sa vie.

« Lorsque j'avais huit ans, et que je passais un week-end chez ma tante Libby Linsley, à Stratford, sur le Housatonic », écrivit William Lyon Phelps dans son essai *Human Nature*, « un homme d'âge mûr passa un soir, et après une escarmouche polie avec ma tante, il me consacra son attention. À cette époque, j'adorais les bateaux, et le visiteur en discuta d'une manière qui me parut particulièrement intéressante. Après son départ, je parlai de lui avec enthousiasme. Quel homme ! Et quel intérêt pour les bateaux ! Ma tante m'informa que c'était un avocat new-yorkais ; et qu'il ne s'intéressait pas le moins du monde aux bateaux. "Mais alors pourquoi il a parlé tout le temps de bateaux ?"

"Parce que c'est un gentleman. Il a vu que tu étais intéressé par les bateaux, donc il a parlé des choses qu'il savait t'intéresser et te plaire. Il s'est montré agréable." »

Et William Lyon Phelps ajouta : « Je n'ai jamais oublié la remarque de ma tante. »

Alors que j'écris ce chapitre, j'ai devant moi une lettre d'Edward L. Chalif, qui était impliqué auprès des Scouts.

« Un jour, j'ai eu besoin qu'on me rende service », écrivit M. Chalif. « Un grand jamboree allait avoir lieu en Europe, et je voulais que le directeur de l'une des plus grandes entreprises américaines paie les dépenses pour un de mes garçons.

Par chance, juste avant que je n'aille rencontrer cet homme, j'ai entendu qu'il avait tiré un chèque d'un million de dollars, et après qu'il avait été annulé, il l'avait fait encadrer.

Donc la première chose que je fis lorsque j'entrai dans son bureau fut de lui demander à voir le chèque. Un chèque d'un million de dollars ! Je lui dis que j'ignorais qu'une personne avait un jour rédigé un tel chèque, et que je voulais dire à mes garçons que j'avais vu de mes yeux un chèque d'un million de dollars. Il me le montra avec plaisir ; je l'admirai, puis lui demandai de me raconter comment il avait bien pu être tiré. »

Vous remarquez, je présume, que M. Chalif n'a pas commencé par parler des Scouts, ni du jamboree en Europe, ni de ce qu'*il* voulait ? Il a parlé de quelque chose qui intéressait l'autre homme. En voici le résultat :

« Bientôt, mon interlocuteur dit : "Oh, au fait, à quel sujet vouliez-vous me voir ?" Donc je lui racontai tout.

À ma grande surprise », poursuivit M. Chalif, « il m'a non seulement accordé sur-le-champ ce que je demandais, mais bien plus encore. Je lui avais demandé d'envoyer un seul garçon en Europe, mais il allait payer pour cinq garçons en tout, en plus de moi-même ; il me donna une lettre de crédit de 1 000 dollars et nous dit de rester en Europe pendant sept semaines. Il me fournit également des lettres de recommandation pour les présidents de ses succursales, les mettant à notre disposition, et lui-même nous retrouva à Paris et nous fit visiter la ville. Depuis, il a offert du travail à quelques-uns des garçons dont les parents étaient défavorisés ; et il est toujours impliqué dans notre groupe.

Et pourtant, je sais que si je n'avais pas trouvé ce qui l'intéressait, et si je n'avais pas commencé par le détendre, je n'aurais pas eu 10 % de chances de l'approcher aussi facilement. »

Est-ce une technique précieuse à employer dans le monde professionnel ? Oui ? Voyons. Prenez Henry G. Duvernoy, de chez

Duvernoy and Sons, l'une des meilleures boulangeries de New York.

M. Duvernoy essayait de vendre du pain à un certain hôtel new-yorkais. Il avait rendu visite au directeur toutes les semaines pendant quatre ans. Il se rendait aux mêmes évènements que lui. Il avait même pris plusieurs chambres à l'hôtel et y vivait afin d'obtenir cette affaire. Mais sans succès.

« Puis », raconta M. Duvernoy, « après avoir étudié les relations humaines, je me résolus à changer mes tactiques. Je décidai de découvrir ce qui intéressait cet homme – ce qui suscitait son enthousiasme.

Je découvris qu'il appartenait à une société de directeurs d'hôtels nommée Hotel Greeters of America. Non seulement il en était membre, mais son enthousiasme pétillant avait fait de lui le président de l'organisation, et également d'International Greeters. Où que se tenaient ces conventions, il s'y trouvait, même s'il devait franchir des montagnes ou traverser des déserts ou des océans.

Donc lorsque je l'ai vu le lendemain, j'ai commencé à parler des Greeters. Et quelle réaction ai-je eue en retour ! Il me parla des Greeters pendant une demi-heure, sa voix animée d'enthousiasme. Je compris clairement que cette société était son hobby, la passion de sa vie. Avant de quitter son bureau, il m'avait « vendu » une adhésion à son organisation.

Pendant ce temps-là, je n'avais pas dit un mot sur le pain. Mais quelques jours plus tard, l'intendant de son hôtel m'appela pour m'inviter à venir avec des échantillons et des prix.

"Je ne sais pas ce que vous avez fait à cet homme, mais vous l'avez convaincu !" me félicita l'intendant.

Vous imaginez ! Je travaillais cet homme au corps depuis 4 ans – en essayant de conclure cette affaire – et j'y serais encore si je n'avais pas enfin pris la peine de chercher ce qui l'intéressait *lui* et ce dont *il* aimait discuter. »

Donc, si vous souhaitez que les autres vous apprécient, voici la Règle n°5 :

Parlez de ce qui intéresse l'autre.

6

Comment faire pour que les autres vous apprécient immédiatement

Je faisais la queue pour envoyer une lettre recommandée au bureau de poste au croisement de la 33e rue et 8e avenue de New York. Je remarquai que l'employé était ennuyé par son travail – peser des enveloppes, distribuer des timbres, changer de la monnaie, délivrer des reçus – le même train-train monotone année après année. Donc je me dis : « Je vais tenter de me faire apprécier par ce garçon. Évidemment, pour qu'il m'apprécie, il faut que je lui dise quelque chose de gentil, pas à propos de moi, mais de lui. Donc je me demandai : "Que puis-je sincèrement admirer chez lui ?" » Il est parfois difficile de répondre à cette question, surtout avec des inconnus ; mais, dans ce cas, ce fut facile. Je perçus immédiatement quelque chose que j'admirais énormément.

Donc, pendant qu'il pesait mon enveloppe, je remarquai avec enthousiasme : « J'aimerais tant avoir les mêmes cheveux que vous. »

Il leva les yeux, à moitié surpris, son visage rayonnant par son sourire. « Eh bien, ils ne sont pas aussi beaux qu'ils l'ont été », dit-il avec modestie. Je lui assurai que bien qu'ils aient certainement perdu de leur gloire d'antan, ils étaient néanmoins encore magnifiques. Il fut extrêmement ravi de ma remarque. Nous poursuivîmes une petite conversation agréable, et voici la dernière chose qu'il me dit : « De nombreuses personnes admiraient mes cheveux. »

Je parie que ce jour-là, cet homme est parti déjeuner sur un petit nuage. Que le soir, il est rentré chez lui et en a parlé à sa femme. Qu'il s'est regardé dans le miroir et qu'il a dit : « Ce sont de bien beaux cheveux. »

Un jour, j'ai raconté cette histoire en public, et un homme me demanda ensuite : « Que cherchiez-vous à obtenir de lui ? »

Que cherchais-je à obtenir de lui !! Que cherchais-je à obtenir de lui !!

Si nous sommes si égoïstes et méprisables que nous ne pouvons pas répandre un peu de bonheur et offrir une petite appréciation honnête sans essayer d'obtenir quelque chose en retour de l'autre personne – si nos âmes ne sont pas plus grosses que des pommes aigres et râleuses, alors nous récolterons l'échec que nous méritons tant.

Oh oui, je voulais obtenir quelque chose de ce gars. Je voulais quelque chose qui n'a pas de prix. Et je l'ai eu. J'ai eu le sentiment d'avoir fait quelque chose pour lui sans qu'il ne puisse faire quoi que ce soit pour moi en retour. C'est une sensation qui brille et chante dans votre mémoire bien après le moment en question.

Il existe une loi cruciale dans la conduite humaine. Si nous nous plions à cette loi, nous n'aurons pratiquement jamais d'ennuis. À vrai dire, cette loi, si on y obéit, nous apportera d'innombrables amis et un bonheur constant. Mais à l'instant même où nous enfreignons cette loi, nous nous fourrons dans des ennuis infinis. Voici cette loi : *Faites toujours que l'autre personne se sente importante.* Le professeur John Dewey, comme nous l'avons déjà constaté, a dit que le désir d'importance est le plus profond de la nature humaine ; et le professeur William James a ajouté : « Le principe le plus profond de la nature humaine est le désir d'être apprécié. » Comme je l'ai déjà souligné, c'est ce désir qui nous différencie des animaux. C'est ce désir qui est responsable de la civilisation elle-même.

Des philosophes spéculent sur les lois des relations humaines depuis des milliers d'années, et de cette spéculation, un seul précepte important a émergé. Ce n'est pas neuf. C'est vieux comme le monde. Zoroastre l'a enseigné à ses adorateurs du feu en Perse il y a 3 000 ans. Confucius l'a prêché en Chine il y a 24 siècles. Lao-Tse, le fondateur du taoïsme, l'a appris à ses disciples dans la vallée de la Han. Buddha l'a également prêché sur les rives du Gange sacré 500 ans avant Jésus-Christ. Les livres sacrés de l'hindouisme le transmirent 1 000 ans avant cela. Jésus l'a transmis dans les collines rocailleuses de Judée il y a 19 siècles. Il l'a résumé en une pensée – sans doute la règle la plus importante au monde : « Traite les autres comme tu voudrais être traité. »

Vous souhaitez l'approbation de ceux que vous rencontrez. Vous désirez la reconnaissance de votre vraie valeur. Vous voulez avoir l'impression que vous êtes important dans votre petit monde. Vous ne souhaitez pas écouter des flatteries sans valeur et hypocrites ; vous désirez une reconnaissance sincère. Vous voulez que vos amis et collègues soient, comme l'a dit Charles Schwab, « chaleureux dans leur reconnaissance et généreux dans leurs louanges ». C'est ce que nous voulons tous.

Donc obéissons à la Règle d'or, et donnons aux autres ce que nous aimerions recevoir.

Comment ? Quand ? Où ? La réponse est : tout le temps, partout.

Par exemple, je demandai au réceptionniste au Radio City le numéro du bureau d'Henry Souvaine. Vêtu d'un uniforme impeccable, il était fier de la façon dont il dispensait son savoir. Il répondit clairement et distinctement : « Henry Souvaine. *[pause]* 18ᵉ étage. *[pause]* Salle 1816. »

Je me précipitai vers l'ascenseur, puis m'arrêtai, fis demi-tour et lui dis : « Je veux vous féliciter de la façon splendide dont vous avez répondu à ma question. Vous étiez très clair et précis. Vous l'avez fait tel un artiste. Et ce n'est pas courant. »

Rayonnant de joie, il m'expliqua pourquoi il avait fait chaque pause, et précisément pourquoi chaque phrase était prononcée de cette manière. Mes quelques mots l'avaient fait porter sa cravate un peu plus haut ; et alors que je fonçais vers le 18ᵉ étage, j'eus la sensation d'avoir ajouté un petit rien à la somme totale de bonheur humain cet après-midi-là.

Vous n'avez pas à attendre d'être ambassadeur de France ou président du comité Clambake du Club des Élans pour utiliser cette philosophie de reconnaissance. Elle peut vous faire accomplir des miracles presque chaque jour.

Si, par exemple, la serveuse vous apporte de la purée alors que vous avez commandé des frites, vous direz : « Je suis désolé de vous embêter, mais je préférerais des frites. » Elle répondra alors : « Pas de souci » et sera heureuse de changer votre plat, car vous lui aurez témoigné du respect.

De petites phrases comme « Je suis désolé de vous embêter », « Auriez-vous l'amabilité de… », « S'il vous plaît », « Cela vous dérangerait-il de… », « Merci » – de telles petites courtoisies huilent les rouages du train-train quotidien monotone – et, accessoirement, elles sont le sceau d'une bonne éducation.

Prenons un autre exemple. Avez-vous déjà lu un roman de Hall Caine – *The Christian, The Deemster, The Manxman* ? Des millions et des millions de personnes les lisaient. Il était le fils d'un forgeron. Il n'avait jamais passé plus de huit ans à l'école ; et pourtant, lorsqu'il mourut, il était l'homme littéraire le plus riche que le monde ait connu.

Voici l'histoire : Hall Caine aimait les sonnets et les ballades ; donc il dévora toute la poésie de Dante Gabriel Rossetti. Il écrivit même une conférence qui encensait la réussite artistique de Rossetti – et lui en envoya une copie. Rossetti en fut enchanté. « Un jeune homme ayant une opinion aussi glorifiée pour mon talent doit être brillant », se dit sans doute Rossetti. Donc ce dernier invita ce fils de forgeron à venir à Londres et devenir son secrétaire. Ce fut un tournant dans la vie de Hall Caine ; car, de par ses nouvelles fonctions, il rencontra les artistes littéraires en vogue. Bénéficiant de leurs conseils et inspiré par leurs encouragements, il se lança dans une carrière qui inscrivit son nom au-dessus des nuages.

Son village natal, Greeba Castle, sur l'île de Man, devint une Mecque pour les touristes du monde entier, et il légua une fortune de deux millions cinq cent mille dollars. Pourtant – qui sait – il aurait pu mourir pauvre et inconnu s'il n'avait pas écrit un essai exprimant son admiration pour un homme célèbre.

Tel est le pouvoir, extraordinaire, d'une reconnaissance sincère, qui vient du fond du cœur.

Rossetti se considérait comme quelqu'un d'important. Rien d'étrange à cela. Presque tout le monde se pense important, très important.

Comme toutes les nations.

Vous sentez-vous supérieur aux Japonais ? La vérité, c'est que les Japonais se pensent bien supérieurs à vous. Un Japonais conservateur, par exemple, est furieux de voir un homme blanc danser avec une dame japonaise.

Vous pensez-vous supérieur aux Hindous d'Inde ? C'est là votre droit ; mais un million d'Hindous se sentent si infiniment supérieurs à vous qu'ils ne se souilleraient pas en daignant toucher la nourriture sur laquelle votre ombre païenne s'est posée et a contaminée.

Vous sentez-vous supérieur aux Eskimos ? Là encore, c'est votre droit ; mais souhaitez-vous réellement savoir ce que les Eskimos pensent de vous ? Eh bien, il y a quelques vagabonds autochtones parmi les Eskimos, des fainéants bons à rien qui refusent de travailler. Les Eskimos les appellent « hommes blancs » – expression traduisant pour eux le plus haut mépris.

Chaque nation se sent supérieure aux autres. C'est ce qui engendre le patriotisme – et les guerres.

La vérité toute nue est que presque tous les hommes que vous rencontrez se sentent supérieurs à vous d'une certaine façon ; et une voie assurée vers leur cœur est de les laisser comprendre subtilement que vous reconnaissez leur importance dans leur petit monde, et le faire avec sincérité.

Rappelez-vous ce qu'Emerson a dit : « Chaque homme que je rencontre est d'une certaine manière mon supérieur ; et de cette façon, j'apprends de lui. »

Et la partie pitoyable de ceci est que, très souvent, ceux qui ont le moins de raisons de se sentir importants soutiennent leur sentiment intérieur d'infériorité par un spectacle de cris, de tumulte et de suffisance qui est blessant et honnêtement à vomir.

Comme Shakespeare l'a dit : « Homme, homme fier, habillé d'une brève autorité, joue de tels tours devant le ciel, et fais sangloter les anges. »

Je vais vous raconter trois histoires qui abordent la façon dont les hommes d'affaires de mes propres cours ont appliqué ces principes et obtenu des résultats remarquables. Prenons tout d'abord le cas d'un avocat du Connecticut qui préfère qu'on ne livre pas son nom à cause de sa famille. Nous l'appellerons M. R.

Peu de temps après avoir rejoint mon cours, il partit à Long Island avec sa femme afin de rendre visite à la famille de cette dernière. Elle le laissa discuter avec une de ses vieilles tantes puis elle partit rapidement, seule, voir des membres de sa famille plus jeunes. Étant donné qu'il devait raconter comment il avait appliqué les principes de reconnaissance, il pensa qu'il allait commencer avec la vieille dame. Donc il parcourut la maison des yeux et chercha ce qu'il pouvait sincèrement admirer.

« Cette maison a été construite dans les années 1890, n'est-ce pas ? » demanda-t-il.

« Tout à fait », répondit-elle. « Précisément cette année-là. »

« Elle me rappelle la maison dans laquelle je suis né. Elle est magnifique. Bien construite. Spacieuse. Vous savez, on ne construit plus de maisons comme celle-ci. »

« Vous avez raison », acquiesça la vieille dame. « Les jeunes d'aujourd'hui n'ont que faire des belles maisons. Tout ce qu'ils veulent, c'est un petit appartement, un congélateur électrique, puis ils partent en vadrouille dans leurs voitures. C'est une maison de rêve », dit-elle d'une voix remplie de tendres souvenirs. « Elle a été construite avec amour. Mon mari et moi en avons rêvé pendant des années avant de la faire construire. Nous n'avions pas d'architecte. Nous en avons fait les plans nous-mêmes. »

Puis elle lui fit visiter la maison, et il exprima son admiration sincère pour tous les magnifiques trésors qu'elle avait ramenés de ses voyages et chéris toute une vie : des châles en cachemire, un vieux service à thé anglais, de la porcelaine Wedgwood, des fauteuils et des chaises français, des tableaux italiens, ainsi que des tentures en soie qui avaient été autrefois accrochées dans un château français.

« Après m'avoir fait visiter la maison, elle m'emmena au garage », poursuivit M. R. « À l'intérieur, montée sur cric, une Packard – pratiquement neuve. »

« Mon mari m'a offert cette voiture peu de temps avant qu'il ne nous quitte », dit-elle doucement. « Je ne l'ai jamais conduite depuis sa mort… Vous appréciez les belles choses, donc je vais vous offrir cette voiture. »

« Eh bien, chère tantine, vous me comblez. J'apprécie votre générosité, bien entendu ; mais je ne peux évidemment pas accepter. Je ne fais même pas partie de votre famille. J'ai une nouvelle voiture, et vous avez de nombreux parents qui adoreraient avoir cette Packard. »

« Des parents ! » s'exclama-t-elle. « Oui, j'ai des parents qui attendent uniquement que je meure pour qu'ils puissent avoir cette voiture. Mais ils ne l'auront pas. »

« Si vous ne souhaitez pas la leur donner, vous pourrez la vendre sans difficulté à un marchand d'occasion », lui conseilla-t-il.

« La vendre ! » hurla-t-elle. « Vous pensez que je vendrais cette voiture ? Vous croyez que je supporterais de voir des étrangers passer dans la rue à bord de cette voiture – qui m'a été offerte par mon mari ? Jamais je ne la vendrai. Je vais vous la donner. Vous appréciez les belles choses. »

Il tenta de ne pas accepter la voiture ; mais il en était incapable sans la blesser.

Cette vieille dame, seule dans cette grande maison, avec ses châles en cachemire, ses antiquités françaises et ses souvenirs, était avide d'un peu de reconnaissance. Il fut un temps où elle avait été jeune, belle et désirée. Elle avait construit une maison chaleureuse remplie d'amour, et collectionné des objets à travers toute l'Europe pour l'embellir. À présent, dans la solitude isolée de la vieillesse, elle désirait ardemment un peu de chaleur humaine, une petite reconnaissance sincère – et personne ne la lui offrait. Et lorsqu'elle la reçut enfin, telle une oasis dans le désert, sa gratitude ne pouvait suffisamment s'exprimer qu'en offrant une Packard.

Prenons un autre cas : Donald M. McMahon, directeur de Lewis and Valentine, pépiniéristes et paysagistes à Rye, New York, relata cet incident :

« Peu de temps après avoir assisté à la conférence "Comment vous faire des amis et créer de l'adhésion", je fus en charge de l'aménagement paysager du domaine d'un célèbre homme de loi. Le propriétaire vint me donner quelques suggestions sur l'endroit où il souhaitait planter un massif de rhododendrons et d'azalées.

Je dis : "Monsieur le Juge, vous avez un charmant hobby. J'ai pu admirer vos magnifiques chiens. Je comprends que vous ayez gagné de nombreux rubans bleus au grand spectacle canin du Madison Square Garden."

L'effet de cette petite reconnaissance exprimée fut saisissant.

"En effet", répondit le juge, "je m'amuse beaucoup avec mes chiens. Voudriez-vous visiter mon chenil ?"

Il passa presque une heure à me montrer ses chiens et les prix qu'ils avaient gagnés. Il sortit même leurs pedigrees et me parla des lignées responsables d'une telle beauté et intelligence.

Il finit par se tourner vers moi et me demanda : "Avez-vous un petit garçon ?"

"Oui, j'en ai un."

"Voudrait-il avoir un chiot ?" s'enquit le juge.

"Oh que oui, il serait aux anges."

"Très bien, dans ce cas je vais lui en offrir un", annonça le juge.

Il commença à m'expliquer comment nourrir le chiot. Puis il s'interrompit. "Vous allez oublier tout cela si je vous le dis. Je vais vous l'écrire." Donc le juge rentra dans sa maison, tapa le pedigree et les directives pour l'alimentation, puis m'offrit un chiot qui valait une centaine de dollars, ainsi qu'une heure et quart de son précieux temps, en majeure partie car j'avais exprimé ma sincère admiration pour son hobby et ses réussites.»

George Eastman, connu pour son implication chez Kodak, inventa le film transparent qui rendit les films possibles, amassa une fortune de 100 millions de dollars, et devint l'un des hommes d'affaires les plus célèbres au monde. Pourtant, malgré toutes ces réussites phénoménales, il recherchait autant de petites reconnaissances que vous et moi.

Pour illustrer cela : Il y a quelques années, Eastman bâtissait l'Eastman School of Music à Rochester, ainsi que le Kilbourn Hall, en mémoire de sa mère. James Adamson, président de la Superior Seating Company de New York, souhaitait fournir les fauteuils de cinéma dans ces bâtiments. En téléphonant à l'architecte, M. Adamson prit rendez-vous pour rencontrer M. Eastman à Rochester.

Lorsqu'Adamson arriva, l'architecte dit : « Je sais que vous souhaitez obtenir cette commande, mais je peux d'ores et déjà vous dire que vous n'en verrez pas même l'ombre si vous prenez plus de cinq minutes du temps de George Eastman. C'est un tyran. Il est très occupé. Donc racontez votre histoire rapidement et partez. »

C'était exactement ce qu'Adamson avait prévu de faire.

Lorsqu'on le fit entrer dans la pièce, il vit M. Eastman penché au-dessus d'une pile de papiers sur son bureau. Immédiatement, M. Eastman leva la tête, retira ses lunettes et se dirigea vers l'architecte et M. Adamson. Il dit : « Bonjour, Messieurs, que puis-je faire pour vous ? »

L'architecte les présenta l'un à l'autre, puis M. Adamson entama la conversation :

« En vous attendant, M. Eastman, j'ai pu admirer votre bureau. Ce serait un plaisir de travailler si je pouvais le faire dans une pièce comme celle-ci. Vous savez, je suis dans la menuiserie intérieure, et je n'ai jamais vu un aussi beau bureau de ma vie. »

George Eastman répondit :

« Vous me rappelez quelque chose que j'avais presque oublié. Il est beau, n'est-ce pas ? Je l'ai beaucoup aimé les premiers temps après la construction. Mais à présent, j'y entre avec tant d'autres choses à l'esprit, et parfois, je ne vois même pas la pièce pendant des semaines entières. »

Adamson s'approcha et frotta sa main sur un panneau. « C'est du chêne pédonculé, n'est-ce pas ? Une texture un peu différente du chêne de Hongrie. »

« En effet », répondit Eastman. « Du chêne pédonculé importé. Il a été choisi pour moi par un ami qui est spécialisé dans les bois nobles. »

Puis Eastman lui montra toute la pièce, commentant les proportions, les couleurs, le bois sculpté à la main, et les autres effets qu'il avait aidé à planifier et réaliser.

Alors qu'ils flânaient dans le bureau, admirant le travail du bois, ils s'arrêtèrent devant une fenêtre, et George Eastman, d'une voix douce et modeste qui lui est propre, désigna quelques-unes des institutions au travers desquelles il essayait d'aider l'Humanité : l'Université de Rochester, l'Hôpital Général, l'Hôpital Homéopathique, les Logis du Cœur, l'Hôpital des Enfants. M. Adamson le félicita chaleureusement de la façon idéaliste qu'il employait pour soulager les souffrances de l'Humanité. Sur ce, George Eastman ouvrit une boîte en verre et en sortit la première caméra qu'il avait eue de sa vie – une invention qu'il avait achetée à un Anglais.

Adamson le questionna longuement sur ses débuts difficiles pour se lancer dans les affaires, et M. Eastman parla avec sincérité de la pauvreté de son enfance, racontant que sa mère veuve avait tenu une pension de famille alors qu'il était commis dans un cabinet d'assurances pour 50 centimes par jour. La terreur de la pauvreté le hantait jour et nuit, puis il décida de gagner suffisamment d'argent pour que sa mère n'ait plus à se tuer au travail dans une pension de famille. M. Adamson continua à lui poser d'autres questions et l'écouta, fasciné, parler de ses expériences avec les plaques photographiques sèches. Il raconta qu'il travaillait dans un bureau la journée, puis faisait des expériences parfois toute la nuit, ne faisant que quelques petites siestes pendant que les produits chimiques agissaient, quelquefois travaillant et dormant dans les mêmes habits pendant 72 heures d'affilée.

James Adamson était entré dans le bureau d'Eastman à 10 h 15, et il avait été prévenu de ne pas lui prendre plus de cinq minutes ; mais une heure s'était écoulée, puis deux. Et ils discutaient encore.

George Eastman finit par se tourner vers Adamson et lui dit : « La dernière fois que j'étais au Japon, j'ai acheté quelques fauteuils, les ai ramenés chez moi et installés dans ma véranda. Mais le soleil a attaqué la peinture, donc l'autre jour, je suis allé dans le centre-ville, j'ai acheté de la peinture et je les ai repeints moi-même. Voudriez-vous voir quel genre de travail je peux accomplir en peignant des fauteuils ? Très bien. Venez chez moi et déjeunez avec moi, je vous montrerai. »

Après le déjeuner, M. Eastman montra à Adamson les fauteuils qu'il avait ramenés du Japon. Ils ne valaient pas plus qu'un dollar cinquante la pièce, mais George Eastman, qui avait gagné cent millions de dollars grâce à ses affaires, était fier d'eux car il les avait peints lui-même.

Le montant de la commande pour les fauteuils s'élevait à 90 000 dollars. Selon vous, qui a obtenu cette commande – James Adamson ou l'un de ses concurrents ?

À partir de ce jour et jusqu'à la mort de M. Eastman, lui et James Adamson furent des amis proches.

Où devrions-nous commencer à appliquer cette référence magique de reconnaissance ? Pourquoi ne pas démarrer par chez vous ? Je ne connais aucun autre endroit où elle est plus nécessaire – ou plus négligée. Votre femme doit avoir quelques bons côtés – en tout cas vous l'avez un jour pensé, sinon vous ne l'auriez pas épousée. Mais quand était la dernière fois où vous avez exprimé votre admiration pour ses attraits ? Quand ?? Quand ??

Il y a quelques années, je pêchais sur le cours supérieur du Miramichi à New Brunswick. J'étais seul dans un campement isolé au fin fond des bois canadiens. La seule chose que je pouvais trouver à lire était un journal local. J'ai lu tout ce qu'il contenait, y compris les publicités et un article écrit par Dorothy Dix. Il était si pertinent que je l'ai découpé et l'ai gardé. Elle affirmait qu'elle en avait marre que l'on fasse toujours la morale aux épouses. Elle déclarait que quelqu'un devait prendre le marié à part et lui donner ce petit conseil avisé :

« Ne te marie pas avant d'avoir embrassé la pierre de Blarney. Encenser une femme avant le mariage est une question d'inclination. Mais le faire après l'avoir épousée est une nécessité – et une sécurité personnelle. Dans le mariage, il n'y a aucune place pour la sincérité. C'est un champ dédié à la diplomatie.

Si vous souhaitez vous en sortir somptueusement chaque jour, ne critiquez pas ses tâches ménagères[2] ni ne comparez sa façon de faire à celle de votre mère. Au contraire, encensez chaque jour la façon dont elle gère sa vie de famille et félicitez-vous ouvertement d'avoir épousé la seule femme qui combine les attraits de Vénus, de Minerva et de Mary Ann. Même lorsque le steak est une semelle et le pain un charbon ardent, ne vous plaignez pas. Faites simplement remarquer que le repas n'est pas à la hauteur de son standard de perfection habituel, et elle s'offrira tout entière à la cuisinière pour être à la hauteur de votre idéal.

Ne commencez pas à faire cela trop soudainement – sinon, elle aura des soupçons.

---

[2] *Note de la traductrice* : Tout ce qui est traduit ici est au plus proche de la version originale, écrite en 1936. Nul besoin de préciser que les mœurs ont heureusement changé… mais dans un souci d'exactitude, nous avons fait le choix de conserver les propos exacts de l'auteur à son époque.

Mais ce soir, ou demain soir, apportez-lui un bouquet de fleurs ou une boîte de bonbons. Ne dites pas simplement : « Oui, je devrais le faire. » *Faites-le !* Et offrez-lui un sourire en prime, ainsi que quelques mots affectueux. Si plus de femmes et d'hommes faisaient cela, je me demande si nous aurions encore un mariage sur six qui volerait en éclats contre les rochers de Reno ?

Aimeriez-vous savoir comment faire pour qu'une femme tombe amoureuse de vous ? Eh bien, en voici le secret. C'est une bonne idée, mais ce n'est pas la mienne. Je l'ai empruntée à Dorothy Dix. Un jour, elle a interviewé un célèbre bigame qui avait gagné les cœurs et les comptes en banque de 23 femmes. (Et, d'ailleurs, il est à noter en passant qu'elle l'a interviewé en prison.) Lorsqu'elle lui a demandé sa recette pour rendre les femmes folles de lui, il a répondu qu'il n'y avait aucun « truc » : tout ce que vous avez à faire est de parler d'elle-même à une femme.

Et la même technique fonctionne aussi avec les hommes : « Parlez de lui à un homme et il écoutera pendant des heures », disait Disraeli, l'une des hommes les plus futés à avoir régné sur l'Empire britannique.

Donc, si vous souhaitez que les autres vous apprécient, voici la Règle n°6 :

Donnez l'impression à l'autre qu'il est important – et faites-le avec sincérité.

Vous lisez ce livre depuis assez longtemps. À présent, fermez-le, faites tomber les cendres éteintes de votre pipe, et commencez à appliquer cette philosophie de reconnaissance sans attendre, avec la personne la plus proche de vous – et observez la magie opérer.

POUR RÉSUMER

Règle n°1 : **Intéressez-vous sincèrement aux autres.**

Règle n°2 : **Souriez.**

Règle n°3 : **N'oubliez pas que le nom d'une personne est pour cette dernière le son le plus doux et le plus important de n'importe quelle langue.**

Règle n°4 : **Écoutez attentivement. Encouragez les autres à parler d'eux.**

Règle n°5 : **Parlez de ce qui intéresse l'autre.**

Règle n°6 : **Donnez l'impression à l'autre qu'il est important – et faites-le avec sincérité.**

TROISIÈME PARTIE

Douze façons pour rallier les autres à votre façon de penser

1
Vous ne pouvez pas gagner lors d'un débat

Peu après la fin de la Guerre, j'ai appris une précieuse leçon, un soir à Londres. À l'époque, j'étais gestionnaire pour Sir Ross Smith. Durant la guerre, Sir Ross était le pilote de chasse australien en Palestine ; et peu de temps après la déclaration de paix, il étonna le monde entier en le survolant de moitié en trente jours. Aucun exploit de la sorte n'avait jamais été tenté auparavant. Cela fit assurément sensation. Le gouvernement australien le récompensa de 50 000 dollars ; le roi d'Angleterre l'anoblit ; et, pendant un temps, il fut l'homme dont on parlait le plus sous l'Union Jack – le Lindbergh de l'Empire britannique. Un jour, j'assistai à un banquet en l'honneur de Sir Ross ; et pendant le dîner, l'homme assis à côté de moi me raconta une histoire amusante qui reposait sur la citation : « Il est une divinité qui donne forme à nos destinées, de quelque façon que nous les ébauchions. »

Le conteur mentionna que cette citation venait de la Bible. Il avait tort. Je le savais, de façon affirmative. Sans aucun doute possible. Et donc, pour obtenir un sentiment d'importance et étaler ma supériorité, je me confiai la mission non sollicitée et inopportune de le corriger. Il campa sur ses positions. Comment ? De Shakespeare ? Impossible ! Absurde ! Cette citation venait de la Bible. Et il le savait !

Il était assis à ma droite ; et M. Frank Gammond, un vieil ami à moi, à ma gauche. M. Gammond avait consacré des années de sa vie à étudier Shakespeare. Donc le conteur et moi avions convenu de soumettre la question à M. Gammond. Ce dernier écouta, me donna un coup sous la table, puis dit : « Dale, tu as tort. Ce gentleman a raison. Elle vient *effectivement* de la Bible. »

Sur le chemin du retour, je dis à M. Gammond : « Frank, tu savais que cette citation venait de Shakespeare. »

« Évidemment que oui », répondit-il. « *Hamlet*, Acte V, Scène II. Mais nous étions des invités à un évènement festif, mon cher Dale. Pourquoi prouver à un homme qu'il a tort ? Est-ce que cela t'aidera à te faire apprécier de sa part ? Pourquoi ne pas le laisser sauver la face ? Il n'a pas demandé ton opinion. Il n'en voulait pas. Pourquoi débattre avec lui ? Évite toujours l'angle aigu. »

« *Évite toujours l'angle aigu.* » L'homme qui prononça ces mots est mort à présent ; mais la leçon qu'il m'a apprise est toujours là.

Ce fut une leçon extrêmement utile car j'étais un ergoteur invétéré. Durant ma jeunesse, je débattais avec mon frère sur tout ce qui se trouvait en dessous de la Voie lactée. Lorsque j'arrivai à l'université, j'étudiai la logique et l'argumentation, puis m'inscrivis à des joutes oratoires. Tu parles que j'étais du Missouri, j'étais né là-bas. Il fallait que je me montre. Plus tard, j'appris l'art de débattre et d'argumenter à New York ; et un jour, j'ai honte de l'admettre, j'avais l'intention d'écrire un livre sur le sujet. Depuis ce jour, j'ai écouté, critiqué et observé l'effet de milliers d'arguments, je m'y suis intéressé. Par conséquent, j'en suis arrivé à la conclusion qu'il n'y a qu'un seul moyen au monde pour tirer le meilleur parti d'un débat – et c'est de l'éviter. L'éviter comme vous éviteriez des serpents à sonnette et des tremblements de terre.

Neuf fois sur dix, un débat se termine avec les deux parties encore plus fermement convaincues qu'elles ont totalement raison.

Vous ne pouvez pas gagner lors d'un débat. Vous ne le pouvez pas car si vous perdez, vous perdez ; mais si vous gagnez, vous perdez. Pourquoi ? Eh bien, imaginez triompher de l'autre homme, mitrailler son argument et prouver qu'il est *non compos mentis*. Et ensuite ? Vous vous sentirez bien. Mais qu'en sera-t-il de lui ? Vous l'avez fait se sentir inférieur. Vous avez blessé sa fierté. Il n'appréciera pas votre triomphe. Et...

Un homme convaincu contre sa volonté ne change pas d'avis.

La Penn Mutual Life Insurance Company a imposé une pratique définitive à ses vendeurs : « Ne discutez pas ! »

Le véritable art de la vente n'est pas d'argumenter. Ça n'a rien à voir, de près ou de loin. L'esprit humain n'effectue pas un tel changement.

Pour illustrer ces propos : il y a des années, un Irlandais belliqueux nommé Patrick J. O'Haire rejoignit une de mes classes. Il avait eu peu d'éducation, et comme il aimait la bagarre ! Il avait été chauffeur, et était venu me voir car il essayait, sans grand succès, de vendre des camions. Quelques questions firent ressortir le fait qu'il s'accrochait sans arrêt avec certaines personnes, il contrariait celles-là mêmes avec lesquelles il essayait de travailler. Si un client disait quoi que ce soit de désobligeant au sujet des camions qu'il vendait, Pat voyait rouge et sautait à la gorge de cet homme. Pat gagna de nombreux débats à cette époque. Comme il me le dit plus tard : « Je sortais souvent d'un bureau en disant : "Je lui ai appris deux ou trois choses à ce drôle d'oiseau." Effectivement, mais je ne lui avais rien vendu. »

Mon premier problème n'était pas d'apprendre à Patrick O'Haire à parler. Ma tâche première était de l'entraîner à s'empêcher de parler et à éviter les joutes verbales.

M. O'Haire est à présent l'un des meilleurs vendeurs de la White Motor Company de New York. Comment a-t-il fait ? Voici son histoire avec ses propres mots : « Si je rencontre un acheteur et qu'il dit : "Quoi ? Un camion White ? Ils ne sont pas bien ! Je n'en prendrais pas même si vous m'en offriez un. Je vais acheter le camion Whose-It", alors je réponds : "Écoutez, mon ami, les Whose-It sont de bons camions. Si vous en achetez un, vous ne vous tromperez pas. Ils sont construits par une excellente entreprise et vendus par des gens bien."

Il se retrouve alors sans voix. Il n'y a pas de place pour un débat. S'il dit que le Whose-It est meilleur et que je confirme ses propos, il n'a plus rien à dire. Il ne peut pas passer l'après-midi à répéter "C'est le meilleur" si je suis d'accord avec lui. Alors nous arrêtons de parler du Whose-It et je commence à énumérer les points intéressants du camion White.

Il fut un temps où une telle remarque m'aurait fait passer par toutes les nuances de rouge. J'aurais commencé à débattre contre le Whose-It ; et plus je l'aurais descendu, plus mon client aurait argumenté en sa faveur ; et plus il aurait argumenté, plus il se serait vendu au produit de mon concurrent.

En y repensant aujourd'hui, je me demande comment j'ai pu vendre quoi que ce soit. J'ai perdu des années de ma vie à me battre et à argumenter. Maintenant, je me tais. Et ça paie. »

Comme le vieux Ben Franklin avait pour habitude de dire :
Si vous débattez, énervez et contredites, vous pourrez parfois connaître une victoire ; mais elle sera vide, car vous ne gagnerez jamais la sympathie de votre adversaire.

Donc découvrez-le par vous-même. Que préféreriez-vous obtenir : une victoire académique théâtrale ou la sympathie d'un homme ? Vous pouvez difficilement avoir les deux.

Un jour, le *Boston Transcript* a imprimé ce vers de mirliton qui a son importance :

« Ici gît le corps de William Jay,
Qui a trouvé la mort en assurant son droit de passage –
Il avait raison, totalement raison, lors de son passage éclair,
Mais il est aussi mort que s'il avait eu tort. »

Vous pouvez avoir raison, totalement raison, dans la vitesse de votre débat ; mais en ce qui concerne le fait de faire changer d'avis l'autre homme, vous serez sans doute aussi inutile que vous aviez tort.

William G. McAdoo, ministre des Finances sous Woodrow Wilson, déclara qu'il avait appris, lors de ses nombreuses années dans la politique, qu'il est « impossible de battre un homme ignorant par des arguments ».

« Un homme ignorant » ? C'est un euphémisme, M. McAdoo. Mon expérience m'a appris qu'il est tout à fait impossible de faire changer d'avis *n'importe quel homme* – peu importe son QI – par le biais d'une joute verbale.

Par exemple, Frederick S. Parsons, un expert-conseil des impôts, avait débattu pendant une heure avec un inspecteur des impôts. Une somme de 9 000 dollars était en jeu. M. Parsons affirmait que 9 000 dollars était en réalité une créance irrécouvrable, que cette somme ne serait jamais rassemblée, qu'elle ne devrait pas être imposée. « Créance irrécouvrable, mon œil ! » avait retorqué l'inspecteur. « Elle doit être imposée. »

« Cet inspecteur était froid, arrogant et obstiné », dit M. Parsons alors qu'il racontait cette histoire à la classe. « La raison n'avait aucun effet sur lui, tout autant que les faits... Plus nous débattions, plus il devenait têtu. Donc j'ai décidé d'éviter la discussion, j'ai changé de sujet et je lui ai offert de la reconnaissance.

J'ai dit : "Je présume qu'il s'agit là d'une affaire bien insignifiante comparée aux décisions très importantes et difficiles que vous devez prendre. J'ai moi-même étudié l'imposition. Mais j'ai dû tirer mes connaissances des livres. Vous obtenez les vôtres par le feu de votre expérience. J'aimerais parfois avoir un travail comme le vôtre. Cela m'apporterait beaucoup." Je pensais chaque mot j'ai prononcés.

Alors l'inspecteur se redressa, s'adossa contre son fauteuil et me parla un long moment de son travail, notamment des fraudes astucieuses qu'il avait découvertes. Son ton est devenu de plus en plus amical ; et à présent, il me parlait de ses enfants. Lorsqu'il partit, il m'informa qu'il allait réfléchir à mon problème et qu'il me donnerait sa décision dans quelques jours.

Il m'appela à mon bureau trois jours plus tard et m'informa qu'il avait décidé de laisser la déclaration d'impôts telle qu'elle avait été remplie. »

Cet inspecteur des impôts représente l'une des faiblesses humaines les plus communes. Il souhaitait un sentiment d'importance ; et tant que M. Parsons débattait avec lui, il l'obtenait en affirmant bruyamment son autorité. Mais dès que son importance fut admise, que le débat s'arrêta et qu'il lui fut permis d'élargir son égo, il était devenu un être humain sympathique et bienveillant.

Constant, le premier valet de chambre de Napoléon, jouait souvent au billard avec Joséphine. À la page 73 du Volume I de ses *Recollections of the Private Life of Napoleon*, Constant raconte : « Même si j'étais plutôt doué, je me débrouillais toujours pour la laisser me battre, ce qui lui faisait excessivement plaisir. »

Apprenons une leçon constante de Constant. Laissons nos clients, nos chéris, nos maris et nos femmes nous battre lors des petites discussions qui peuvent survenir.

Bouddha a dit : « La haine ne s'arrête jamais par la haine, mais par l'amour », et un malentendu ne s'arrête jamais par un débat, mais par le tact, la diplomatie, la conciliation et un désir sympathique de comprendre le point de vue de l'autre personne.

Un jour, Lincoln avait réprimandé un jeune officier de l'armée pour avoir participé à une violente controverse avec un acolyte. « Aucun homme résolu à donner le meilleur de lui-même ne peut gaspiller son temps en querelles personnelles », avait dit Lincoln. « Il peut encore moins se permettre d'en assumer les conséquences, dont la nullification de son humeur et la perte de son self-contrôle. Il vaut mieux laisser passer un chien plutôt qu'il te morde si tu contestes son droit. Même tuer le chien ne guérirait pas la plaie. »

Voici donc la Règle n°1 :

Le seul moyen de retirer le meilleur d'un débat est de l'éviter.

2

Un moyen certain de se faire des ennemis – et comment l'éviter

Lorsque Théodore Roosevelt était à la Maison-Blanche, il avoua que s'il pouvait avoir raison 75 % du temps, il atteindrait la plus haute mesure de ses attentes.

Si c'était là le plus grand espoir que l'un des hommes les plus éminents du XXe siècle espérait obtenir, quid de vous et moi ?

Si vous pouvez être sûr d'avoir raison ne serait-ce que 50 % du temps, vous pouvez vous rendre à Wall Street, gagner un million de dollars par jour, acheter un yacht et épouser une choriste. Et si vous ne pouvez pas être sûr d'avoir raison 55 % du temps, pourquoi devriez-vous dire aux autres qu'ils ont tort ?

Vous pouvez signifier à un homme qu'il a tort par un regard, une intonation ou un geste de façon aussi éloquente que par des mots – et si vous le lui dites, cela entraîne-t-il qu'il soit d'accord avec vous ? Jamais ! Car vous avez porté un coup direct à son intelligence, son jugement, sa fierté et son estime de lui-même. Cela lui donnera envie de riposter. Mais jamais de changer d'avis. Vous pourrez donc ensuite lui vomir toute la logique d'un Platon ou d'un Immanuel Kant, mais vous n'altèrerez pas son opinion, car vous l'aurez blessé dans ses sentiments.

Ne commencez jamais par annoncer : « Je vais vous le prouver. » Ce n'est pas bien. Cela équivaut à dire : « Je suis plus intelligent que vous. Je vais vous dire une chose ou deux et vous faire changer d'avis. »

C'est un défi. Cela suscite l'opposition, et donne envie à celui qui vous écoute de se battre avec vous avant même que vous ne commenciez.

Même dans les conditions les plus basiques, il est difficile de faire changer d'avis quelqu'un. Donc pourquoi rendre cela encore plus difficile ? Pourquoi vous infliger un handicap ?

Si vous êtes sur le point de prouver quelque chose, ne le dites à personne. Faites-le subtilement, si adroitement que personne n'aura l'impression que vous le faites.

« Les hommes doivent apprendre comme si vous ne leur aviez rien appris

Et des choses ignorées servies comme des choses oubliées. »

Comme Lord Chesterfield l'a dit à son fils :

« Sois plus sage que les autres, si tu le peux ; mais ne le leur dis pas. »

Je ne crois à présent plus grand-chose que je croyais il y a vingt ans – excepté les tables de multiplication ; et je commence même à douter de ma lecture sur Einstein. Dans vingt années supplémentaires, je ne croirai peut-être plus à ce que j'ai écrit dans cet ouvrage. Je ne suis plus aussi sûr de quoi que ce soit que je ne l'ai été auparavant. Socrate répétait inlassablement à ses fidèles à Athènes : « La seule chose que je sais, c'est que je ne sais rien. »

Eh bien, je ne peux espérer être plus intelligent que Socrate ; donc j'ai arrêté de dire aux autres qu'ils ont tort. Et je découvre que cela paie.

Si un homme affirme une chose que vous pensez fausse – oui, que vous savez même fausse – n'est-il pas mieux de commencer par dire : « Eh bien ! Je pensais d'une autre façon, mais je peux me tromper. Cela m'arrive souvent. Et si c'est le cas, je veux rétablir la vérité. Examinons les faits » ?

Il y a de la magie, de la magie positive dans des phrases comme celles-ci : « Je peux me tromper. Cela m'arrive souvent. Examinons les faits. »

Personne aux cieux, sur terre ou sous la mer ne vous contredira jamais si vous affirmez : « Je peux me tromper. Examinons les faits. »

C'est ce que fait un scientifique. J'ai un jour interviewé Stefansson, le célèbre explorateur et scientifique qui a passé onze ans au-delà du cercle arctique et qui n'a vécu que de viande et d'eau pendant six ans. Il me raconta une certaine expérience qu'il avait menée et je lui demandai ce qu'il essayait de prouver par cette expérience. Je n'oublierai jamais sa réponse : « Un scientifique n'essaie jamais de prouver quoi que ce soit. Il tente seulement de trouver les faits. »

Vous aimez être scientifique dans votre raisonnement, n'est-ce pas ? Eh bien, personne ne vous en empêche à part vous-même.

Vous ne vous attirerez jamais d'ennuis en admettant que vous pouvez avoir tort. Cela arrêtera tout débat et donnera à votre adversaire l'envie d'être aussi juste, ouvert et tolérant que vous. Cela lui donnera envie d'admettre que lui aussi, il peut se tromper.

Si vous êtes certain qu'un homme a tort, et que vous le lui dites aussi franchement, que se passe-t-il ? Laissez-moi l'illustrer par un cas spécifique. M. S-----, un jeune avocat new-yorkais, défendait récemment une affaire assez importante devant la Cour suprême des États-Unis (*Lustgarten v. Fleet Corporation*, 280 U.S. 320). Cette affaire impliquait une somme d'argent considérable et une importante question légale. Durant le débat, l'un des juges de la Cour suprême dit à M. S---- : « Le délai de prescription dans la loi de l'amirauté est de six ans, n'est-ce pas ? »

M. S--- s'arrêta, fixa le juge ------ pendant un instant, puis répondit sans ménagement : « Votre Honneur, il n'y a aucun délai de prescription dans l'amirauté. »

« Un silence s'abattit sur la cour », dit M. S----- alors qu'il racontait son expérience à l'une de mes classes, « et la température de la salle sembla chuter à zéro degré. J'avais raison, le juge ----- avait tort. Et je le lui avais dit. Mais cela l'a-t-il rendu sympathique ? Non. Je crois toujours que j'avais la loi de mon côté. Et je sais que j'avais mieux exposé mon plaidoyer qu'auparavant. Mais je n'ai pas réussi à persuader. J'ai commis l'immense erreur de dire à un homme très instruit et important qu'il avait tort. »

Peu de personnes sont logiques. La plupart d'entre nous ont des préjugés et une vision biaisée. La plupart d'entre nous sont gâchés par des notions préconçues, de la jalousie, de la suspicion, de la peur, de l'envie et de la fierté. Et une majeure partie des citoyens ne veulent pas changer d'avis concernant leur religion, leur coupe de cheveux, le communisme ou Clark Cable. Donc, si vous souhaitez dire aux autres qu'ils ont tort, lisez le paragraphe suivant à genoux chaque matin avant le petit-déjeuner. Il provient du livre instructif du professeur James Harvey Robinson, *The Mind in the Making*.

Nous nous retrouvons parfois à changer d'avis sans aucune résistance ni émotion intense, mais si on nous dit qu'on a tort, nous n'apprécions pas l'imputation et endurcissons notre cœur. Nous sommes incroyablement insouciants dans la formation de nos croyances, mais nous nous trouvons remplis d'une passion illicite pour elles lorsque quelqu'un propose de nous en voler la compagnie. Ce ne sont évidemment pas les idées elles-mêmes qui nous sont chères, mais notre estime de nous-même qui est menacée... Les petits mots « mon », « ma » ou « mes » sont les plus importants dans les affaires humaines, et avec eux le début de la sagesse. Ils ont la même force, qu'il s'agisse de « mon » dîner ou de la date de Sargon I qui est sujette à révision... Nous aimons continuer à croire ce que nous avons été habitués à accepter comme étant vrai, et le ressentiment engendré lorsque le doute s'abat sur l'une de nos suppositions nous conduit à chercher n'importe quelle excuse pour nous y raccrocher. Il en résulte que la plupart de nos raisonnements consistent à trouver des arguments pour continuer à croire comme nous le faisons déjà.

Une fois, j'ai engagé un décorateur d'intérieur pour des tissus d'ameublement dans ma maison. Lorsque la facture est arrivée, mon souffle s'est coupé.

Quelques jours plus tard, une amie m'appela et observa les tissus. Le prix fut mentionné et elle s'exclama avec une intonation de triomphe : « Comment ? C'est terrible. J'ai bien peur qu'il t'ait roulé dans la farine. »

Vraiment ? Oui, elle avait dit la vérité, mais peu de gens aiment écouter des vérités qui trahissent leur jugement. Donc, étant humain, j'ai essayé de me défendre. J'ai souligné que le meilleur pouvait être le moins cher, qu'on ne peut pas espérer avoir de la qualité et un goût artistique à des prix au rabais, etc.

Le lendemain, une autre amie passa, admira les tissus, déborda d'enthousiasme devant eux et exprima son vœu de pouvoir s'offrir de si belles créations pour sa maison. Ma réaction fut totalement différente : « Eh bien, à dire vrai, je ne peux pas me les offrir moi-même. J'ai payé beaucoup trop. Je regrette de les avoir commandés. »

Lorsqu'on a tort, on peut se l'admettre à soi-même. Et si l'on nous traite avec gentillesse et tact, on peut l'admettre aux autres et même retirer de la fierté dans notre franchise et notre ouverture d'esprit. Mais pas si quelqu'un d'autre essaye d'enfoncer le fait désagréable dans notre œsophage...

Horace Greeley, le plus célèbre éditeur d'Amérique pendant la guerre de Sécession, était fondamentalement en désaccord avec les politiques de Lincoln. Il croyait qu'il pourrait pousser Lincoln à être d'accord avec lui par une campagne d'arguments, de ridicule et d'abus. Il mena cette campagne amère mois après mois, année après année. En fait, il écrivit une attaque brutale, amère, sarcastique et personnelle sur le président Lincoln le soir où Booth lui tira dessus.

Mais toute cette amertume a-t-elle fait que Lincoln était finalement d'accord avec Greeley ? Pas du tout. Le ridicule et les abus n'y conduisent jamais.

Si vous souhaitez d'excellentes suggestions pour traiter avec les autres, vous gérer et améliorer votre personnalité, lisez l'autobiographie de Benjamin Franklin – l'une des histoires les plus fascinantes jamais écrites, un des classiques de la littérature américaine. Empruntez-en un exemplaire dans votre bibliothèque publique ou procurez-vous-le dans votre librairie. S'il n'y en a aucune dans votre ville, vous pouvez en commander un directement à la American Book Company, 88 Lexington Avenue, New York City. Demandez *L'autobiographie de Franklin* dans la « Gateway Series ». Il est au prix de 68 cents et prévoyez 10 cents pour l'envoi.

Dans cette biographie, Ben Franklin raconte comment il a conquis l'injuste habitude des débats et s'est transformé en l'un des hommes les plus compétents, charmants et diplomatiques de l'histoire américaine.

Un jour, lorsque Ben Franklin était un jeune homme maladroit, un vieil ami de Quaker l'avait pris à partie et l'avait flagellé de quelques vérités cinglantes, de ce genre-là :

« Ben, tu es impossible. Tes opinions mettent une claque à quiconque pense différemment de toi. Elles sont devenues si coûteuses que plus personne ne les prend en considération. Tes amis trouvent qu'ils s'amusent bien plus lorsque tu n'es pas là. Tu en sais tellement que personne ne peut rien te dire. Effectivement, personne n'essaiera, car cet effort ne mènerait qu'à une gêne et à un travail herculéen. Donc tu n'en sauras jamais plus que ce que tu sais maintenant, ce qui n'est pas grand-chose. »

L'une des plus belles choses que je sais à propos de Ben Franklin est la façon dont il a accepté ce reproche judicieux. Il était assez grand et assez réfléchi pour se rendre compte qu'il était vrai, pour sentir qu'il se dirigeait vers l'échec et le désastre social. Donc il fit volte-face. Il commença immédiatement à changer ses manières insolentes et sectaires.

« J'ai fait une règle », dit Franklin, « de me retenir de contredire directement les sentiments des autres, et toutes les assertions positives que j'avais. Je m'interdis même d'utiliser chaque mot ou expression qui insinue une opinion fixe, tels que "certainement", "sans aucun doute", etc., et j'ai adopté à la place "je conçois", "je comprends", "j'imagine" que ce puisse être ceci ou cela ; c'est en tout cas l'impression que j'ai aujourd'hui. Lorsque quelqu'un affirmait quelque chose que je pensais être une erreur, je me refusais le plaisir de le contredire abruptement, et de lui montrer sans attendre l'absurdité de sa proposition : et en répondant, je commençais à comprendre que dans certains cas ou certaines circonstances, son opinion serait exacte, mais que dans le cas présent, il semblait y avoir une différence, etc. Je trouvai rapidement l'avantage de ce changement dans mon comportement ; les conversations que j'entamais étaient plus plaisantes. La façon modeste avec laquelle je proposais mes opinions leur procurait une réception plus disponible et moins de contradiction ; je me trouvais moins mortifié lorsque je découvrais que j'avais tort, et je pouvais plus facilement convaincre les autres de se rendre compte de leurs erreurs pour me rejoindre lorsque j'avais raison.

Et ce comportement, que j'avais tout d'abord adopté en luttant violemment contre mon inclination naturelle, devint finalement si facile et si habituel que pendant peut-être ces cinquante dernières années, personne n'a jamais entendu une expression dogmatique m'échapper. Et à cette habitude (après mon caractère intègre), je pense que je dois principalement d'avoir eu un si grand poids auprès de mes compatriotes lorsque je proposais de nouvelles institutions, ou des altérations aux anciennes, et une telle influence dans les conseils publics lorsque j'en suis devenu membre ; car j'étais un mauvais orateur, sans aucune éloquence, sujet à de nombreuses hésitations dans le choix des mots à employer, à peine correct dans mon langage, et pourtant, en général, j'arrivais à mes fins. »

Comment les méthodes de Ben Franklin s'appliquent aux affaires ? Prenons deux exemples.

F. J. Mahoney, du 114 Liberty Street, New York, vend des équipements spéciaux pour le commerce du pétrole. Il avait passé une commande pour un gros client de Long Island. Un projet avait été présenté et approuvé, et l'équipement était en cours de fabrication. Puis une chose malheureuse se produisit. L'acheteur en avait discuté avec ses amis. Ils l'avaient prévenu qu'il faisait une grave erreur. Il lui avait refilé quelque chose de trop large, trop petit, trop ceci et trop cela. Ses amis l'avaient conduit à être en colère. Appelant M. Mahoney au téléphone, il jura de ne pas accepter l'équipement qui était déjà fabriqué.

« J'avais vérifié toutes les conditions avec attention et savais que nous avions raison », dit M. Mahoney en racontant l'histoire, « et je savais également que lui et ses amis ne savaient pas de quoi ils parlaient, mais je sentais qu'il serait dangereux de le lui dire. Je me rendis à Long Island pour le voir, et lorsque j'entrai dans son bureau, il bondit sur ses pieds et se dirigea vers moi, en parlant rapidement. Il était si agité qu'il remuait son poing avec ses paroles. Il me condamnait, moi et mon équipement, et finit par dire : "Et maintenant, qu'allez-vous faire ?"

Je lui ai dit très calmement que je ferais tout ce qu'il me dirait. "Vous êtes l'homme qui va payer pour cela", dis-je, "donc vous devriez obtenir ce que vous voulez. Cependant, quelqu'un doit en accepter la responsabilité. Si vous pensez avoir raison, fournissez-nous un projet, et même si nous avons dépensé 2 000 dollars pour votre premier équipement, nous y renonçons. Nous sommes disposés à perdre 2 000 dollars pour vous faire plaisir. Cependant, je dois vous avertir que si nous le fabriquons comme vous le voulez, vous devrez en prendre la responsabilité. Mais si vous nous laissez procéder comme nous l'avions prévu, que nous pensons toujours être la bonne solution, nous en assumerons la responsabilité."

Il s'était à présent calmé, puis dit : "Très bien, allez-y, mais si ce n'est pas bon, que Dieu vous vienne en aide."

L'équipement convint, et il nous a déjà promis une autre commande pour deux équipements similaires cette saison.

Lorsque cet homme m'a insulté, a remué ses poings devant mon visage et m'a dit que je ne connaissais rien à mon travail, cela m'a demandé tout le self-contrôle que je pouvais trouver pour ne pas le contredire et essayer de me justifier. Cela a demandé beaucoup de self-contrôle, mais ça a payé. Si je lui avais dit qu'il avait tort et commencé à argumenter, auraient sûrement suivi une action en justice, des sentiments amers, une perte financière, et la perte d'un client important. Oui, je suis convaincu qu'il ne sert à rien de dire à un homme qu'il a tort. »

Prenons un autre exemple – et rappelez-vous que ces cas que je cite sont typiques des expériences de milliers d'autres hommes. R. V. Crowley est représentant pour la Gardner W. Taylor Lumber Compagnie de New York. Crowley admit que pendant des années, il avait dit à des inspecteurs de bois durs à cuire qu'ils avaient tort. Et il avait aussi remporté les débats. Mais cela n'avait rien apporté de bon. « Car ces inspecteurs de bois », raconta M. Crowley, « sont comme des arbitres de base-ball. Une fois leur décision prise, ils ne reviennent pas dessus. »

M. Crowley voyait que son entreprise perdait des milliers de dollars à cause des débats qu'il remportait. Donc en suivant mon cours, il se résolut à changer de tactique et à abandonner les discussions. Avec quels résultats ? Voici l'histoire telle qu'il l'a racontée aux membres de sa classe :

« Un matin, le téléphone sonna dans mon bureau. Une personne en colère et ennuyée à l'autre bout du fil m'informa qu'un wagon de bois que nous avions fait livrer à son usine était tout à fait insatisfaisant. Son entreprise avait arrêté de le décharger et demandait à ce que nous procédions immédiatement à un arrangement pour retirer le stock de leur cour. Après avoir déchargé un quart du wagon, leur inspecteur avait rapporté que le bois se trouvait à 55 % en dessous du classement prévu. Dans ces circonstances, ils refusaient de l'accepter.

Je me rendis immédiatement à cette usine, et en chemin, je réfléchis à la meilleure façon de gérer cette situation. D'ordinaire, dans de telles circonstances, j'aurais cité les normes de classement et essayé, résultat de ma propre expérience et de mes connaissances en tant qu'inspecteur de bois, de convaincre l'autre inspecteur que le bois était bien classé et qu'il interprétait mal les règles de son inspection. Cependant, je pensai appliquer les principes appris dans ce cours.

Lorsque j'arrivai à l'usine, je trouvai l'acheteur et l'inspecteur piquants, prêts à argumenter et se battre. Nous nous éloignâmes du wagon qui était en train d'être déchargé et je demandai à ce qu'ils continuent de le décharger, pour que je puisse voir comment les choses se passaient. Je demandai à l'inspecteur d'y aller et de mettre à part les rebuts, comme il l'avait déjà fait, et de mettre les bons morceaux de bois dans une autre pile.

Après l'avoir regardé faire un moment, je me rendis compte que cette inspection était en fait bien trop stricte et qu'il interprétait mal les règles. Ce bois particulier était un pin blanc, et je savais que l'inspecteur avait de solides compétences en bois durs, mais ce n'était pas un inspecteur compétent et expérimenté en pin blanc. Il se trouve que le pin blanc était mon point fort, mais ai-je émis une quelconque objection quant à la façon dont il notait le bois ? Aucune. Je continuai à le regarder et commençai progressivement à lui poser des questions pour découvrir les raisons pour lesquelles certaines pièces n'étaient pas satisfaisantes. À aucun moment je n'ai insinué que l'inspecteur se trompait. Je soulignais que la seule raison de mes questions était afin de fournir à son entreprise exactement ce qu'ils souhaitaient pour leurs futures livraisons.

En posant des questions dans un esprit très amical et coopératif, et en insistant continuellement sur le fait qu'ils avaient raison de mettre de côté les pièces qui ne les satisfaisaient pas pour ce qu'ils avaient l'intention d'en faire, je l'apaisais et les relations tendues entre nous commencèrent à fondre pour disparaître complètement. Une remarque occasionnelle intelligemment placée de ma part donna naissance, dans son esprit, à l'idée que certaines de ces pièces rejetées rentraient finalement dans le classement qu'ils avaient acheté, et que leurs besoins exigeaient un classement plus onéreux. Je fus cependant très prudent, afin qu'il ne pense pas que je faisais de ce fait un problème.

Au fur et à mesure, son attitude changea. Il finit par admettre qu'il n'avait aucune expérience en pin blanc et commença à me poser des questions sur chacune des pièces dès qu'elles sortaient du wagon. J'aurais pu expliquer pourquoi une telle pièce rentrait dans le classement spécifié, mais j'ai continué à insister sur le fait que nous ne souhaitions pas qu'il la prenne si elle ne convenait pas pour leur production. Il finit par se sentir coupable chaque fois qu'il plaçait un morceau de bois dans la pile insatisfaisante. Et enfin, il vit que l'erreur venait d'eux en n'ayant pas spécifié un classement supérieur dont ils avaient besoin.

Le résultat final fut qu'il passa en revue l'intégralité du wagon une nouvelle fois après mon départ, il accepta le tout et nous reçûmes un chèque intégral.

Rien que dans cet exemple, un peu de tact et de détermination à s'empêcher de dire à l'autre qu'il avait tort, a fait économiser à mon entreprise 150 dollars, et il serait difficile d'évaluer monétairement la bonne volonté qui fut économisée. »

De fait, je ne révèle rien de nouveau dans ce chapitre. Il y a 19 siècles, Jésus a dit : « Mets-toi rapidement d'accord avec ton adversaire. »

Autrement dit, ne débattez pas avec votre client, votre mari ou votre adversaire. Ne lui dites pas qu'il a tort, ne l'énervez pas, préférez plutôt user d'un peu de diplomatie.

Et 2 200 ans avant la naissance de Jésus-Christ, le vieux roi Akhtoi d'Égypte donna à son fils un conseil astucieux – un conseil qui est nécessaire aujourd'hui. Un après-midi, le roi Akhtoi dit, entre deux verres, il y a 4 000 ans : « Sois diplomatique. Cela t'aidera à servir ta cause. »

Donc, si vous souhaitez rallier les autres à votre façon de penser, voici la Règle n°2 :

Témoignez du respect aux opinions de l'autre. Ne dites jamais à un homme qu'il a tort.

3

Si vous avez tort, admettez-le

Je vis presque dans le centre géographique du grand New York ; et pourtant, à moins d'une minute de marche de ma maison, se trouve une étendue sauvage de bois vierge, où les fourrés de mûriers moussent de blanc au printemps, où les écureuils font leur nid et élèvent leurs petits et où les vergerettes du Canada deviennent aussi hautes qu'une tête de cheval. Ce bois préservé est appelé Forest Park – et *c'est bien* une forêt, sans doute peu différente en apparence de ce qu'elle était l'après-midi où Christophe Colomb a découvert l'Amérique. Je vais souvent me promener dans ce parc avec Rex, mon petit Terrier de Boston. C'est un gentil chien inoffensif ; et puisque nous ne croisons que rarement quelqu'un dans ce parc, je promène Rex sans laisse ni muselière.

Un jour, nous y avons rencontré un policier à cheval, démangé par l'envie de montrer son autorité.

« À quoi pensez-vous en laissant ce chien courir librement dans le parc, sans laisse ni muselière ? » me réprimanda-t-il. « Ignorez-vous donc que c'est contraire à la loi ? »

« Je le sais », répondis-je doucement, « mais je ne pensais pas qu'il ferait de mal à qui que ce soit. »

« Vous ne *pensiez* pas ! Vous ne *pensiez* pas ! La loi n'en a rien à faire de ce que vous *pensez*. Ce chien pourrait tuer un écureuil ou mordre un enfant. Bon, je laisse passer pour cette fois ; mais si j'attrape encore une fois ce chien sans laisse ni muselière, vous devrez en rendre compte au juge. »

Je promis docilement d'obéir.

Et je tins ma promesse – quelques fois. Mais Rex n'aimait pas la muselière, et moi non plus ; donc nous décidâmes de prendre le risque. Tout se passa très bien pendant un temps ; puis nous nous heurtâmes à un obstacle. Un après-midi, Rex et moi faisions la course jusqu'au sommet d'une colline, puis, soudain – à mon grand désarroi – je vis la majesté de la loi, à califourchon sur un cheval bai. Rex était devant moi, se dirigeant tout droit vers l'officier.

J'étais dans de beaux draps. Il le savait. Donc je n'attendis pas que l'officier commence à parler. Je le devançai. « Officier, vous m'avez pris en flagrant délit. Je suis coupable. Je n'ai aucun alibi, aucune excuse. Vous m'avez prévenu la semaine dernière que si je ramenais encore une fois ce chien ici sans muselière, vous me mettriez une amende. »

« Eh bien », répondit le policier avec douceur, « je sais que c'est tentant de laisser un petit chien comme celui-ci courir librement lorsqu'il n'y a personne autour. »

« Bien sûr », confirmai-je, « mais c'est contre la loi. »

« Eh bien, un petit chien comme lui ne fera de mal à personne », reconnut l'officier.

« Non, mais il pourrait tuer des écureuils. »

« Eh bien, je pense que vous prenez cela un peu trop au sérieux. Je vais vous dire quoi faire. Vous le laissez gambader vers la colline, où je ne peux pas le voir – et nous oublions toute cette affaire. »

Ce policier, étant humain, souhaitait un sentiment d'importance ; donc lorsque j'ai commencé à me condamner, la seule façon qu'il avait de nourrir son estime de lui-même était d'adopter une attitude magnanime en montrant de la clémence.

Mais supposez que j'aie essayé de me défendre – eh bien, contestez-vous souvent un policier ?

Mais au lieu de croiser le fer avec lui, j'ai admis qu'il avait totalement raison et que j'avais totalement tort ; je l'ai admis rapidement, ouvertement et avec enthousiasme. Cette affaire s'est terminée avec dignité, moi prenant son parti et lui prenant le mien. Lord Chesterfield lui-même aurait pu difficilement être plus gracieux que ce policier à cheval qui, seulement une semaine auparavant, m'avait menacé de pénalité judiciaire.

Si nous savons que nous allons de toute façon rencontrer le vieux Harry, n'est-ce pas bien mieux de battre l'autre à ce jeu-là et de le faire nous-même ? N'est-ce pas plus simple d'écouter l'autocritique que d'être condamné par des lèvres étrangères ?

Dites à propos de vous toutes les choses dénigrantes que vous savez que l'autre personne pense ou veut dire ou a l'intention de dire – dites-les avant qu'il ait une chance de les dire – et vous retirerez le vent de ses voiles. Il y a environ 1 % de chances qu'il adopte une attitude généreuse et indulgente et minimise vos erreurs – comme le policier à cheval l'a fait avec moi et Rex.

Ferdinand E. Warren, un artiste commercial, utilisa cette technique pour gagner la bonne volonté d'un acheteur d'art irritable prompt aux remontrances.

« Il est important, lorsqu'on dessine à des fins publicitaires et éditoriales, d'être précis et très exact », dit M. Warren alors qu'il racontait l'histoire.

« Certains éditeurs d'art exigeaient que leurs commandes soient exécutées immédiatement ; et dans ces cas-là, une légère erreur peut vraisemblablement se produire. J'ai connu un directeur artistique en particulier qui prenait toujours un malin plaisir à déceler une faute dans un détail. J'ai souvent quitté son bureau dégoûté, non pas à cause de la critique, mais de sa méthode d'attaque. Récemment, j'ai livré un travail urgent à cet éditeur et il m'a appelé pour me convoquer immédiatement dans son bureau. Il disait que quelque chose n'allait pas. Lorsque j'arrivai, je découvris exactement ce que j'avais anticipé – et redouté. Il était hostile, se réjouissant de son occasion de critiquer. Il demanda avec vigueur pourquoi j'avais fait ceci ou cela. Était venue mon opportunité d'appliquer l'autocritique que j'avais étudiée. Donc je dis : "M. Ceci-ou-cela, si ce que vous dites est vrai, je suis en tort et il n'y a absolument rien qui puisse excuser ma bêtise. Je réalise des dessins pour vous depuis assez longtemps pour être plus avisé. J'ai honte de moi."

Il commença immédiatement à me défendre. "Oui, vous avez raison, mais après tout, ce n'est pas une grave erreur. C'est seulement…"

Je l'interrompis : "Toute erreur peut coûter cher et elles sont toutes agaçantes."

Il tenta de me couper, mais je ne lui en laissai pas l'occasion. Je passais un grand moment. Pour la première fois de ma vie, je me critiquais moi-même – et j'adorais ça.

"J'aurais dû être plus soigneux", poursuivis-je. "Vous me donnez beaucoup de travail, et vous méritez le meilleur ; donc je vais recommencer ce dessin."

"Non ! Non !" protesta-t-il. "Je ne souhaitais pas vous mettre dans un tel embarras." Il encensa mon travail, m'assura qu'il ne désirait qu'une modification mineure, et que ma légère erreur n'avait rien coûté à son entreprise ; et après tout, c'était un détail insignifiant – qui ne valait pas la peine qu'on s'en émeuve.

Mon enthousiasme à m'autocritiquer lui avait retiré toute sa combattivité. Il finit par m'inviter à déjeuner ; et avant que nous ne nous quittions, il me donna un chèque ainsi qu'une nouvelle commande. »

N'importe quel imbécile peut essayer de défendre ses erreurs – et la plupart des imbéciles le font – mais admettre ses erreurs, cela élève l'esprit et procure un sentiment de noblesse et d'allégresse. Par exemple, l'une des plus belles choses que l'Histoire se rappelle à propos de Robert E. Lee est la façon dont il se blâmait lui et uniquement lui pour l'échec de la charge de Pickett à Gettysburg.

La charge de Pickett était sans nul doute l'attaque la plus brillante et pittoresque à avoir eu lieu dans le monde occidental. Pickett lui-même était pittoresque. Ses cheveux étaient si longs que ses mèches auburn touchaient presque ses épaules et, comme Napoléon lors de ses campagnes italiennes, il écrivait des lettres d'amour passionnées presque chaque jour sur le champ de bataille. Ses troupes dévouées l'acclamèrent ce tragique après-midi de juillet alors qu'il fonçait vivement vers les lignes de l'Union, son chapeau retombant sur son oreille droite dans un angle élégant. Ils l'acclamèrent et le suivirent, homme contre homme, rang contre rang, bannières au vent et baïonnettes brillant dans la lumière du soleil. C'était une vision courageuse. Audacieuse. Magnifique. Un murmure d'admiration parcourut les lignes de l'Union alors qu'ils les observaient.

Les troupes de Pickett avancèrent au trot à travers un verger et un champ de maïs, une prairie, puis passèrent par-dessus un ravin. Tout ce temps, les canons des ennemis déchiraient d'affreux trous dans leurs rangs. Mais ils continuaient à avancer, inébranlables, irrésistibles.

Soudain, l'infanterie de l'Union surgit de derrière le mur de pierre de Cemetery Ridge, où ils s'étaient cachés, et envoya salve après salve dans les troupes de Pickett sans défense. La crête de la colline était une nuée de flammes, un abattoir, un volcan en éruption. En quelques minutes, tous les commandants de la brigade de Pickett étaient à terre, sauf un, et les quatre cinquièmes de ses 5 000 hommes étaient tombés.

Armistead, dirigeant les troupes dans la chute finale, courut en avant, sauta par-dessus le mur de pierre et, agitant son chapeau à la pointe de son épée, hurla :

« Offrez-leur du métal, Messieurs ! »

Ce qu'ils firent. Ils bondirent par-dessus le mur, tirèrent sur leurs ennemis avec leurs baïonnettes, écrasèrent leurs crânes avec des mousquets, et plantèrent les étendards du Sud à Cemetery Ridge.

Ces bannières n'y flottèrent qu'un instant. Mais cet instant, aussi bref fût-il, marqua le point culminant de la Confédération.

La charge de Pickett – brillante, héroïque – fut néanmoins le début de la fin. Lee avait échoué. Il ne pouvait pénétrer le Nord. Et il le savait.

Le Sud était condamné.

Lee était si attristé, si choqué, qu'il envoya sa démission et demanda à Jefferson Davis, le président de la Confédération, de désigner un « homme plus jeune et plus compétent ». Si Lee avait voulu rejeter l'échec désastreux de la charge de Pickett sur quelqu'un d'autre, il n'aurait eu que l'embarras du choix. Certains des commandants de sa division l'avaient déçu. La cavalerie n'était pas arrivée à temps pour soutenir l'attaque de l'infanterie. Ça avait mal tourné.

Mais Lee était bien trop noble pour blâmer les autres. Alors que les troupes battues et ensanglantées de Pickett battaient en retraite vers les lignes confédérées, Robert E. Lee partit les rencontrer seul et les gratifia d'une auto-condamnation qui manquait un peu de sublime. « Tout ceci est ma faute », avoua-t-il. « Moi et moi seul ai perdu cette bataille. »

Peu de généraux dans toute l'Histoire ont eu le courage et le caractère d'admettre cela.

Elbert Hubbard était l'un des auteurs les plus originaux à avoir remué une nation, et ses phrases cinglantes suscitèrent souvent de féroces ressentiments. Mais Hubbard, grâce à son habileté rare à traiter avec les autres, transformait fréquemment ses ennemis en amis.

Par exemple, lorsqu'un lecteur irrité lui écrivit pour lui dire qu'il n'était pas d'accord avec tel et tel article et termina par appeler Hubbard ceci ou cela, Elbert Hubbard répondit comme ceci :

« C'est une bonne chose que vous y réfléchissiez, je ne suis pas totalement d'accord avec cela moi-même. Tout ce que j'ai écrit hier ne me plaît pas forcément aujourd'hui. Je suis heureux d'apprendre ce que vous pensez à ce sujet. La prochaine fois que vous serez dans les parages, venez nous voir et nous en discuterons une bonne fois pour toutes. Voici donc une poignée de mains à distance.

Cordialement. »

Que pourriez-vous dire à un homme qui vous traite de cette façon ?

Lorsque nous avons raison, essayons de gagner les autres à notre cause avec gentillesse et tact ; et lorsque nous avons tort – et cela se produira étonnamment souvent, si nous sommes honnêtes envers nous-mêmes – admettons nos erreurs rapidement et avec enthousiasme. Cette technique produira non seulement des résultats étonnants, mais aussi, croyez-le ou non, bien plus d'amusement, selon les circonstances, que si vous essayez de vous défendre.

Rappelez-vous le vieux proverbe : « En vous battant, vous n'obtiendrez jamais assez, mais en cédant, vous obtiendrez bien plus qu'espéré. »

Donc, si vous souhaitez rallier les autres à votre cause, il est conseillé de vous rappeler la Règle n°3 :

Si vous avez tort, admettez-le rapidement et avec empathie.

4

Le chemin le plus sûr vers la raison d'un homme

Si votre mauvais caractère est réveillé et que vous leur dites une chose ou deux, vous passerez un bon moment à décharger vos sentiments. Mais qu'en est-il de l'autre personne ? Partagera-t-elle votre plaisir ? Votre ton agressif, votre attitude hostile lui faciliteront-ils la tâche pour être en accord avec vous ?

Woodrow Wilson a dit : « Si tu viens me voir avec les poings fermés, je pense pouvoir te promettre que les miens se fermeront aussi vite que les tiens ; mais si tu viens me voir et que tu me dis : "Asseyons-nous et discutons ensemble, et, si nous ne sommes pas d'accord avec l'autre, essayons de comprendre pourquoi, quels sont les points en cause", nous nous rendrons compte que nous ne sommes finalement pas si différents, que les points sur lesquels nous sommes en désaccord sont peu nombreux et que ceux sur lesquels nous tombons d'accord sont légion, et que si nous avions la patience, la sincérité et le désir de nous retrouver, alors nous nous retrouverons. »

Personne n'apprécie plus la vérité de la déclaration de Woodrow Wilson que John D. Rockefeller, Jr. Black en 1915. Rockefeller était l'un des hommes les plus violemment méprisés du Colorado. L'une des plus sanglantes grèves dans l'histoire de l'industrie américaine bouleversait l'État depuis deux terribles années. Furieux, des mineurs agressifs exigeaient des salaires plus élevés de la part de la Colorado Fuel & Iron Company ; et Rockefeller dirigeait cette entreprise. Des propriétés avaient été détruites, des troupes avaient été appelées. Du sang avait été versé. Des grévistes avaient été tués, leurs corps criblés de balles.

À une telle période, avec cet air bouillonnant de haine, Rockefeller voulait rallier les grévistes à sa façon de penser. Et il y arriva. Comment ? Voici l'histoire. Après avoir passé des semaines à se faire des relations, Rockefeller s'adressa aux représentants des grévistes. Ce discours, dans son intégralité, est un chef-d'œuvre. Il produisit des résultats stupéfiants. Il calma les vagues orageuses de haine qui menaçaient d'envahir Rockefeller. Il lui fit gagner une myriade d'admirateurs. Il présentait les faits d'une manière si sympathique que les grévistes retournèrent au travail sans dire quoi que ce soit d'autre au sujet de l'augmentation des salaires pour laquelle ils s'étaient battus si violemment.

Voici le début de ce remarquable discours. Notez combien il brille de bienveillance.

Rappelez-vous que Rockefeller s'adresse à des hommes qui, quelques jours auparavant, voulaient le pendre haut et court à un pommier aigre ; et pourtant, il n'aurait pas pu être plus gracieux et plus sympathique s'il s'était adressé à un groupe de missionnaires médicaux. Son discours rayonne de phrases telles que je suis *fier* d'être ici, d'avoir *visité* vos *maisons*, rencontré bon nombre de vos femmes et enfants, nous nous rencontrons ici non pas comme des étrangers, mais comme des *amis*, un esprit d'*amitié réciproque,* nos *intérêts communs,* c'est uniquement grâce à votre courtoisie que je suis ici.

« C'est un jour mémorable de ma vie », commença Rockefeller. « C'est la première fois que j'ai la chance de rencontrer les représentants des employés de cette grande entreprise, ses agents et directeurs, ensemble, et je peux vous assurer que je suis fier d'être ici et que je me souviendrai de cette assemblée jusqu'à la fin de mes jours. Si cette réunion avait eu lieu il y a deux semaines, je me serais sans doute tenu devant vous comme un étranger pour la plupart d'entre vous, reconnaissant quelques visages. Ayant eu l'opportunité la semaine dernière de visiter tous les camps dans les mines de charbon au sud, de discuter individuellement avec pratiquement tous les représentants, excepté ceux qui étaient en déplacement ; ayant visité vos maisons, rencontré bon nombre de vos femmes et enfants, nous nous rencontrons ici non pas comme des étrangers, mais comme des amis, et c'est dans cet esprit d'amitié réciproque que je suis ravi d'avoir l'opportunité de discuter avec vous de nos intérêts communs.

Étant donné qu'il s'agit d'une assemblée des agents de l'entreprise et des représentants des employés, c'est uniquement grâce à votre courtoisie que je suis là, car je n'ai la chance d'être ni l'un ni l'autre ; et pourtant, je me sens intimement lié à vous tous, car, dans un sens, je représente à la fois les actionnaires et les responsables. »

N'est-ce pas là un superbe exemple de l'art de faire de ses ennemis des amis ?

Supposez que Rockefeller ait choisi une approche différente. Supposez qu'il ait débattu avec ces mineurs et lancé des faits dévastateurs à leur visage. Supposez qu'il leur ait dit, par son ton et ses insinuations, qu'ils avaient tort. Supposez qu'il leur ait prouvé par toutes les règles de la logique qu'ils avaient tort. Que se serait-il passé ? Cela aurait suscité plus de colère, plus de haine, plus de révolte.

Si le cœur d'un homme est rempli de désaccord et de ressentiment envers vous, vous ne pouvez le rallier à votre façon de penser même avec toute la logique de la chrétienté. Les parents qui réprimandent, les patrons et les maris qui dominent et les épouses qui n'arrêtent pas de faire des réflexions doivent se rendre compte que les gens ne souhaitent pas changer d'avis. Ils ne peuvent être forcés à être d'accord avec vous ou moi. Mais ils pourront éventuellement y être conduits, si nous sommes gentils et bienveillants, toujours gentils et toujours bienveillants.

Lincoln a dit cela, en réalité, il y a presque 100 ans. Voici ses mots :

C'est une vieille maxime emplie de vérité « qu'on attrape plus de mouches avec du miel qu'avec du vinaigre ». Donc, avec les hommes, si vous souhaitez rallier quelqu'un à votre cause, convainquez-le d'abord que vous êtes sincèrement son ami. Là, il y aura une goutte de miel qui saisira son cœur ; qui est, vous pouvez dire ce que vous voulez, le chemin le plus sûr vers sa raison.

Les hommes d'affaires apprennent que cela paie d'être bienveillants avec les grévistes. Par exemple, lorsque 2 500 employés de l'usine White Motor Company firent grève pour obtenir des salaires plus élevés et un syndicat, Robert F. Black, le président, n'a pas proféré colère et condamnation, ni menacé ni parlé de tyrannie et des communistes. Il a en fait encensé les grévistes. Il fit paraître une publicité dans les journaux de Cleveland, les complimentant sur « la façon pacifiste avec laquelle ils ont opéré ». Trouvant les piquets de grève inoccupés, il leur acheta une vingtaine de battes de baseball, des gants, et les invita à jouer à la balle sur les terrains vagues. Pour ceux qui préféraient le bowling, il en loua une piste.

Cette gentillesse du président Black donna ce que la gentillesse donne toujours : elle entraîna la gentillesse. Donc les grévistes empruntèrent des balais, des pelles et des chariots à déchets, et commencèrent à ramasser des allumettes, des papiers et des mégots de cigarettes et de cigares autour de l'usine. Imaginez cela ! Imaginez des grévistes nettoyant le sol de l'usine tout en se battant pour obtenir un salaire plus élevé et la reconnaissance du syndicat. On n'avait jamais entendu parler d'un tel évènement dans la longue et orageuse histoire des guerres ouvrières américaines. Cette grève se termina avec un compromis décidé en une semaine – et sans aucun ressentiment ni rancœur.

Daniel Webster, qui ressemblait à un dieu et parlait comme Jéhovah, était l'un des avocats les plus accomplis à avoir jamais plaidé une cause ; pourtant, il servait ses arguments les plus puissants avec d'aimables remarques comme : « Il appartiendra au jury de prendre en considération », « Peut-être que ceci pourrait valoir la peine d'y réfléchir, Messieurs », « Voici quelques faits que, je l'espère, vous ne perdrez pas de vue, Messieurs », ou « Vous comprendrez facilement, avec votre connaissance de la nature humaine, l'importance de ces faits ». Aucune pression. Aucune méthode stressante. Aucune tentative de forcer ses opinions chez les autres. Webster employait l'approche douce et bienveillante, et cela contribua à faire sa renommée.

Vous pourriez ne jamais avoir à régler une grève ou à vous adresser à un jury, mais vous pourriez vouloir obtenir une réduction de votre loyer. L'approche bienveillante vous aidera-t-elle alors ? Voyons cela.

O. L. Straub, un ingénieur, voulait obtenir une réduction de son loyer. Et il savait que son propriétaire était un dur à cuire. « Je lui ai écrit », dit M. Straub dans son discours prononcé devant la classe, « en l'informant que j'allais quitter mon appartement dès que mon bail expirerait. La vérité, c'est que je ne souhaitais pas déménager. Je voulais rester si j'arrivais à réduire le loyer. Mais la situation semblait désespérée. D'autres locataires avaient essayé – et échoué. Tous me disaient qu'il était extrêmement difficile de traiter avec ce propriétaire. Mais je me suis dit : "Je suis un cours qui aborde comment traiter avec les autres, donc je vais essayer d'en appliquer les principes avec lui – et voir comment cela se passe."

Lui et sa secrétaire vinrent me voir dès qu'il reçut ma lettre. Je l'accueillis à la porte avec une salutation typique de Charlie Schwab. Je pétillais de bonne volonté et d'enthousiasme. Je n'ai pas commencé par discuter du fait que le loyer était élevé. À la place, j'ai commencé par dire combien j'aimais cet appartement. Croyez-moi, j'étais "chaleureux dans ma reconnaissance et généreux dans mes louanges". Je le complimentai sur la façon dont il gérait l'immeuble, et lui confiai que j'aimerais tant rester une année de plus, mais que je ne pouvais pas me le permettre.

Il n'avait visiblement jamais été reçu d'une telle façon par un locataire. Il savait à peine comment se comporter.

Puis il commença à me parler de ses problèmes. Des locataires qui se plaignaient. L'un d'entre eux lui avait écrit quatorze lettres, certaines d'entre elles positivement insultantes. Un autre menaçait de rompre son bail si le propriétaire n'empêchait pas l'homme de l'étage au-dessus de ronfler. "Quel soulagement d'avoir un locataire aussi satisfait que vous", dit-il. Puis, sans même que je le lui demande, il me proposa une petite réduction de mon loyer. J'en voulais plus, donc j'énonçai le montant que je pouvais me permettre de payer, et il l'accepta sans discuter.

Lorsqu'il s'en alla, il se retourna vers moi et me demanda : "Quelle décoration puis-je faire faire pour vous ?"

Si j'avais tenté d'obtenir une réduction de mon loyer par la même méthode employée par les autres locataires, je suis persuadé que j'aurais rencontré le même échec. C'était l'approche gentille, sympathique et reconnaissante qui avait payé. »

Prenons un autre exemple. Avec une femme, cette fois-ci – une femme du Social Register – Mme Dorothy Day de Garden City, sur les étendues sablonneuses de Long Island.

« J'ai récemment reçu un petit groupe d'amis à déjeuner », raconta Mme Day. « C'était une occasion importante pour moi. Naturellement, j'aspirais à ce que tout se passe bien. Emil, le maître d'hôtel, est habituellement mon indispensable assistant dans ces cas-là. Mais cette fois-ci, il m'avait laissé tomber. Le déjeuner fut un échec. Emil était introuvable. Il avait envoyé un seul serveur pour s'occuper de nous. Ce dernier n'avait pas la moindre idée de ce qu'était un service de première classe. Il persistait à servir mon invitée d'honneur en dernier. À un moment, il lui servit un misérable petit morceau de céleri dans une grande assiette. La viande était dure ; les pommes de terre couvertes de graisse. C'était horrible. J'étais furieuse. Avec un effort considérable, je gardai le sourire durant ce supplice, mais je ne cessais de me répéter : "Attends un peu que je voie Emil. Je vais lui dire le fond de ma pensée."

Cette scène se produisit un mercredi. Le soir suivant, j'assistai à une conférence sur les relations humaines. Alors que j'écoutais, je me rendis compte à quel point il serait inutile de passer un savon à Emil. Il en deviendrait renfrogné et amer. Cela tuerait tout son désir de m'aider à l'avenir. J'essayai de voir les choses de son point de vue. Il n'avait pas acheté la nourriture. Il ne l'avait pas préparée. Ce n'était pas sa faute si certains de ses serveurs étaient stupides. Peut-être avais-je été trop sévère, trop hâtive dans ma colère. Donc, au lieu de le critiquer, je décidai d'aborder la chose d'une façon amicale. Je commençai par lui témoigner ma reconnaissance. Cette approche fonctionna à merveille. Je vis Emil le lendemain. Il était en colère, sur la défensive, prêt à se battre. Je dis : "Vous voyez, Emil, je veux que vous sachiez qu'il est très important pour moi de vous avoir avec moi lorsque je reçois. Vous êtes le meilleur maître d'hôtel de New York. Bien sûr, je comprends que vous n'ayez pas acheté ni cuisiné la nourriture. Vous n'auriez pas pu empêcher ce qu'il s'est passé mercredi."

Les nuages disparurent. Emil sourit, puis dit : "Exactement, Madame. Le problème se trouvait dans la cuisine. Ce n'était pas ma faute."

Donc je poursuivis : "J'ai prévu d'autres réceptions, Emil, et j'ai besoin de votre conseil. Pensez-vous que nous devrions accorder à la cuisine une autre chance ?"

"Oh, bien entendu, Madame, bien sûr. Cela ne devrait jamais se reproduire."

La semaine suivante, j'organisai un autre déjeuner. Emil et moi avions prévu le menu. Je divisai son pourboire par deux, et ne mentionnai plus jamais les erreurs passées.

Lorsque nous arrivâmes, la table était colorée de deux douzaines de roses American Beauty. Emil veillait en permanence. Il aurait difficilement pu accorder plus d'attention à ma réception si j'avais reçu la reine Mary. Les plats étaient excellents et chauds. Le service était parfait. L'entrée fut apportée par quatre serveurs au lieu d'un. Emil servit personnellement de délicieux bonbons à la menthe pour terminer le repas.

Alors que nous partions, mon invitée d'honneur demanda : "Avez-vous charmé ce maître d'hôtel ? Je n'ai jamais vu un tel service, une telle attention."

Elle avait raison. Je l'avais charmé avec l'approche bienveillante et une reconnaissance sincère. »

Il y a plusieurs années, lorsque j'étais un garçon marchant pieds nus à travers les bois pour rejoindre une école de campagne dans le nord-ouest du Missouri, j'ai lu un jour une fable à propos du soleil et du vent. Ils se querellaient pour savoir qui était le plus fort, et le vent dit : « Je prouverai que c'est moi. Tu vois ce vieil homme là-bas, avec un manteau ? Je parie que je peux lui faire retirer son manteau plus vite que toi. »

Donc le soleil alla se cacher derrière un nuage et le vent souffla jusqu'à ce qu'il produise presque une tornade, mais plus il soufflait, plus le vieil homme s'emmitouflait dans son manteau.

Finalement, le vent se calma et abandonna ; puis le soleil sortit de derrière son nuage et sourit gentiment au vieil homme. À présent, il essuyait son front et retirait son manteau. Le soleil dit ensuite au vent que la gentillesse et la bienveillance étaient toujours plus fortes que la furie et la force.

Même lorsque j'étais un garçon lisant cette fable, la vérité qu'elle renfermait était en réalité démontrée dans la lointaine ville de Boston, un centre historique d'éducation et de culture que je ne pensais jamais voir un jour. C'était démontré à Boston par le Dr A. H. B-----, un physicien qui, trente ans plus tard, devint l'un de mes étudiants. Voici l'histoire comme le Dr B----- l'a racontée lors de l'un de ses discours devant la classe :

À cette époque, les journaux de Boston étaient remplis de fausses publicités médicales – les publicités d'avorteurs professionnels et de physiciens charlatans qui prétendaient traiter les maladies des hommes mais qui ne faisaient que harceler nombre d'innocentes victimes en les effrayant en leur parlant de la « perte de virilité » et d'autres terribles conditions. Leur traitement consistait à garder la victime dans un état total de terreur et ne lui donner aucun traitement utile. Les avorteurs avaient causé de nombreuses morts, mais il y avait peu de preuves. La plupart d'entre eux payaient de petites amendes ou s'en sortaient grâce à l'influence politique.

Le problème devint si terrible que les gens honnêtes de Boston s'insurgèrent d'indignation. Les pasteurs frappèrent leur chaire, condamnèrent les journaux, et implorèrent l'aide du Dieu Tout-Puissant pour arrêter cette publicité. Des organisations civiques, des hommes d'affaires, des clubs féminins, des églises, des associations de jeunes gens, tous maudissaient et dénonçaient – en vain. Un combat amer fut lancé à l'assemblée législative pour rendre illégale cette publicité scandaleuse, mais il fut vaincu par les pots-de-vin et l'influence politique.

Le Dr B----- était alors président du Good Citizenship Committee of the Greater Boston Christian Endeavor Union. Son comité avait tout essayé. Il avait échoué. Le combat contre ces criminels médicaux semblait sans espoir.

Puis un soir, après minuit, le Dr B----- tenta quelque chose que personne à Boston n'avait visiblement encore pensé à essayer auparavant. Il tenta la gentillesse, la sympathie, la reconnaissance. Il essaya plutôt de *donner envie* aux éditeurs d'arrêter cette publicité. Il écrivit à l'éditeur du *Boston Herald*, en lui disant combien il admirait son journal. Il le lisait depuis toujours ; les articles étaient propres, ne cherchaient pas à faire sensation ; et la rédaction était excellente. C'était un magnifique journal familial. Le Dr B----- déclara que selon lui, c'était le meilleur journal de Nouvelle-Angleterre et l'un des meilleurs d'Amérique. « Mais », poursuivit-il, « un ami a une fille. Il m'a dit que sa fille a lu une de vos publicités à voix haute l'autre soir, la publicité d'un avorteur professionnel, puis elle lui a demandé de lui expliquer la signification de certaines phrases. Honnêtement, il était dans l'embarras. Il ne savait pas quoi dire. Votre journal atterrit dans les meilleures maisons de Boston. Si cela est arrivé chez mon ami, n'est-ce pas ce qu'il se passe sans doute dans bien d'autres maisons ? Si vous aviez une fille, jeune, voudriez-vous qu'elle lise ces publicités ? Et si elle le faisait et vous posait des questions à ce propos, comment pourriez-vous lui expliquer ?

Je suis navré qu'un journal aussi magnifique que le vôtre – pratiquement parfait à tous les autres égards – possède ce trait particulier qui fait redouter les pères que leurs filles le voie. N'est-il pas probable que des milliers de vos autres abonnés ressentent la même chose que moi ? »

Deux jours plus tard, l'éditeur du *Boston Herald* écrivit au Dr B----- ; le docteur conserva la lettre dans ses archives pendant un tiers de siècle et me la donna lorsqu'il intégra mon cours. Je l'ai présentement devant moi alors que j'écris ces lignes. Elle est datée du 13 octobre 1904.

Dr A. H. B-----
Boston, Massachussetts.

Cher Monsieur,

Je vous suis infiniment reconnaissant pour votre lettre envoyée le 11 octobre, adressée à l'éditeur de ce journal, étant donné qu'elle m'a enfin décidé à engager une action que j'envisageais depuis que je suis en poste.

À partir de lundi, je propose que le *Boston Herald* expurge totalement toutes ces publicités répréhensibles autant que faire se peut. Les cartes médicales, les seringues et autres publicités de ce genre, seront totalement « tuées », et toutes les autres publicités médicales, qu'il est impossible de supprimer en cette période, seront minutieusement publiées selon leur caractère totalement inoffensif.

Merci encore pour votre aimable lettre, qui a été utile à bien des égards.

Cordialement,
W. E. Haskell,
Éditeur.

Ésope était un esclave grec qui vivait à la cour de Crésus et tissait d'immortelles fables 600 ans avant Jésus-Christ. Pourtant, les vérités qu'il enseigna à propos de la nature humaine sont tout aussi vraies aujourd'hui à Boston et Birmingham qu'elles ne l'étaient il y a 25 siècles à Athènes. Le soleil peut vous faire retirer votre manteau plus vite que le vent; et la gentillesse, l'approche bienveillante et la reconnaissance peuvent faire changer d'avis les autres bien plus volontiers que toutes les fanfaronnades et les tempêtes de la chrétienté.

Rappelez-vous ce que Lincoln a dit : « On attire plus de mouches avec du miel qu'avec du vinaigre. »

Donc, lorsque vous souhaitez rallier les autres à votre façon de penser, n'oubliez pas d'appliquer la Règle n°4 :

Commencez par la gentillesse.

5

Le secret de Socrate

Lorsque vous parlez avec les autres, ne commencez pas la discussion par les choses sur lesquelles vous n'êtes pas d'accord. Commencez par mettre l'accent – sans relâche – sur les choses sur lesquelles vous êtes d'accord. N'arrêtez pas d'insister – si possible – sur le fait que vous cherchez à obtenir la même chose, et votre seule différence sera la méthode et non le but.

Faites dire à l'autre « Oui, oui » dès le départ. Empêchez-le, si possible, de dire « Non ».

« Une réponse "Non" », avance le professeur Overstreet dans son livre *Influencing Human Behavior*, « est un énorme handicap à surmonter. Lorsque quelqu'un a dit "Non", toute la fierté de sa personnalité exige qu'il reste cohérent avec lui-même. Il pourra sentir par la suite que le "Non" était peu judicieux ; néanmoins, il faut prendre sa précieuse fierté en considération ! Après avoir dit une chose, il ne doit pas revenir dessus. C'est donc d'une importance capitale de commencer une discussion dans la direction affirmative. »

L'orateur aguerri obtient « dès le départ un certain nombre de "réponses Oui". Il a donc dirigé les processus psychologiques de ses auditeurs vers l'affirmatif. C'est comme le mouvement d'une boule de billard. Propulsez-la dans une direction, et il faudra un peu de force pour l'en faire dévier ; et bien plus de force pour la faire repartir dans la direction opposée.

Les schémas psychologiques décrits ici sont assez clairs. Lorsque quelqu'un dit "Non" et le pense vraiment, il fait bien plus que prononcer un mot de trois lettres. L'intégralité de son organisme – glandulaire, nerveux, musculaire – s'est rassemblé dans une condition de rejet. Se produit alors, généralement en une minute mais parfois en degrés observables, un retrait physique, ou une disposition à se retirer. Pour résumer, tout le système neuro-musculaire se met en garde contre l'acceptation. Au contraire, lorsque quelqu'un dit "Oui", aucune des activités de retraite ne se produit. L'organisme se trouve dans une attitude propice à avancer, tolérante et ouverte. Donc plus nous pouvons provoquer de "Oui" dès le départ, plus nous sommes susceptibles de réussir à capter l'attention pour notre ultime proposition.

C'est une technique très simple – cette réponse oui. Et pourtant si négligée ! On dirait souvent que les autres perçoivent un sens de leur propre importance en éveillant l'hostilité dès le départ. L'extrémiste arrive dans une conférence avec ses camarades conservateurs, et immédiatement, il doit les rendre furieux ! Quel bien cela produit-il, en réalité ? S'il le fait simplement afin d'en retirer un certain plaisir personnel, il peut être pardonné. Mais s'il espère accomplir quelque chose, il est seulement psychologiquement stupide.

Qu'un étudiant vous dise "Non" dès le départ, ou un client, un enfant, un mari, une épouse, et cela demandera la sagesse et la patience des anges pour transformer cette négation qui hérisse le poil en une affirmation. »

L'utilisation de cette technique « oui, oui » permit à James Eberson, caissier pour la Greenwich Savings Bank, à New York City, de conserver un client potentiel qui, sinon, aurait été perdu.

« Cet homme était venu pour ouvrir un compte », raconta M. Eberson, « et je lui donnai donc notre formulaire habituel à remplir. Il répondit volontiers à certaines questions, mais il refusait catégoriquement de répondre à d'autres.

Avant de commencer à étudier les relations humaines, j'aurais dit à ce futur déposant que s'il refusait de fournir ces informations à la banque, nous devrions refuser son compte. J'ai honte d'avoir fait exactement cela par le passé. Naturellement, un ultimatum comme celui-ci me faisait me sentir bien. J'avais montré qui commandait, que les règles et règlementations de la banque ne pouvaient être bafouées. Mais ce genre d'attitude n'offrait certainement pas un sentiment de bienvenue et d'importance à l'homme qui était entré pour faire partie de notre clientèle.

Je décidai ce matin-là d'utiliser un peu de bon sens. Je me résolus à ne pas parler de ce que la banque voulait, mais de ce que le client voulait. Et par-dessus tout, j'étais déterminé à lui faire dire "oui, oui" dès le départ. Donc je partageai son avis. Je lui assurai que les informations qu'il refusait de donner n'étaient pas totalement nécessaires.

"Cependant", continuai-je, "supposez que vous ayez de l'argent dans cette banque le jour de votre mort. Ne souhaiteriez-vous pas que la banque le transfère à votre héritier selon la loi ?"

"Oui, bien sûr", répondit-il.

"Ne croyez-vous pas que ce serait une bonne idée de nous donner le nom de votre héritier pour que, dans l'éventualité de votre mort, nous puissions appliquer vos dernières volontés sans erreur ni délai ?"

Il répondit de nouveau : "Oui."

L'attitude du jeune homme s'adoucit et changea lorsqu'il se rendit compte que nous ne demandions pas cette information pour nous mais pour lui. Avant de partir de la banque, ce jeune homme m'avait non seulement donné toutes les informations le concernant, mais il ouvrit également, sur mon conseil, un compte épargne nommant sa mère comme étant la bénéficiaire pour son compte, et il répondit volontiers à toutes les questions concernant cette dernière.

J'ai découvert qu'en lui faisant dire "oui, oui" dès le départ, il avait oublié le problème en jeu et il était heureux de faire toutes les choses que je lui avais proposées. »

« Il y avait un homme sur mon secteur que mon entreprise était avide d'avoir comme client », raconta Joseph Allison, représentant chez Westinghouse. « Mon prédécesseur l'avait contacté pendant dix ans sans jamais lui vendre quoi que ce soit. Lorsque j'ai été chargé du secteur, je l'ai appelé pendant trois ans sans obtenir de vente. Enfin, après treize années d'appels et de discours commerciaux, nous lui vendîmes quelques moteurs. S'ils convenaient, j'étais certain d'obtenir une commande de plusieurs centaines supplémentaires. C'était en tout cas ce que j'espérais.

Convenir ? Je savais qu'ils conviendraient très bien. Donc lorsque je l'ai appelé trois semaines plus tard, j'étais confiant.

Mais ma confiance fut de courte durée, car l'ingénieur en chef me salua avec cette annonce bouleversante : "Allison, je ne peux pas acheter le reste des moteurs chez vous."

"Pour quelle raison ?" demandai-je, abasourdi. "Pourquoi ?"

"Parce que vos moteurs sont trop chauds. Je suis incapable de poser les mains dessus."

Je savais qu'il ne servirait à rien d'argumenter. J'avais essayé ce genre de tactique trop longtemps. Donc je pensai à obtenir la réponse "oui, oui".

"Eh bien, écoutez, M. Smith, je suis d'accord avec vous à 100 % ; si ces moteurs surchauffent, vous ne devriez pas en acheter d'autres. Il vous faut des moteurs qui ne chauffent pas plus que les standards établis par la National Electrical Manufacturers Association. N'est-ce pas ?"

Il acquiesça. J'avais obtenu mon premier "oui".

"Les règlementations de l'Electrical Manufacturers Association dit qu'un moteur conçu correctement doit avoir une température de 72 degrés Fahrenheit au-dessus de la température de la pièce. Exact ?"

"Oui. C'est exact. Mais vos moteurs sont bien au-dessus de ce degré-là."

Je ne le contredis pas. Je demandai simplement : "Quelle température fait-il dans la salle du moulin ?"

"Oh, environ 75 degrés Fahrenheit."

"Donc, si la salle du moulin est à 75 degrés et que vous y ajoutez 72, cela donne un total de 147 degrés Fahrenheit. Vous vous brûleriez la main si vous la teniez sous un robinet d'eau chaude à 147 degrés Fahrenheit, n'est-ce pas ?"

Il dut à nouveau me répondre oui.

Je suggérai donc : "Eh bien, ne serait-ce pas une bonne idée de ne pas toucher à ces moteurs ?"

"Eh bien, je suppose que vous avez raison", admit-il. Nous continuâmes à parler un moment. Puis il appela sa secrétaire et organisa une commande d'environ 35 000 dollars pour le mois suivant.

Cela m'aura pris des années et coûté d'innombrables milliers de dollars en affaires perdues avant d'enfin apprendre que débattre ne paie pas, qu'il est bien plus bénéfique et intéressant de voir les choses du point de vue de l'autre et essayer de lui faire dire "oui, oui". »

Socrate, la « mouche du coche d'Athènes », était un homme brillant malgré le fait qu'il marchait pieds nus et qu'il avait épousé une jeune fille de 19 ans alors qu'il était chauve et âgé de 40 ans. Il fit quelque chose que seule une poignée d'hommes dans toute l'Histoire avaient été capables de faire : il changea brusquement tout le cours de la pensée humaine ; et aujourd'hui, 23 siècles après sa mort, il est honoré comme l'un des sages les plus doués pour persuader les autres à avoir jamais influencé ce monde en constante dispute.

Sa méthode ? Disait-il aux autres qu'ils avaient tort ? Oh non, pas Socrate. Il était bien trop adroit. L'intégralité de sa méthode, appelée aujourd'hui la « maïeutique », était basée sur le fait d'obtenir une réponse « oui, oui ». Il posait des questions avec lesquelles son adversaire serait obligé d'être en accord. Il continuait à gagner une acceptation après l'autre jusqu'à ce qu'il possède une brassée de oui. Il continuait à poser des questions jusqu'à ce qu'enfin, sans même s'en rendre compte, son adversaire se retrouve à embrasser une conclusion qu'il aurait amèrement refusée quelques minutes auparavant.

La prochaine fois que nous brûlons de dire à un homme qu'il a tort, rappelons-nous ce vieux Socrate pieds nus et posons une question douce – une question qui nous obtiendra la réponse « oui, oui ».

Les Chinois ont un proverbe imprégné de la sagesse antique de l'Est immuable : « Celui qui marche doucement ira loin. »

Ils ont passé 5 000 ans à étudier la nature humaine, ces Chinois cultivés, et ils ont récolté beaucoup de perspicacité : « Celui qui marche doucement ira loin. »

Donc, si vous souhaitez rallier les autres à votre façon de penser, voici la Règle n°5 :

Obtenez de l'autre qu'il dise « oui, oui » immédiatement.

6

La soupape de sécurité dans le traitement des plaintes

La plupart des gens, lorsqu'ils essaient de rallier les autres à leur point de vue, parlent trop eux-mêmes. Les représentants, en particulier, sont coupables de cette erreur coûteuse. Laissez l'autre homme s'exprimer. Il en sait plus sur ses affaires et ses problèmes que vous. Donc posez-lui des questions. Laissez-le vous raconter quelques petites choses.

Si vous n'êtes pas d'accord avec lui, vous pourrez être tenté de l'interrompre. Mais ne le faites pas. C'est dangereux. Il ne vous accordera pas son attention s'il a toujours plein d'idées qu'il meurt d'envie d'exprimer. Donc écoutez patiemment et gardez l'esprit ouvert. Soyez sincère dans votre écoute. Encouragez-le à exprimer ses idées jusqu'au bout.

Cette pratique paie-t-elle dans les affaires ? Nous allons voir. Voici l'histoire d'un homme qui a été *forcé* de l'essayer.

Il y a quelques années, l'un des plus grands constructeurs automobiles aux États-Unis négociait une année de besoins en garniture. Trois fabricants importants avaient élaboré des échantillons de tissus. Ils avaient tous été inspectés par les cadres de l'entreprise et une notification fut envoyée à chaque fabricant, disant qu'un jour, son représentant recevrait l'opportunité de donner son plaidoyer final pour le contrat.

G. B. R., un représentant de l'un des fabricants, arriva en ville avec une grave laryngite. « Lorsque ce fut mon tour de rencontrer les cadres en conférence », dit M. R. en racontant l'histoire à l'une de mes classes, « j'avais perdu ma voix. Je pouvais à peine murmurer. Je fus conduit dans une pièce et me retrouvai face à l'ingénieur textile, l'agent des achats, le directeur des ventes et le président de l'entreprise. Je me redressai et fournis un courageux effort pour parler, mais je ne pouvais rien émettre de plus fort qu'un couinement.

Ils étaient tous assis autour d'une table, donc j'écrivis sur une feuille de papier : "Messieurs, j'ai perdu ma voix. Je suis muet."

"Je parlerai pour vous", dit le président. Et il le fit. Il étala mes échantillons et mit en avant leurs points positifs. Une conversation animée s'engagea quant aux mérites de mes produits. Et le président, étant donné qu'il parlait pour moi, se rangea de mon côté durant la discussion. Mon unique participation consistait à sourire, hocher la tête et faire quelques gestes.

Résultat de cette conférence unique : j'ai remporté le contrat, qui contenait plus d'un demi-million de mètres de garniture pour un total d'environ 1 600 000 dollars – la plus importante commande que j'avais reçue jusque-là.

Je sais que j'aurais dû perdre ce contrat si je n'avais pas perdu ma voix, car je me trompais totalement sur cette offre. J'ai découvert, plus ou moins par accident, combien cela peut parfois payer de laisser l'autre parler. »

Joseph S. Webb de la Philadelphia Electric Company a fait la même découverte. M. Webb était en voyage d'inspection en milieu rural, dans une région de fermiers allemands prospères en Pennsylvanie.

« Pourquoi ces gens-là n'utilisent pas l'électricité ? » demanda-t-il au représentant de la région alors qu'ils passaient devant une ferme bien entretenue.

« Ce sont des pingres. Vous n'arrivez à rien leur vendre », répondit le représentant avec dégoût. « Et, en plus, ils sont fâchés avec l'entreprise. J'ai essayé. C'est sans espoir. »

C'était peut-être le cas, mais Webb décida d'essayer malgré tout, donc il frappa à la porte de la ferme. Cette dernière s'entrouvrit, et la vieille Mme Druckenbrod le regarda dans l'étroite ouverture.

« Dès qu'elle vit le représentant de l'entreprise », raconta M. Webb, « elle nous claqua la porte au nez. Je frappai une nouvelle fois, puis elle ouvrit de nouveau la porte ; et cette fois-ci, elle commença à nous dire ce qu'elle pensait de nous et de notre entreprise.

"Mme Druckenbrod", dis-je, "je suis navré de vous déranger. Mais je ne suis pas venu ici pour vous vendre de l'électricité. Je voulais simplement acheter quelques œufs."

Elle ouvrit un peu plus la porte et nous regarda avec un air suspicieux.

"J'ai remarqué votre belle volée de poules dominicaines, et j'aimerais acheter une douzaine d'œufs frais."

La porte s'ouvrit encore un peu plus. "Comment vous savez que mes poules sont des dominicaines ?" demanda-t-elle, sa curiosité piquée.

"J'ai moi-même élevé des poules", répondis-je. "Et je dois dire que je n'ai jamais vu un aussi beau groupe de dominicaines."

"Pourquoi vous n'utilisez pas vos propres œufs, dans ce cas ?" s'enquit-elle, toujours légèrement méfiante.

"Car mes leghorns pondent des œufs blancs. Et naturellement, étant vous-même cuisinière, vous savez que les œufs blancs ne peuvent souffrir la comparaison avec des œufs bruns pour faire un gâteau. Et ma femme s'enorgueillit de ses gâteaux."

À cet instant, Mme Druckenbrod s'aventura sous le porche dans un état d'esprit bien plus agréable. Pendant ce temps-là, j'avais promené mon regard tout autour et j'avais découvert que la ferme était dotée d'un beau lait.

"D'ailleurs, Mme Druckenbrod", poursuivis-je, "je parie que vous gagnez plus d'argent avec vos poules que votre mari avec son lait."

Bang ! Elle était lancée ! Bien sûr que oui ! Et elle adorait me le raconter. Mais, hélas, elle ne pouvait obtenir que son vieux mari, cet imbécile, l'admette.

Elle nous invita à voir son poulailler ; et durant notre tour d'inspection, je remarquai différents petits engins qu'elle avait construits, et je fus "chaleureux dans ma reconnaissance et généreux dans mes louanges". Je recommandai une certaine nourriture et certaines températures ; puis je lui demandai conseil sur nombre de points ; et rapidement, nous passions un bon moment à échanger sur nos expériences.

Bientôt, elle me fit remarquer que certains de ses voisins avaient installé des lampes électriques dans leurs poulaillers et qu'ils affirmaient avoir obtenu d'excellents résultats. Elle souhaitait mon avis honnête pour savoir s'il lui serait bénéfique ou non de faire la même chose…

Deux semaines plus tard, les dominicaines de Mme Druckenbrod gloussaient et se grattaient avec contentement sous la lueur réconfortante des lampes électriques. J'avais ma commande ; elle obtenait plus d'œufs ; tout le monde était satisfait ; tout le monde y avait gagné.

Mais – et c'est le but de cette histoire – je n'aurais jamais vendu de l'électricité à cette fermière allemande de Pennsylvanie si je ne l'avais pas laissée se convaincre elle-même !

De telles personnes ne peuvent être vendues. Vous devez les laisser acheter. »

Une immense annonce apparut récemment sur la page financière du *New York Herald Tribune*, recherchant un homme avec une capacité et une expérience inhabituelles. Charles T. Cubellis répondit à cette annonce, envoyant sa réponse par une boîte postale. Quelques jours plus tard, un courrier l'invita à se présenter pour un entretien. Avant de s'y rendre, il passa des heures à Wall Street à chercher tout ce qu'il pouvait trouver à propos de l'homme qui avait fondé l'entreprise. Durant l'entretien, il remarqua : « Je devrais être assez fier d'être associé à une organisation avec un historique comme le vôtre. Je crois savoir que vous avez démarré il y a 28 ans avec seulement un bureau et un sténodactylo. Est-ce vrai ? »

Presque tous les hommes accomplis aiment se rappeler les difficultés à leurs débuts. Celui-ci ne faisait pas exception. Il parla un long moment de la façon dont il avait commencé avec 450 dollars en liquide et une idée originale. Il raconta comment il avait lutté contre le découragement et s'était battu contre le ridicule, les dimanches et les vacances à travailler, 12 à 16 heures par jour ; comment il avait finalement réussi malgré tout, et qu'aujourd'hui, les hommes les plus influents de Wall Street venaient le voir pour lui fournir des informations et des conseils. Il était fier d'un tel historique. Il en avait bien le droit, et il passait un moment fabuleux à en parler. Il finit par interroger brièvement M. Cubellis sur son expérience, puis fit venir l'un de ses vice-présidents et dit : « Je pense que c'est l'homme que nous recherchons. »

M. Cubellis avait pris la peine de chercher les accomplissements de son employeur potentiel. Il avait témoigné un intérêt pour cet homme et ses problèmes. Il l'avait encouragé à faire pratiquement toute la conversation – et avait fait bonne impression.

La vérité est que même nos amis préféreraient largement nous parler de leurs réussites que nous écouter parler des nôtres.

La Rochefoucauld, le philosophe français, a dit : « Si vous voulez des ennemis, surpassez vos amis ; mais si vous voulez des amis, laissez-les vous surpasser. »

Pourquoi cela est-il vrai ? Parce que quand nos amis nous surpassent, cela leur donne un sentiment d'importance ; mais lorsque nous les surpassons, cela leur donne un sentiment d'infériorité et suscite l'envie et la jalousie.

Les Allemands ont un proverbe : « Die reinste Freude ist die Schadenfreude », qui, si on le traduit, donne quelque chose de ce genre : « La joie la plus pure est la joie malveillante que nous retirons des malheurs de ceux que nous avons enviés. » Ou, pour le formuler autrement : « La joie la plus pure est celle que nous retirons des malheurs des autres. »

En effet, certains de vos amis retirent sans doute plus de satisfaction de vos problèmes que de vos réussites.

Donc minimisons nos réussites. Soyons modestes. Ça fait toujours des merveilles. Irvin Cobb employait la bonne technique. Un jour, un avocat dit à Cobb à la barre des témoins : « Je crois savoir, M. Cobb, que vous êtes l'un des auteurs les plus célèbres d'Amérique. Est-ce correct ? »

« J'ai sans doute eu plus de chance que je ne le mérite », répondit Cobb.

Nous devons être modestes, car ni vous ni moi ne représentons grand-chose. Nous mourrons tous deux et serons totalement oubliés dans un siècle. La vie est trop courte pour ennuyer les autres en racontant nos réussites insignifiantes. À la place, encourageons-les à parler. À bien y réfléchir, vous n'avez de toute façon pas grand-chose dont vous pourriez vous vanter. Savez-vous ce qui vous empêche de devenir un idiot ? Pas grand-chose. Seulement une petite quantité d'iode dans votre glande thyroïdienne. Si un médecin devait ouvrir la glande thyroïdienne dans votre cou et retirer un peu d'iode, vous deviendriez un idiot. Un peu d'iode qui peut être achetée à la pharmacie du coin de la rue pour 5 centimes est tout ce qui se tient entre vous et une institution pour les malades mentaux. Juste un peu d'iode ! Il n'y a vraiment pas de quoi se vanter, si ?

Donc, si vous souhaitez rallier les autres à votre point de vue, voici la Règle n°6 :

Laissez l'autre occuper la majorité de la conversation.

7

Comment obtenir la coopération

Ne croyez-vous pas plus aux idées que vous avez découvertes vous-même qu'à celles qui vous sont servies sur un plateau d'argent ? Si c'est le cas, n'est-ce pas un manque de jugement d'essayer de fourrer votre opinion au fond de la gorge des autres ? Ne serait-il pas plus sage de faire des suggestions – et laisser l'autre arriver à cette conclusion par lui-même ?

Pour illustrer : M. Adolph Seltz de Philadelphie, un étudiant dans l'un de mes cours, s'est soudain retrouvé confronté à la nécessité d'injecter de l'enthousiasme dans un groupe découragé et désorganisé de vendeurs automobiles. Ayant organisé une réunion de vente, il poussa ses hommes à lui dire exactement ce qu'ils attendaient de lui. Alors qu'ils parlaient, il écrivit leurs idées sur le tableau. Puis il dit : « Je vous offrirai toutes ces qualités que vous attendez de moi. À présent, je veux que vous me disiez ce que je suis en droit d'attendre de vous. » Les réponses fusèrent : loyauté, honnêteté, initiative, optimisme, travail d'équipe, huit heures par jour de travail enthousiaste. Un homme se proposa pour travailler quatorze heures par jour. La réunion se termina sur un nouveau courage, une nouvelle inspiration, et M. Seltz me confia que l'augmentation de ventes avait été phénoménale.

« Ces hommes avaient passé une sorte de marché moral avec moi, et aussi longtemps que je tenais mes engagements envers eux, ils étaient déterminés à tenir les leurs. Les interroger quant à leurs souhaits et désirs était le seul coup de fouet dont ils avaient besoin. »

Aucun homme n'aime sentir qu'il est vendu ou qu'on lui dise quoi faire. Nous préférons largement sentir que nous achetons de notre propre chef ou que nous agissons selon nos propres idées.

Par exemple, prenez le cas d'Eugene Wesson. Il a perdu d'innombrables milliers de dollars en commissions avant d'apprendre cette vérité. M. Wesson vend des croquis à un studio qui crée des projets pour des stylistes et des fabricants de tissu. Une fois par semaine, chaque semaine depuis trois ans, M. Wesson appelait l'un des principaux stylistes de New York. « Il n'a jamais refusé de me recevoir, mais il n'a jamais rien acheté. Il regardait toujours attentivement mes croquis, puis disait : "Non, Wesson, je pense que notre collaboration n'est pas pour aujourd'hui." »

Après 150 échecs, Wesson se rendit compte qu'il devait être enlisé dans la routine ; donc il se décida à consacrer un soir par semaine à étudier comment influencer le comportement humain, développer de nouvelles idées et générer un nouvel enthousiasme.

À présent, il avait envie de tenter une nouvelle approche. Ramassant une demi-douzaine de croquis inachevés sur lesquels les artistes travaillaient, il se précipita dans le bureau de son acheteur. « Je souhaiterais que vous me rendiez un service, si vous le voulez bien », dit-il. « Voici quelques croquis inachevés. Pourriez-vous me dire comment nous pourrions les terminer afin qu'ils puissent vous être utiles ? »

L'acheteur prit un moment pour examiner les croquis sans dire un mot, puis il finit par prononcer : « Laissez-les-moi quelques jours, Wesson, puis revenez me voir. »

Il y retourna trois jours plus tard, obtint ses suggestions, ramena les croquis au studio et les fit terminer selon les idées de l'acheteur. Le résultat ? Ils furent tous acceptés.

C'était il y a neuf mois. Depuis, cet acheteur a commandé nombre d'autres croquis, tous dessinés selon ses idées – et le résultat final a été de plus de 1 600 dollars en commissions pour Wesson. « Je réalise à présent pourquoi je n'avais pas réussi à lui vendre quoi que ce soit pendant toutes ces années », raconta M. Wesson. « Je l'exhortais à acheter ce que je pensais qu'il devait avoir. Je fais maintenant l'exact opposé. Je le pousse à me donner ses idées. À présent, il a l'impression de créer les projets. Et c'est le cas. Je n'ai rien besoin de lui vendre, maintenant. Il achète. »

Lorsque Théodore Roosevelt était le gouverneur de New York, il accomplit un exploit extraordinaire. Il resta en bons termes avec les chefs politiques, et pourtant, il avait fait passer par la force des réformes qu'ils désapprouvaient grandement.

Et voici comment il a réussi.

Lorsqu'un poste important devait être pourvu, il invitait les chefs politiques pour qu'ils lui fassent des recommandations. « Tout d'abord », raconta Roosevelt, « ils proposaient un politicard déchu, le genre d'homme auquel on devait "faire attention". Je leur disais que choisir un tel homme ne serait pas bon pour la politique, car le public ne l'approuverait pas.

Puis ils servaient le nom d'un autre politicard, un membre du gouvernement obstiné, qui, s'il n'avait rien qui jouait contre lui, n'avait pas grand-chose non plus en sa faveur. Je leur disais que cet homme n'atteindrait pas le niveau d'attente du public, et je leur demandais de voir s'ils ne pourraient pas trouver quelqu'un qui conviendrait de façon plus évidente à ce poste.

Leur troisième suggestion était un homme qui était presque trop bien, mais pas assez.

Puis je les remerciais, en leur demandant d'essayer une nouvelle fois, et leur quatrième proposition était acceptable ; ils nommaient exactement le type d'homme que j'aurais choisi moi-même. Exprimant ma reconnaissance envers leur aide, je nommais cet homme au poste en question – *et je les laissais s'en attribuer le mérite...* Je leur disais que j'avais fait cela pour leur faire plaisir, et qu'à présent, c'était à leur tour de faire de même. »

Et ils le firent. Ils le firent en soutenant des réformes qui balayaient tous les efforts passés, comme le Civil Service Bill et la Franchise Tax Bill.

N'oubliez pas, Roosevelt a fourni de gros efforts pour consulter l'autre et montrer son respect pour son avis. Lorsque Roosevelt devait procéder à une affectation importante, il laissait les chefs avoir réellement l'impression qu'ils avaient sélectionné le candidat, que l'idée venait d'eux.

Un concessionnaire automobile de Long Island employa cette même technique pour vendre une voiture d'occasion à un Écossais et sa femme. Ce vendeur avait montré des tas de voitures à cet Écossais, mais il y avait toujours quelque chose qui n'allait pas. Elle ne convenait pas. Elle était déséquilibrée. Le prix était trop élevé. Il l'était toujours. Dans ces circonstances, le concessionnaire, qui faisait partie de l'un de mes cours, demanda de l'aide à la classe.

Nous lui avons conseillé d'arrêter d'essayer de vendre « Sandy » et de laisser « Sandy » acheter. Au lieu de dire à « Sandy » quoi faire, pourquoi ne pas lui laisser vous dire quoi faire ? Donnez-lui l'impression que l'idée vient de lui.

Cela semblait être un bon conseil. Donc le concessionnaire testa cette technique quelques jours plus tard, lorsqu'un client souhaitait échanger une vieille voiture contre une neuve. Le vendeur savait que cette voiture d'occasion pourrait plaire à « Sandy ». Donc il décrocha le téléphone et demanda à « Sandy » s'il accepterait, comme une faveur spéciale, de venir le conseiller.

Lorsque « Sandy » arriva, le concessionnaire dit : « Vous êtes un acheteur futé. Vous connaissez la valeur des voitures. Pourriez-vous jeter un œil à celle-ci, l'essayer et me dire pour combien je devrais l'accepter à l'échange ? »

« Sandy » affichait un « grand sourire convaincant ». Enfin son avis était demandé, son talent était reconnu. Il fit un aller-retour de Queens Boulevard à Jamaica jusqu'à Forest Hills. « Si vous pouvez obtenir cette voiture pour 300 dollars, vous ferez une affaire », conseilla-t-il.

« Si j'arrive à l'obtenir à ce prix, souhaiteriez-vous l'acheter ? » demanda le concessionnaire. 300 dollars ? Bien entendu. C'était son idée, son estimation. L'affaire fut conclue immédiatement.

La même psychologie fut utilisée par un fabricant de radiographie pour vendre ses équipements à l'un des plus grands hôpitaux de Brooklyn. Cet hôpital construisait une extension, et se préparait à l'équiper avec le meilleur service de radiographie d'Amérique. Le Dr L-----, en charge du département de radiographie, était submergé de représentants, chacun encensant son propre équipement.

Cependant, un fabricant fut plus habile. Il en savait bien plus sur la façon d'aborder la nature humaine que les autres. Il écrivit une lettre qui ressemblait à cela :

Notre usine a récemment achevé une nouvelle ligne d'équipement de radiographie. Le premier envoi de ces machines vient juste d'arriver dans nos locaux. Ils ne sont pas parfaits. Nous le savons, et nous souhaitons les améliorer. Donc nous vous serions infiniment reconnaissants si vous pouviez trouver un peu de temps pour y jeter un œil et nous donner vos idées afin de les rendre plus fonctionnels pour votre profession. Je sais combien vous êtes occupé, donc je serai ravi de vous envoyer ma voiture à l'heure que vous choisirez.

« Je fus surpris de recevoir cette lettre », dit le Dr L----- alors qu'il racontait son expérience à la classe. « J'étais à la fois surpris et touché. Jamais auparavant un fabricant de radiographie ne m'avait demandé mon avis. Cela me fit me sentir important. J'étais occupé chaque soir cette semaine-là, mais j'annulai un dîner d'affaires afin d'aller jeter un œil à cet équipement. Plus je l'étudiais, plus je découvrais combien il me plaisait.

Personne n'avait essayé de me le vendre. Je sentais que l'idée d'acheter cet équipement pour l'hôpital était la mienne. Je fus conquis par ses qualités supérieures et le commanda pour qu'il soit installé. »

Le colonel Edward M. House exerça une énorme influence dans les affaires nationales et internationales lorsque Woodrow Wilson résidait à la Maison-Blanche. Wilson se reposait sur le colonel House pour obtenir des conseils et avis secrets, bien plus même que sur les membres de son propre cabinet.

Quelle méthode utilisait le colonel pour influencer le président ? Par chance, nous le savons, car House lui-même l'a révélé à Arthur D. Howden Smith, et Smith cita House dans un article paru dans le *Saturday Evening Post*.

« Après avoir eu l'occasion de connaître le président », raconta House, « j'ai appris que la meilleure façon de le convertir à une idée était d'en planter nonchalamment la graine dans son esprit, mais assez pour qu'il s'y intéresse – afin qu'il y pense de lui-même. La première fois que cette méthode a fonctionné, c'était un accident. Je lui avais rendu visite à la Maison-Blanche, et lui conseillai vivement une politique qu'il semblait désapprouver. Mais quelques jours plus tard, à la table du dîner, je fus stupéfait de l'entendre ressortir ma suggestion comme la sienne. »

House l'a-t-il interrompu en lui disant : « Ce n'est pas votre idée. C'est la mienne » ? Bien sûr que non. Pas House. Il était trop habile pour cela. Il se fichait du mérite. Il voulait des résultats. Donc il laissa Wilson poursuivre cette impression que cette idée était la sienne. House a même fait plus que ça. Il a donné à Wilson un mérite public pour ces idées.

Gardons à l'esprit que les personnes avec qui nous entrerons en contact demain seront aussi humaines que Woodrow Wilson. Donc employons la technique du colonel House.

Un homme à New Brunswick utilisa cette technique sur moi il y a quelques années – et me compta parmi ses clients. À l'époque, je prévoyais d'aller pêcher et faire du canoë à New Brunswick. Donc j'écrivis à l'office de tourisme pour avoir des informations. Mon nom et mon adresse furent évidemment mis sur une liste publique, car je fus immédiatement submergé par une armée de lettres, de brochures et de recommandations imprimées de camps et de guides. J'étais perplexe. Je ne savais pas lequel choisir. Puis le propriétaire d'un camp fit une chose très intelligente. Il m'envoya les noms et les numéros de téléphone de plusieurs New-Yorkais dont il s'était occupé et m'invita à les appeler pour découvrir par moi-même ce qu'il avait à offrir.

Je découvris, à ma grande surprise, que je connaissais l'un des hommes sur cette liste. Je lui téléphonai, appris comment s'étaient passé ses expériences, puis transmis au camp la date de mon arrivée.

Les autres avaient essayé de me vendre leurs services, mais un gars m'a laissé me vendre tout seul. Il a gagné.

Donc, si vous souhaitez rallier les autres à votre point de vue, voici la Règle n°7 :

Laissez l'autre penser que l'idée vient de lui.

Il y a 25 siècles, Lao Tsze, un sage chinois, a dit quelques petites choses que les lecteurs de ce livre pourraient mettre en application aujourd'hui :

« La raison pour laquelle les rivières et les mers reçoivent l'hommage d'une centaine de ruisseaux de montagne est qu'elles restent en dessous d'eux. Elles sont donc capables de régner sur tous les ruisseaux de montagne. Donc le sage, souhaitant être au-dessus des hommes, se place en dessous d'eux ; souhaitant être devant eux, il se place derrière eux. De ce fait, bien que sa place soit au-dessus des hommes, ils ne ressentent pas son poids ; bien que sa place soit devant eux, ils ne le prennent pas comme un préjudice. »

8

Une formule qui fera des merveilles pour vous

N'oubliez pas que l'homme en face de vous peut avoir totalement tort. Mais il n'est pas de cet avis. Ne le condamnez pas. N'importe quel idiot peut le faire. Essayez de le comprendre. Seuls les hommes sages, tolérants et exceptionnels ne font ne serait-ce qu'essayer de le faire.

Il y a une raison pour laquelle l'autre homme pense et agit comme il le fait. Découvrez cette raison – et vous obtiendrez la clé de ses actions, et peut-être de sa personnalité.

Essayez honnêtement de vous mettre à sa place.

Si vous vous dites : « Comment je me sentirais, comment je réagirais si j'étais à sa place ? », vous vous épargnerez beaucoup de temps et d'agacement, car « en nous intéressant à la cause, nous serons moins prompts à détester l'effet ». Et, en prime, vous améliorez nettement vos compétences en relations humaines.

« Arrêtez-vous une minute », dit Kenneth M. Goode, dans son livre *How to Turn People into Gold*, « arrêtez-vous une minute pour comparer votre fort intérêt pour vos propres affaires et votre légère préoccupation pour tout le reste. Rendez-vous alors compte que chaque personne en ce monde ressent exactement la même chose que vous ! Alors, comme Lincoln et Roosevelt, vous aurez saisi la seule base solide pour tout travail autre que gardien de prison : que le succès dans les relations avec les autres dépend de la compréhension bienveillante du point de vue de l'autre. »

Pendant des années, j'ai passé une grande partie de mon temps libre à me balader et à faire du vélo dans un parc près de chez moi. Comme les druides de l'ancienne Gaule, je vénérais un chêne par-dessus tout, donc j'étais bouleversé, saison après saison, de voir les jeunes arbres et les arbustes être tués par des feux inutiles. Ces feux n'étaient pas causés par des fumeurs négligents. Ils avaient presque tous lieu à cause de garçons qui se rendaient au parc pour se conduire comme des hommes des cavernes et faire cuire une saucisse de Francfort ou un œuf sous les arbres. Parfois, ces feux brûlaient avec tant d'intensité que l'on devait appeler les pompiers pour éteindre l'incendie.

Il y avait une pancarte à la lisière du parc, indiquant que quiconque allumait un feu s'exposait à une amende et à une peine de prison ; mais elle se trouvait dans un endroit peu fréquenté du parc, et quelques gamins ne l'avaient jamais vue. Un policier à cheval était supposé surveiller le parc ; mais il n'a pas pris ses fonctions assez au sérieux, et les feux continuèrent à se propager saison après saison. Une fois, je me précipitai vers un policier, l'informai d'un feu qui se propageait rapidement à travers le parc et que je souhaitais qu'il prévienne les pompiers ; puis il répondit nonchalamment que ce n'était pas son problème car ce n'était pas son arrondissement ! J'étais désespéré, donc après ce jour, lorsque je faisais du vélo, je m'étais investi de la mission de protéger le domaine public. Au début, j'ai bien peur de n'avoir pas même tenté de saisir le point de vue des garçons. Lorsque je voyais un feu s'embraser sous les arbres, j'en étais si mécontent, je voulais tant bien faire, que je faisais ce qu'il ne fallait pas. Je me dirigeais vers les garçons, les avertissais qu'ils pourraient aller en prison pour avoir allumé ce feu, et les sommais de l'éteindre sur un ton d'autorité ; et s'ils refusaient, je les menaçais de les faire arrêter par la police. Je déversais simplement mes sentiments sans penser à leur point de vue.

Le résultat ? Les garçons obéissaient – d'un air maussade et avec rancœur. Après que j'étais monté sur la colline, sans doute qu'ils l'avaient rallumé ; et avaient très envie de brûler l'intégralité du parc.

Avec les années, j'espère avoir acquis un peu plus de connaissances sur les relations humaines, un peu plus de tact, une plus grande tendance à voir les choses du point de vue de l'autre personne. Alors, au lieu de donner des ordres, je me dirigeais vers un feu ardent, et commençai par quelque chose comme cela :

Vous passez un bon moment, les garçons ? Vous cuisinez quoi pour le dîner ? ... Moi aussi j'adorais faire des feux quand j'étais jeune – et j'aime toujours ça. Mais vous savez, c'est très dangereux ici, dans le parc. Je sais que vous ne voulez pas causer d'ennuis; mais il y en a d'autres qui sont moins prudents que vous. Ils viennent ici et voient que vous avez fait un feu; donc ils en allument un à leur tour et ne l'éteignent pas lorsqu'ils s'en vont, et il se propage dans les feuilles mortes et tue les arbres. Nous n'aurons plus aucun arbre ici si nous ne sommes pas plus prudents. Vous pourriez atterrir en prison pour avoir allumé ce feu. Mais je ne veux pas vous donner des ordres et gâcher votre plaisir. J'aime vous voir vous amuser; mais est-ce que vous pourriez ratisser toutes les feuilles autour de votre feu maintenant – et vous prendrez soin de le recouvrir avec de la terre, beaucoup de terre, avant de partir, vous voulez bien? Et la prochaine fois que vous voudrez vous amuser, pourriez-vous allumer votre feu vers la colline, dans la carrière de sable? Ça ne craindra rien, là-bas... Merci beaucoup, les garçons. Amusez-vous bien.

Quelle différence ce genre de conversation a fait! Cela a donné envie aux garçons de coopérer. Aucun air maussade, aucune rancœur. Ils n'avaient pas été forcés d'obéir à des ordres. Ils avaient sauvé la face. Ils se sentaient mieux et je me sentais mieux, car j'avais géré la situation en prenant en considération leur point de vue.

Demain, avant de demander à qui que ce soit d'éteindre un feu, d'acheter un bidon de produit nettoyant ou de faire don de 50 dollars à la Croix-Rouge, pourquoi ne pas faire une pause, fermer les yeux et essayer de réfléchir à la situation du point de vue de l'autre personne? Demandez-vous: «Pourquoi aurait-il envie de le faire?» C'est vrai, cela prendra du temps; mais vous gagnerez des amis et obtiendrez de meilleurs résultats, avec moins de frictions et d'énergie dépensée.

Dean Donham de la Harvard Business School a dit: «Je préfère faire les cents pas sur le trottoir devant le bureau d'un homme pendant deux heures avant un entretien que d'entrer dans son bureau sans avoir une idée parfaitement claire de ce que je vais dire et de ce que lui –selon ma connaissance de ses intérêts et de ses motivations – risque de répondre.»

C'est tellement important que je vais le répéter en italique pour bien mettre l'emphase sur cette phrase.

Je préfère faire les cents pas sur le trottoir devant le bureau d'un homme pendant deux heures avant un entretien que d'entrer dans son bureau sans avoir une idée parfaitement claire de ce que je vais dire et de ce que lui –selon ma connaissance de ses intérêts et de ses motivations – risque de répondre.

Si, après avoir lu ce livre, vous obtenez ne serait-ce qu'une chose — une tendance accrue à penser selon le point de vue de l'autre, et voir les choses sous son angle autant que sous le vôtre — si vous retirez ne serait-ce que cette unique chose de ce livre, cela pourrait se révéler être l'un des évènements marquants de votre carrière.

Donc, si vous souhaitez changer les autres sans les offenser ni susciter du ressentiment, voici la Règle n°8 :

Essayez honnêtement de voir les choses du point de vue de l'autre.

9

Ce que tout le monde souhaite

N'aimeriez-vous pas avoir une phrase magique qui arrêterait net toute contestation, éliminerait tout ressentiment, créerait de la sympathie, et ferait que l'autre personne écouterait attentivement ?

Si ? Très bien. La voici. Commencez par dire : « Je ne te blâme pas du tout pour ressentir ce que tu ressens. Si j'étais toi, je me sentirais exactement pareil. »

Une telle réponse adoucira le plus acariâtre des vieux schnocks. Et vous pouvez dire cela tout en étant à 100 % sincère, car si vous étiez à la place de l'autre, vous ressentiriez la même chose. Laissez-moi illustrer cela. Prenez Al Capone, par exemple. Imaginez que vous ayez hérité du même corps, du même tempérament et du même esprit qu'Al Capone. Imaginez que vous ayez évolué dans son environnement et vécu ses expériences. Vous seriez dans ce cas exactement ce qu'il est – et vous vous trouveriez là où il est. Car ce sont ces choses-là – et uniquement celles-ci – qui ont fait de lui ce qu'il est.

Par exemple, la seule raison pour laquelle vous n'êtes pas un serpent à sonnette est que vos parents n'en étaient pas. La seule raison pour laquelle vous n'embrassez pas les vaches et considérez les serpents comme sacrés est que vous n'êtes pas né dans une famille hindoue sur les rives du Brahmapoutre.

Vous n'avez que peu de mérite d'être ce que vous êtes – et n'oubliez pas, l'homme qui vient à vous agacé, intolérant, illogique, ne mérite que peu de discrédit pour être comme il est. Plaignez ce pauvre diable. Ayez pitié de lui. Compatissez avec lui. Dites-vous ce que John B. Gough avait pour habitude de dire lorsqu'il apercevait un clochard ivre descendre la rue en titubant : « Mais pour la grâce de Dieu, je suis ce que je suis. »

Les trois quarts des gens que vous rencontrerez demain sont avides de compassion. Donnez-la-leur, et ils vous aimeront.

Une fois, j'ai diffusé une émission à propos de l'auteure des *Quatre filles du docteur March*, Louisa May Alcott. Naturellement, je savais qu'elle avait vécu et écrit ses livres immortels à Concord, dans le Massachussetts. Mais, sans réfléchir à ce que je disais, j'ai parlé du fait de visiter son ancienne maison à Concord, dans le New Hampshire. Si j'avais dit « New Hampshire » une seule fois, cela aurait été sans doute pardonné. Mais, hélas ! hélas ! je l'ai dit deux fois. Je fus inondé de lettres et de télégrammes, des messages cinglants qui tournoyaient autour de ma tête sans défense comme un essaim de frelons. Beaucoup étaient indignés. Certains insultants. Une Dame coloniale, qui avait grandi à Concord, dans le Massachussetts, et qui vivait à présent à Philadelphie, abattit sa colère brûlante sur moi. Elle n'aurait pu être plus amère que si j'avais accusé Mlle Alcott d'être une cannibale de Nouvelle-Guinée. Alors que je lisais cette lettre, je me dis : « Dieu merci, je ne suis pas marié à cette femme. » J'eus envie de lui écrire pour lui dire que même si j'avais fait une erreur de géographie, elle en avait fait une encore plus grande en termes de courtoisie élémentaire. Ce n'était censé être que ma phrase introductive. Puis j'allais me remonter les manches et lui dire le fond de ma pensée. Mais je ne l'ai pas fait. Je me suis contrôlé. Je me suis rendu compte que n'importe quel imbécile tête brûlée pouvait le faire – et que la plupart des imbéciles le feraient.

Je voulais être au-dessus de ceux-là. Donc je me résolus à essayer de transformer son hostilité en sympathie. Ce serait un défi, une sorte que jeu auquel je pourrais jouer. Je me dis : « Après tout, si j'étais elle, je ressentirais sans doute la même chose. » Donc je décidai de comprendre son point de vue. Lorsque je fus à Philadelphie, je l'appelai. La conversation se passa ainsi :

MOI : Mme Unetelle, vous m'avez écrit une lettre il y a quelques semaines, et je voudrais vous en remercier.

ELLE (sur un ton pénétrant, cultivé et bien élevé) : À qui ai-je l'honneur ?

MOI : Je suis un inconnu pour vous. Je m'appelle Dale Carnegie. Vous avez écouté une émission que j'ai donnée sur Louisa May Alcott il y a quelques dimanches, et j'ai commis l'impardonnable erreur de dire qu'elle avait vécu à Concord, dans le New Hampshire. C'était une erreur stupide et je souhaitais m'en excuser. C'était très gentil de votre part d'avoir pris le temps de m'écrire.

ELLE : Je suis navrée, M. Carnegie, d'avoir écrit cela. Je me suis emportée. Je vous dois des excuses.

MOI : Non ! Non ! Ce n'est pas à vous de vous excuser ; c'est à moi de le faire. N'importe quel écolier aurait mieux fait que de dire ce que j'ai dit. Je me suis excusé à la radio le dimanche suivant, et je souhaite aujourd'hui m'excuser personnellement auprès de vous.

ELLE : Je suis née à Concord, dans le Massachussetts. Ma famille a eu une certaine réputation dans les affaires au Massachussetts pendant deux siècles, et je suis très fière de mon État de naissance. J'ai été relativement ébranlée de vous entendre dire que Mlle Alcott était née dans le New Hampshire. Mais j'ai profondément honte de cette lettre.

MOI : Je vous assure que vous n'étiez pas aussi ébranlée que je le suis. Mon erreur n'a pas blessé le Massachussetts, mais elle m'a blessé, moi. Il est si rare que des personnes de votre réputation et culture prennent le temps d'écrire aux gens qui parlent à la radio, et j'espère sincèrement que vous m'écrirez à nouveau si vous détectez une erreur dans mon discours.

ELLE : Vous savez, j'apprécie énormément la façon dont vous avez accepté ma critique. Vous devez être une belle personne. J'aimerais apprendre à mieux vous connaître.

Donc, en m'excusant et en compatissant avec son point de vue, j'ai obtenu qu'elle s'excuse et qu'elle compatisse avec mon point de vue. J'étais satisfait de m'être contrôlé, d'avoir transformé une insulte en gentillesse. J'ai pris bien plus de plaisir à lui faire apprécier ma personne que je n'en aurais pris à lui dire d'aller se jeter dans la rivière Schuylkill.

Chaque homme se trouvant à la Maison-Blanche fait presque quotidiennement face à des problèmes épineux concernant les relations humaines. Le président Taft ne fit pas exception, et il apprit d'expérience l'immense valeur chimique de la sympathie dans le processus de neutralisation de l'acide des rancœurs. Dans son livre, *Ethics in Service,* Taft dessine une illustration assez amusante de la façon dont il a adouci la colère d'une mère déçue et ambitieuse. Il écrivit :

« Une dame à Washington, dont le mari avait une certaine influence politique, vint me voir et travailla avec moi pendant six semaines, voire plus, pour décrocher un poste à son fils. Elle obtint l'aide de nombreux sénateurs et membres du Congrès, puis vint avec eux pour qu'ils puissent encenser le jeune homme. Le poste nécessitait une qualification technique, et suivant la recommandation du chef du Bureau, je choisis quelqu'un d'autre. Puis je reçus une lettre de la mère, affirmant que j'étais ingrat car j'avais refusé de faire d'elle une femme heureuse, ce que j'aurais pu faire d'un geste de la main. Elle se plaignit encore un peu plus de son travail avec la délégation de son État et du fait qu'elle avait récolté tous les votes pour un projet de loi administrative qui m'intéressait particulièrement, et voilà la récompense que je lui accordais.

Lorsque vous recevez une lettre comme celle-ci, la première chose que vous faites est de réfléchir à comment être sévère avec une personne inconvenante, voire même un peu insolente. Puis vous allez écrire une réponse. Et si vous êtes sage, vous rangerez cette lettre dans un tiroir et le fermerez à clef. Ressortez-la deux jours plus tard – un tel courrier prendra toujours deux jours pour qu'on y réponde – et lorsque vous le faites après cet intervalle de temps, vous ne l'enverrez pas. C'est exactement ce que j'ai fait. Après cela, je me suis assis et je lui ai écrit une lettre aussi courtoise que possible, lui disant que je comprenais la déception d'une mère dans de telles circonstances, mais que nommer quelqu'un à ce poste ne dépendait pas uniquement de mes préférences personnelles, que j'avais dû sélectionner un homme avec des qualifications techniques, et que j'avais donc dû suivre les recommandations du chef du Bureau. Je lui dis que j'espérais que son fils arriverait à accomplir ce qu'elle espérait pour lui au poste qu'il occupait alors. Cela l'adoucit et elle me répondit qu'elle était navrée de m'avoir adressé une telle lettre.

Mais l'homme que j'avais nommé ne se confirma pas immédiatement, et quelque temps plus tard, je reçus une lettre supposée être de la part de son mari, bien que l'écriture fût la même que dans les autres. Je fus donc informé que, dû à la dépression nerveuse qui avait suivi sa déception quant à cet évènement, elle devait tenir le lit et avait développé un cas assez sérieux de cancer de l'estomac. Serais-je enclin à lui faire recouvrer la santé en écartant le premier homme nommé pour mettre celui de son fils à sa place ? Je dus écrire une autre lettre, cette fois-ci à son mari, pour dire que j'espérais que le diagnostic se révèlerait erroné, que je compatissais à la peine qu'il devait ressentir face à la grave maladie de sa femme, mais qu'il m'était impossible d'écarter l'homme que j'avais nommé. Ce dernier se confirma, et deux jours après avoir reçu cette lettre, nous donnâmes un concert à la Maison-Blanche. Les deux premières personnes à nous saluer, Mme Taft et moi, furent ce mari et cette femme, bien que cette dernière fût récemment *à l'article de la mort.* »

S. Hurok est sans doute le manager musical n°1 d'Amérique. Pendant vingt ans, il a géré des artistes – de renommée mondiale, comme Chaliapin, Isadora Duncan et Pavlova. M. Hurok me raconta que l'une des premières leçons qu'il avait apprises quant à la façon de se comporter avec ses stars capricieuses fut la nécessité d'être bienveillant, encore bienveillant et toujours bienveillant quant à leurs manies ridicules.

Pendant trois ans, il fut impresario pour Feodor Chaliapin – l'un des plus grands basses à avoir jamais enchanté l'élégant public du Metropolitan. Cependant, Chaliapin était un problème constant. Il se comportait comme un enfant pourri gâté. Pour le dire avec la phrase inimitable de M. Hurok lui-même : « Il était un enfer dans tous les sens du terme. »

Par exemple, Chaliapin pouvait appeler M. Hurok vers midi, un jour où il devait se produire, et lui dire : « Désolé, je me sens très mal. Ma gorge me fait souffrir le martyre. Impossible pour moi de chanter ce soir. » M. Hurok l'a-t-il contredit ? Oh, non. Il savait qu'un entrepreneur ne pouvait pas gérer les artistes de cette façon. Donc il se précipitait à l'hôtel de Chaliapin, transpirant de bienveillance. « Quel dommage », se plaignait-il. « Quel dommage ! Mon pauvre ami. Évidemment que tu ne peux pas chanter. Je vais annuler le contrat de ce pas. Ça ne te coûtera que 2 000 dollars, mais ce n'est rien comparé à ta réputation. »

Puis Chaliapin soupirait et lui disait : « Peut-être que tu aurais dû venir plus tard. Reviens à dix-sept heures et on verra comment je me sens d'ici là. »

À dix-sept heures, M. Hurok se précipiterait de nouveau à son hôtel, transpirant de bienveillance. Il insisterait une nouvelle fois pour annuler le contrat, et Chaliapin soupirerait encore avant de dire : « Bon, peut-être que tu devrais revenir me voir plus tard. Peut-être que j'irai mieux d'ici là. »

À 19 h 30, le grand basse consentirait à chanter, à la seule condition que M. Hurok monte sur la scène du Metropolitan et annonce que Chaliapin était victime d'un vilain rhume et donc ne pouvait faire preuve d'une voix parfaite. M. Hurok mentirait en disant qu'il le ferait, car il savait que c'était le seul moyen de faire monter le chanteur sur scène.

Le Dr Arthur I. Gates dit dans son superbe livre, *Educational Psychology* : « L'espèce humaine recherche sans relâche la bienveillance. L'enfant montre avec impatience sa blessure ; ou s'inflige même une coupure ou un hématome afin d'en tirer une abondante bienveillance. À la même fin, les adultes... montrent leurs hématomes, racontent leurs accidents, leurs maladies, notamment les détails d'opérations chirurgicales. « S'apitoyer » sur les malheurs, réels ou imaginaires, est, dans une certaine mesure, presque une pratique universelle.

Donc, si vous souhaitez rallier les autres à votre point de vue, voici la Règle n°9 :

Soyez bienveillant avec les idées et les désirs de l'autre.

10

Un trait que tout le monde apprécie

J'ai été élevé près de la campagne de Jesse James dans le Missouri, et j'ai visité la ferme de James à Kearney, où son fils habite toujours.

Sa femme me raconta comment Jesse avait cambriolé des trains et des banques, avant de donner l'argent aux fermiers voisins pour payer leurs dettes.

Jesse James se voyait sans doute comme un idéaliste dans l'âme, tout comme Dutch Schultz, « Two Gun » Crowley et Al Capone deux générations plus tard. Le fait est que chaque homme que vous rencontrez – même celui que vous voyez dans le miroir – a une haute estime de lui-même, et aime être un homme bon et désintéressé dans son estime.

J. Pierpont Morgan a observé, dans l'un de ses interludes analytiques, qu'un homme a généralement deux raisons de faire quelque chose : une qui fait bonne impression et la véritable raison.

L'homme lui-même pensera à la vraie raison. Vous n'avez pas besoin d'insister là-dessus. Mais nous aimons tous, étant idéalistes dans l'âme, penser aux motivations qui font bonne impression. Donc, afin de faire changer les autres, faites appel aux motivations les plus nobles.

Est-ce trop idéaliste pour fonctionner dans les affaires ? Nous allons voir. Prenons le cas d'Hamilton J. Farrell de la Farrell-Mitchell Company de Glenolden, en Pennsylvanie. M. Farrel avait un locataire mécontent qui menaçait de partir. Son bail devait encore se poursuivre pendant quatre mois, à 55 dollars par mois ; néanmoins, il l'avisa qu'il quittait les lieux immédiatement, malgré le bail.

« Ces personnes avaient vécu dans ma maison tout l'hiver – la période de l'année la plus chère », dit M. Farrell en racontant l'histoire à la classe, « et je savais qu'il serait difficile de relouer l'appartement avant l'automne. Je pouvais voir 220 dollars s'envoler par la fenêtre – et croyez-moi, je voyais rouge.

D'ordinaire, je serais allé voir ce locataire et lui aurais dit de relire son bail. J'aurais souligné le fait que s'il s'en allait, l'intégralité de la somme de son loyer devrait être versée d'un seul coup – et que je pourrais me déplacer pour le réclamer, et je le *ferais*.

Cependant, au lieu de m'emporter et faire un esclandre, je décidai d'essayer d'autres tactiques. Donc je commençai : "M. Doe, j'ai écouté votre histoire, et je ne crois toujours au fait que vous souhaitiez partir. Toutes ces années dans la location m'ont appris quelque chose sur la nature humaine, et je vous ai d'abord évalué comme étant un homme de parole. En fait, j'en suis tant persuadé que je souhaite prendre le risque.

Voici ma proposition : Laissez votre décision de côté pendant quelques jours et réfléchissez-y. Si vous revenez me voir entre aujourd'hui et le premier du mois, lorsque vous devrez payer votre loyer, et que vous me dites que vous avez toujours l'intention de déménager, je vous donne ma parole que j'accepterai votre décision de façon définitive. Je vous accorderai le privilège de partir, et je m'admettrai que j'avais tort à propos de vous. Mais je continue de penser que vous êtes un homme de parole et que vous respecterez votre contrat. Car après tout, nous sommes soit des hommes, soit des singes – et le choix repose généralement en nous !"

Eh bien, lorsque le mois suivant arriva, cet homme vint me voir et régla son loyer en personne. Lui et sa femme en avaient discuté, m'a-t-il dit – et avaient décidé de rester. Ils en étaient arrivés à la conclusion que la seule chose honorable à faire était de respecter leur bail. »

Lorsque le regretté Lord Northcliffe découvrit qu'un journal avait utilisé une photo de lui qu'il ne souhaitait pas voir publiée, il écrivit une lettre à l'éditeur. Mais a-t-il dit : « Je vous prie de ne plus utiliser cette photo de moi ; *je* n'apprécie pas ce choix » ? Non, il eut recours à une motivation plus noble. Il fit appel au respect et à l'amour que nous avons tous pour la maternité. Il écrivit : « Je vous prie de ne plus utiliser cette photo de moi. *Ma mère* n'apprécie pas ce choix. »

Lorsque John D. Rockefeller Jr. souhaitait que les photographes des journaux arrêtent de prendre des photos de ses enfants, lui aussi eut recours à des motivations plus nobles. Il n'a pas dit : « *Je* ne veux pas que leurs photos soient publiées. » Non, il a fait appel au désir, enfoui en chacun de nous, de vouloir protéger les enfants. Il a dit : « Vous savez comment ça se passe. Vous avez vous-même des enfants, en tout cas certains d'entre vous. Et vous savez qu'il n'est pas bon pour les jeunes d'être la cible de trop de publicité. »

Lorsque Cyrus H. K. Curtis, le pauvre garçon originaire du Maine, entamait sa fulgurante carrière qui le destinait à gagner des millions en tant que propriétaire du *Saturday Evening Post* et du *Ladies Home Journal* – lorsqu'il commença, il ne pouvait se permettre de payer les mêmes prix que les autres magazines. Il n'avait pas les moyens d'engager des auteurs de premier choix pour écrire uniquement à des fins financières. Donc il fit appel à des motivations plus nobles. Par exemple, il réussit à persuader Louisa May Alcott, l'auteure immortelle des *Quatre filles du docteur March*, d'écrire pour lui lorsqu'elle était au sommet de sa gloire ; et ceci en lui offrant d'envoyer un chèque de 100 dollars, non pas à elle, mais à son association caritative préférée.

Là, les sceptiques pourraient dire : « Oh, cette technique fonctionne pour Northcliffe, Rockefeller ou une romancière sentimentale. Mais, enfin ! J'aimerais bien vous voir le faire fonctionner auprès des durs à cuire dont je dois récupérer les factures ! »

Vous avez sans doute raison. Rien ne marchera dans tous les cas – et rien ne marchera avec tout le monde. Si vous êtes satisfait des résultats que vous obtenez maintenant, pourquoi changer ? Si vous n'en êtes pas satisfait, pourquoi ne pas tenter autre chose ?

En tous les cas, je pense que vous apprécierez de lire cette histoire vraie racontée par James L. Thomas, un de mes anciens étudiants :

Six clients d'un certain constructeur automobile refusaient de payer leurs factures pour la révision. Aucun d'entre eux ne contestait toute la facture, mais chacun déclarait que tel ou tel frais était erroné. Dans tous les cas, le client avait signé pour le travail accompli, donc l'entreprise savait que le total était juste – et *l'affirmait*. C'était là la première erreur.

Voici les étapes appliquées par les hommes du service de crédit afin d'obtenir le paiement de ces factures. Pensez-vous qu'ils aient réussi ?

1. Ils appelèrent chaque client et lui dirent qu'ils le contactaient pour le paiement d'une facture due depuis longtemps.

2. Ils démontrèrent clairement que l'entreprise avait totalement et incontestablement raison, donc lui, le client, avait totalement et incontestablement tort.

3. Ils insinuèrent qu'ils en savaient, eux, l'entreprise, plus sur les automobiles qu'il ne pourrait jamais espérer en savoir. Donc sur quoi pouvait bien se fonder la contestation ?

4. Résultat : ils se disputaient.

Est-ce qu'une de ces méthodes a fait accepter la chose au client et réglé les comptes ? Vous pouvez y répondre vous-même.

À ce stade, le gestionnaire de crédit allait ouvrir le feu avec une batterie d'expertises juridiques, lorsqu'heureusement, l'affaire fut portée à l'attention du directeur général. Il mena son enquête sur ces clients en défaut de paiement, et découvrit qu'ils avaient tous la réputation de régler leurs factures en temps et en heure. Il y avait un souci dans cette affaire – un gros souci dans la méthode employée pour obtenir ces paiements. Donc il appela James L. Thomas et lui demanda d'obtenir ces « paiements impossibles à récupérer ».

Voici les étapes employées par M. Thomas.

1. « Ma visite à chaque client », raconte M. Thomas, « visait à obtenir le paiement d'une facture due depuis longtemps – une facture que nous savions totalement exacte. Mais je n'en parlais pas. J'expliquais que j'avais appelé pour savoir ce que l'entreprise avait fait, ou avait échoué à faire. »

2. « Je faisais clairement comprendre que jusqu'à ce que j'entende la version du client, je n'avais aucune opinion. Je lui disais que l'entreprise ne se vantait pas d'être infaillible. »

3. « Je lui disais que je m'intéressais uniquement à sa voiture, et qu'il en savait plus sur sa voiture que quiconque au monde ; qu'il faisait autorité à ce sujet. »

4. « Je le laissais parler, et je l'écoutais avec tout l'intérêt et la bienveillance qu'il souhaitait – et auxquels il s'attendait. »

5. « Enfin, lorsque le client était d'une humeur raisonnable, je soumettais le problème à son sens du fair-play. Je faisais appel à des motivations plus nobles. "Tout d'abord, sachez que je suis d'accord avec vous sur le fait que cette affaire a été terriblement mal gérée. Vous avez été dérangé, ennuyé et irrité par l'un de nos représentants. Cela n'aurait jamais dû se produire. J'en suis navrée et, en tant que représentant de l'entreprise, je m'en excuse. Alors que j'étais assis là, à écouter votre version de l'histoire, je ne peux être qu'impressionné par votre impartialité et votre patience. À présent, parce que vous êtes impartial et patient, je vais vous demander de faire quelque chose pour moi. C'est une chose que vous pouvez faire mieux que n'importe qui d'autre, quelque chose que vous connaissez mieux que personne. Voici votre facture ; je sais que je ne risque rien en vous demandant de la modifier, autant que si vous étiez le directeur de mon entreprise. Je m'en remets totalement à vous. J'appliquerai votre volonté."

A-t-il modifié la facture ? Bien sûr, et il en a retiré un certain plaisir. Les factures allaient de 150 à 400 dollars – mais est-ce que les clients les ont réfutées ? L'un d'eux, oui ! Il refusa de payer un centime des frais discutés ; mais les cinq autres les réglèrent sans discuter ! Et cerise sur le gâteau : nous avons livré de nouvelles voitures à ces six clients dans les deux années qui suivirent ! »

« L'expérience m'a appris », raconte M. Thomas, « que lorsqu'aucune information ne peut être vérifiée concernant le client, la seule base solide sur laquelle on peut se fonder est de supposer qu'il est sincère, honnête, ainsi que disposé à payer rapidement les frais dès qu'il est convaincu qu'ils sont corrects. Pour le dire différemment et peut-être plus clairement, les gens sont honnêtes et veulent s'acquitter de leurs obligations. Les exceptions à cette règle sont peu nombreuses en comparaison, et je suis convaincu que l'individu enclin à chipoter réagira, dans la plupart des cas, favorablement si vous lui faites sentir que vous le pensez honnête, droit et juste. »

Donc, si vous souhaitez rallier les autres à votre point de vue, il est bon, en général, de suivre la Règle n°10 :

Faites appel à des motivations plus nobles.

11

Les films le font. La radio le fait. Pourquoi pas vous ?

Il y a quelques années, le *Philadelphia Evening Bulletin* fut calomnié par une dangereuse campagne de rumeurs. Une méchante rumeur circulait. On disait aux annonceurs que le journal contenait bien trop de publicités et trop peu de nouvelles, qu'il n'attirait plus les lecteurs. Une action immédiate était nécessaire. Le commérage devait être étouffé.

Mais comment ?

Voici la façon dont cela a été fait.

Le *Bulletin* coupa de son édition normale toute la lecture de toutes sortes d'un jour lambda, la classa et la publia en tant que livre. Il fut intitulé : *Un Jour*. Il faisait 307 pages – autant qu'un livre vendu deux dollars ; cependant, le *Bulletin* avait imprimé toutes ces nouvelles et articles un jour et le vendit, non pas 2 dollars, mais 2 centimes.

L'impression de ce livre démontra que le *Bulletin* contenait une énorme quantité de lecture intéressante. Cela transmettait les faits d'une façon plus frappante, plus intéressante, plus impressionnante, que ne l'auraient fait des montagnes de chiffres et de simples paroles.

Lisez *Showmanship in Business* par Kenneth Goode et Zenn Kaufman – un panorama passionnant de la façon dont les showmen gagnent des millions. Ce livre raconte comment Electrolux vend des réfrigérateurs en faisant craquer une allumette à côté de l'oreille des clients pour faire ressortir le silence de leur frigo... Comment Personality entre dans les catalogues de Sears Roebuck avec des chapeaux à 1,95 $ signés par Ann Sothern... Comment George Wellbaum révèle que lorsqu'une vitrine mobile s'arrête, on perd 80 % du public... Comment Percy Whiting vend des assurances en montrant aux clients deux listes d'obligations – chacune valant 1 000 dollars cinq ans plus tôt. Il demande aux clients quelles listes ils achèteraient. Presto ! Les chiffres actuels du marché révèlent qu'une liste (la sienne, bien entendu) a pris de la valeur. La *curiosité* retient l'attention des clients... Comment Mickey Mouse a fait son chemin jusqu'à l'Encyclopédie et comment son nom sur des jouets évite à une entreprise de faire faillite... Comment Eastern Air Lines attire les foules sur le trottoir avec un hublot qui reproduit les véritables tableaux de bord d'un Douglas Airliner... Comment Harry Alexander enthousiasme ses vendeurs avec une émission d'un combat de boxe imaginaire entre ses produits et ceux d'un concurrent... Comment un projecteur tombe accidentellement sur une vitrine de bonbons – doublant les ventes... Comment Chrysler place des éléphants sur ses voitures pour prouver leur solidité.

Richard Borden et Alvin Busse de la New York University ont analysé 15 000 entrevues de vente. Ils ont écrit un livre intitulé *Comment avoir le dernier mot*, puis ont présenté les mêmes principes lors d'une conférence : « Les 6 principes de la vente ». Ce fut ensuite adapté au cinéma et projeté aux forces commerciales de centaines de grandes entreprises. Ils ne se contentent pas d'expliquer les principes découverts par leurs recherches – ils les jouent. Ils lancent des joutes verbales devant un public, montrant les bonnes et mauvaises façons de faire une vente.

L'heure est à la dramatisation. Simplement affirmer une vérité ne suffit pas. Il faut rendre la vérité frappante, intéressante, dramatique. Vous devez employer l'art du spectacle. Les films le font. La radio le fait. Et vous le devrez si vous souhaitez attirer l'attention.

Les experts en vitrine connaissent le pouvoir incisif de la dramatisation. Par exemple, les fabricants d'une nouvelle mort-aux-rats fournirent aux marchands une vitrine avec deux rats vivants. La semaine où les rats furent dévoilés, les ventes furent multipliées par cinq.

James B. Boynton de l'*American Weekly* devait présenter un rapport de marché interminable. Son entreprise venait de terminer une étude approfondie pour une marque leader de crèmes de beauté. Des données étaient immédiatement nécessaires devant la menace de prix réduits ; le client était l'un des hommes les plus importants – et impressionnants – dans le domaine publicitaire.

Et déjà sa première approche avait échoué.

« Lorsque j'y suis allé pour la première fois », admet M. Boynton, « je me suis retrouvé au milieu d'une discussion inutile sur les méthodes employées lors de l'enquête. Il argumentait et moi aussi. Il me disait que j'avais tort, et j'essayais de prouver que j'avais raison.

Je finis par avoir le dernier mot, à ma grande satisfaction – mais mon temps était écoulé, l'entrevue était terminée, et je n'avais pas obtenu de résultats.

La deuxième fois, je n'évoquai ni les chiffres ni les données. J'allai voir cet homme, et je dramatisai mes faits.

Lorsque j'entrai dans son bureau, il était au téléphone. Alors qu'il terminait sa conversation, j'ouvris une valise et jetai 32 pots de crèmes de beauté sur son bureau – des produits qu'il connaissait – des concurrents de sa crème.

Sur chaque pot, j'avais mis une étiquette détaillant les résultats de l'enquête commerciale. Et chacune racontait brièvement son histoire, de façon dramatique.

Que s'est-il passé ?

Il n'y eut plus aucune contestation. C'était là quelque chose de nouveau, de différent. Il prit un premier pot de crème, puis un autre, et lut les informations sur l'étiquette. Une conversation amicale débuta. Il posa des questions supplémentaires. Il était très intéressé. Initialement, il m'accordait seulement dix minutes pour présenter mes faits, mais ces dix minutes passèrent, puis vingt, puis quarante, et au bout d'une heure, nous étions encore en train de parler.

Je présentais les mêmes faits qu'auparavant. Mais cette fois-ci, j'employais la dramatisation, l'art du spectacle – et quelle différence ! »

Donc, si vous souhaitez rallier les autres à votre point de vue, voici la Règle n°11 :

Dramatisez vos idées.

12

Lorsque rien d'autre ne fonctionne, essayez cela

Charles Schwab connaissait un directeur d'usine dont les ouvriers ne faisaient pas leur quota d'heures.

« Comment se fait-il », demanda Schwab, « qu'un homme aussi doué que vous n'arrive pas à faire tourner cette usine comme elle le devrait ? »

« Je ne sais pas », répondit l'homme, « je les ai amadoués, bousculés, j'ai juré et insulté, je les ai menacés de les virer. Mais rien ne marche. Ils ne font rien. »

Cela se produisit à la fin de la journée, juste avant que l'équipe de nuit ne prenne la relève.

« Donnez-moi un morceau de craie », dit Schwab. Puis il se tourna vers l'homme le plus proche : « Combien de radiateurs votre équipe a-t-elle produits aujourd'hui ? »

« Six. »

Sans un mot de plus, Schwab écrivit à la craie un énorme « 6 » sur le sol, puis s'en alla.

Lorsque l'équipe de nuit prit son service, ils virent le « 6 » et demandèrent ce qu'il signifiait.

« Le grand patron était là aujourd'hui », répondirent les hommes de jour. « Il nous a demandé combien de radiateurs on avait produits, et on a répondu six. Il l'a écrit à la craie par terre. »

Le lendemain matin, Schwab revint à l'usine. L'équipe de nuit avait effacé le « 6 » et l'avait remplacé par un gros « 7 ».

Lorsque l'équipe de jour arriva au travail le lendemain matin, ils virent un gros « 7 » écrit sur le sol. Donc les membres de l'équipe de nuit pensaient qu'ils étaient meilleurs que celle de jour, hein ? Eh bien, ils allaient montrer à l'équipe de nuit de quel bois ils se chauffaient. Ils mirent la main à la pâte avec enthousiasme, et lorsqu'ils débauchèrent ce soir-là, ils laissèrent derrière eux un énorme « 10 » fanfaron. Les choses avançaient.

Rapidement, cette usine, dont la production traînait, finit par fournir plus de travail que n'importe quelle autre alentour.

Le principe ?

Laissons Charles Schwab le dire avec ses propres mots : « Pour que les choses se fassent, il faut stimuler la compétition. Non pas d'une façon sordide et cupide, mais avec un désir d'exceller. »

Le désir d'exceller ! Le défi ! Jeter le gant ! Un moyen infaillible pour attirer les hommes spirituels.

Sans un défi, Théodore Roosevelt n'aurait jamais été président des États-Unis. Le Rough Rider, revenant à peine de Cuba, fut choisi comme gouverneur de l'État de New York. L'opposition découvrit qu'il n'était plus légalement un résident de cet État ; alors Roosevelt, effrayé, souhaita se retirer. Puis Thomas Collier Platt lança le défi. Se tournant soudainement vers Théodore Roosevelt, il hurla d'une voix retentissante : « Le héros de San Juan Hill est-il un lâche ? »

Roosevelt affronta son ennemi – et on connaît la suite. Un défi changea non seulement sa vie, mais il eut également un réel effet sur l'histoire de cette nation.

Charles Schwab connaissait l'énorme pouvoir d'un défi. Tout comme Boss Platt et Al Smith.

Lorsqu'Al Smith était gouverneur de New York, il était dans l'embarras. Sing Sing, la prison la plus célèbre, à l'ouest de Devil's Island, était privée de directeur. Des scandales éclataient entre les murs de la prison, ainsi que de vilaines rumeurs. Smith avait besoin d'un homme fort pour gérer Sing Sing – un homme de fer. Mais qui ? Il fit appeler Lewis E. Lawes de New Hampton.

« Qu'est-ce que vous diriez d'être directeur de Sing Sing ? » dit-il avec entrain lorsque Lawes se trouva devant lui. « Ils ont besoin de quelqu'un avec de l'expérience. »

Lawes fut perplexe. Il connaissait les dangers de Sing Sing. C'était une nomination politique sujette aux caprices des lubies politiques. Les directeurs allaient et venaient – l'un d'eux avait tenu seulement trois semaines. Il devait penser à sa carrière. Cela en valait-il la peine ?

Puis Smith, qui vit son hésitation, se pencha en arrière et sourit. « Mon jeune ami, je ne vous en veux pas d'avoir peur. C'est un poste difficile. Il faudra un homme fort pour l'occuper et y rester. »

Donc Smith lui lançait un défi, n'est-ce pas ? Lawes aimait l'idée de tenter un travail qui nécessitait un homme fort.

De ce fait, il accepta. Et il y resta. Il y resta assez pour devenir le plus célèbre directeur au monde. Son livre, *20 000 ans à Sing Sing*, se vendit à plusieurs centaines de milliers d'exemplaires. Il a sa propre émission ; ses histoires de la vie au sein de la prison ont inspiré des dizaines de films. Et son « humanisation » des criminels a produit des miracles dans la réforme pénitentiaire.

« Je n'ai jamais trouvé », raconta Harvey S. Firestone, fondateur de la grande Firestone Tire & Rubber Company, « que le salaire et uniquement le salaire rassemblait ou retenait les hommes bien. Je pense que c'est le jeu lui-même… »

C'est là ce que tout homme accompli aime : le jeu. La possibilité de s'exprimer. La possibilité de prouver sa valeur, d'exceller, de gagner. C'est ce qui fait les courses à pied, l'appel des cochons et les concours de mangeurs de tartes. Le désir d'exceller. Le désir d'un sentiment d'importance.

Donc, si vous souhaitez rallier les autres – des hommes d'esprit, des hommes courageux – à votre point de vue, voici la Règle n°12 :

Lancez un défi.

POUR RÉSUMER

Règle n°1 : **Le seul moyen de retirer le meilleur d'un débat est de l'éviter.**

Règle n°2 : **Témoignez du respect aux opinions de l'autre. Ne dites jamais à un homme qu'il a tort.**

Règle n°3 : **Si vous avez tort, admettez-le rapidement et avec empathie.**

Règle n°4 : **Commencez par la gentillesse.**

Règle n°5 : **Obtenez de l'autre qu'il dise « oui, oui » immédiatement.**

Règle n°6 : **Laissez l'autre occuper la majorité de la conversation.**

Règle n°7 : **Laissez l'autre penser que l'idée vient de lui.**

Règle n°8 : **Essayez honnêtement de voir les choses du point de vue de l'autre.**

Règle n°9 : **Soyez bienveillant avec les idées et les désirs de l'autre.**

Règle n°10 : **Faites appel à des motivations plus nobles.**

Règle n°11 : **Dramatisez vos idées.**

Règle n°12 : **Lancez un défi.**

QUATRIÈME PARTIE

Neuf façons de faire changer les autres sans les offenser ni susciter de ressentiment

1

Si vous *devez* trouver quelque chose à redire, voici comment commencer

Un ami à moi fut invité à la Maison-Blanche pour un week-end lors de l'administration de Calvin Coolidge. Errant vers le bureau privé du président, il entendit Coolidge dire à l'une de ses secrétaires : « C'est une très jolie robe que vous portez ce matin, et vous êtes une jeune femme très attirante. »

C'était sans doute l'éloge le plus éclatant que Silent Cal avait décerné à une secrétaire de toute sa vie. C'était si inhabituel, si inattendu que la fille rougit de confusion. Puis Coolidge dit : « Maintenant, ne vous enflammez pas. J'ai simplement dit cela pour vous faire sentir bien. À partir de maintenant, j'aimerais que vous fassiez un peu plus attention à votre ponctuation. »

Sa méthode était probablement assez évidente, mais la psychologie était superbe. Il était toujours plus facile d'écouter des choses désagréables après avoir entendu des compliments sur nos points positifs.

Un barbier met de la mousse sur un homme avant de le raser ; et c'est précisément ce que McKinley a fait en 1896, lorsqu'il était candidat à la présidence. L'un des éminents républicains de l'époque avait écrit un discours électoral qu'il pensait très légèrement meilleur que Cicéron, Patrick Henry et Daniel Webster réunis. Avec une grande joie, il lut son discours immortel à McKinley. Il y avait de bons points dans ce discours, mais cela n'irait pas. Il aurait provoqué une tornade de critiques. McKinley ne souhaitait pas blesser l'homme. Il ne devait pas tuer son superbe enthousiasme, et pourtant il devait dire « non ». Notez avec quelle adresse il le fit.

« Mon ami, c'est un superbe discours, un magnifique discours », dit McKinley. « Personne n'aurait pu faire mieux. Il y a bien des occasions où il serait précisément la bonne chose à dire ; mais est-ce vraiment approprié à cette occasion particulière ? Aussi bien qu'il soit de votre point de vue, je dois prendre en considération son effet du point de vue du parti. À présent, rentrez chez vous et écrivez un discours selon les recommandations que je vous donne, puis envoyez-m'en une copie. »

C'est tout ce qu'il fit. McKinley le corrigea et l'aida à réécrire son deuxième discours ; et il devint l'un des meilleurs orateurs de la campagne.

Voici la deuxième lettre la plus célèbre qu'Abraham Lincoln ait écrite (la première étant celle envoyée à Mme Bixby, exprimant sa peine pour la mort de ses cinq fils qui étaient tombés au combat). Lincoln a sans doute bâclé cette lettre en cinq minutes ; pourtant, elle s'est vendue à 12 000 dollars lors d'une vente aux enchères publique. Et cela représente, de fait, plus d'argent que Lincoln ait réussi à économiser en un demi-siècle de travail acharné.

Cette lettre fut écrite le 26 avril 1863, durant la période la plus sombre de la guerre de Sécession. Pendant 18 mois, les généraux de Lincoln menaient l'armée de l'Union d'une tragique défaite à une autre. Rien d'autre qu'une boucherie humaine inutile et stupide. La nation était atterrée. Des milliers de soldats désertaient l'armée ; et même les membres républicains du Sénat se révoltaient et voulaient faire sortir Lincoln de la Maison-Blanche. « Nous sommes à présent au bord de la destruction », dit Lincoln. « Il me semble que même le Tout-Puissant soit contre nous. Je peine à entrevoir une lueur d'espoir. » Telle était la période de désespoir et de chaos dans laquelle cette lettre fut écrite.

Je retranscris cette lettre ici car elle montre comment Lincoln essaya de faire changer un général remuant lorsque le destin même de la nation dépendait des actions de cet homme.

C'est sans doute la lettre la plus tranchante qu'Abe Lincoln écrivit après être devenu président ; pourtant, vous noterez qu'il encensa le général Hooker avant de parler de ses fautes graves.

En effet, c'étaient de graves fautes ; mais Lincoln ne les appela pas comme cela. Il était plus conservateur, plus diplomate.

Il écrivit : « Il y a des choses dont je ne suis pas vraiment satisfait vous concernant. » Quel tact ! Et quelle diplomatie !

Voici la lettre adressée au général de division Hooker :

Je vous ai nommé à la tête de l'armée du Potomac. Bien entendu, je l'ai fait pour, il me semble, des raisons suffisantes, et pourtant, je pense qu'il vous serait bénéfique de savoir qu'il y a des choses dont je ne suis pas vraiment satisfait vous concernant.

Je crois que vous êtes un soldat courageux et compétent, ce que, bien sûr, j'apprécie. Je pense aussi que vous ne mélangez pas la politique avec votre profession, et vous avez bien raison. Vous avez confiance en vous, ce qui est une qualité précieuse, si ce n'est indispensable.

Vous êtes ambitieux, ce qui, dans des limites raisonnables, fait plus de bien que de mal. Mais je pense que pendant le commandement de l'armée du général Burnside, vous avez suivi votre ambition et l'avez contrecarré autant que possible ; par cette action, vous avez fait énormément de mal à notre pays et à un camarade officier tout à fait méritant et honorable.

J'ai entendu, d'une façon qui m'y a fait croire, que vous avez dit qu'à la fois l'armée et le gouvernement avaient besoin d'un dictateur. Bien sûr, ce n'était pas pour cette raison, mais malgré cela, que je vous avais offert le commandement.

Seuls ces généraux couronnés de succès peuvent être érigés en dictateurs. Ce que je vous demande aujourd'hui sont des succès militaires, et je risquerai la dictature.

Le gouvernement vous soutiendra autant que faire se peut, ce qui n'est ni plus ni moins ce qu'il a fait et continuera à faire pour tous les commandants. Je crains que l'état d'esprit que vous avez alimenté pour l'infuser à l'armée, en critiquant leur commandant et en refusant toute confiance en lui, ne se retourne à présent contre vous. Je vous aiderai, autant que je le peux, à apaiser les choses.

Ni vous ni Napoléon, s'il était encore en vie, ne retirerait aucun bénéfice d'une armée si un tel état d'esprit y prédomine, alors maintenant, attention à la précipitation. Attention à la précipitation, mais avec énergie et une vigilance constante, avancez et offrez-nous des victoires.

Vous n'êtes pas un Coolidge, ni un McKinley, ni un Lincoln. Vous voulez savoir si cette philosophie marcherait pour vous dans vos relations professionnelles quotidiennes. Serait-ce le cas ? Nous allons voir. Prenons le cas de W. P. Gaw de la Wark Company à Philadelphie. M. Gaw est un citoyen ordinaire comme vous et moi. C'était un membre de l'un des cours que je donnais à Philadelphie, et il a relaté cet incident lors d'une expression donnée devant la classe.

La Wark Company avait signé un contrat pour construire et achever à une certaine date précise un grand immeuble de bureaux à Philadelphie. Selon Hoyle, tout avançait comme prévu, le bâtiment était presque terminé, lorsque soudain, le sous-traitant chargé du travail ornemental en bronze destiné à l'extérieur de cet immeuble déclara qu'il ne pourrait pas le livrer à temps. Comment ! Un bâtiment entier retardé ! D'importantes pénalités ! De pénibles pertes ! Tout cela à cause d'un seul homme !

Des appels longue distance. Des disputes ! Des conversations houleuses ! En vain. Puis M. Gaw fut envoyé à New York pour affronter l'homme de bronze sur son propre terrain.

« Savez-vous que vous êtes le seul homme à Brooklyn à porter votre nom ? » demanda M. Gaw en entrant dans le bureau du directeur. Ce dernier fut surpris. « Non, je l'ignorais. »

« Eh bien », poursuivit M. Gaw, « lorsque je suis descendu du train ce matin, j'ai regardé dans l'annuaire pour trouver votre adresse, et vous êtes le seul à porter votre nom dans l'annuaire de Brooklyn. »

« Je ne le savais pas », confirma le directeur. Il examina l'annuaire avec intérêt. « Eh bien, c'est un nom peu commun », dit-il fièrement. « Ma famille est originaire de Hollande et est venue s'installer à New York il y a presque 200 ans. » Il continua à parler de sa famille et de ses ancêtres pendant de nombreuses minutes. Lorsqu'il finit son histoire, M. Gaw le complimenta sur la grandeur exceptionnelle de son entreprise, et la compara avec d'autres qu'il avait visitées. « C'est l'une des fabriques de bronze les plus propres et soignées que j'ai jamais vues », affirma Gaw.

« J'ai consacré ma vie entière à construire cette entreprise », dit le directeur, « et j'en suis assez fier. Aimeriez-vous faire un tour de l'usine ? »

Pendant cette tournée d'inspection, M. Gaw le complimenta sur son système de fabrication, et lui dit comment et pourquoi il paraissait surpasser celui de certains de ses concurrents. M. Gaw fit des remarques sur des machines inhabituelles, et le directeur annonça qu'il les avait lui-même inventées. Il passa un temps considérable à montrer à M. Gaw comment elles fonctionnaient, ainsi que le travail de qualité supérieure qu'elles produisaient. Il insista pour inviter M. Gaw à déjeuner. Rappelez-vous que jusqu'à présent, aucun mot n'a été prononcé au sujet du véritable but de la visite de M. Gaw.

Après le déjeuner, le directeur dit : « À présent, parlons affaires. Je sais naturellement pourquoi vous êtes ici. Je ne m'attendais pas à ce que notre rencontre soit si agréable. Vous pouvez rentrer à Philadelphie avec ma promesse que votre matériel sera fabriqué et expédié, même si d'autres commandes doivent être retardées. »

M. Gaw obtint tout ce qu'il souhaitait sans même avoir à le demander. La commande arriva dans les temps, et le bâtiment fut achevé à la date prévue dans le contrat de conception.

Cela serait-il arrivé si M. Gaw avait employé la méthode du marteau et de la dynamite, généralement utilisée en de telles occasions ?

Pour faire changer les autres sans les offenser ni susciter de ressentiment, voici la Règle n°1 :

Commencez par les éloges et une honnête reconnaissance.

2

Comment critiquer – et ne pas être haï pour cela

Un jour, Charles Schwab passait dans l'une de ses aciéries vers midi lorsqu'il tomba sur certains de ses employés en train de fumer. Juste au-dessus de leur tête se trouvait un panneau : « Interdiction de fumer ». Schwab a-t-il pointé le panneau du doigt et dit : « Vous ne savez pas lire ? » Oh non, pas Schwab. Il se dirigea vers les hommes, leur tendit à chacun un cigare et leur dit : « Les gars, je préfèrerais que vous alliez les fumer dehors. » Ils savaient qu'il savait qu'ils avaient enfreint une règle – et ils l'admiraient de n'en avoir rien dit, de leur avoir offert un petit cadeau et de leur avoir donné l'impression d'être importants. On ne peut s'empêcher d'apprécier un homme comme cela, n'est-ce pas ?

John Wanamaker utilisa la même technique. Il avait pour habitude de faire un tour quotidien de son grand magasin à Philadelphie. Un jour, il vit une cliente attendre près d'un comptoir. Personne ne lui accordait la moindre attention. Les vendeurs ? Oh, ils étaient regroupés à l'autre bout du comptoir, à rire et parler entre eux. Wanamaker ne dit pas un seul mot. Glissant doucement derrière le comptoir, il assista la dame lui-même, puis tendit l'achat aux vendeurs pour qu'ils l'emballent alors qu'il partait.

Le 8 mars 1887, l'éloquent Henry Ward Beecher mourut, ou changea de monde, comme le disent les Japonais. Le dimanche suivant, Lyman Abbott fut invité à s'exprimer à la chaire laissée silencieuse par le décès de Beecher. Désireux de faire de son mieux, il écrivit, réécrivit et peaufina son sermon avec la minutie d'un Flaubert. Puis il le lut à sa femme. Il était mauvais – comme la plupart des discours écrits. Elle aurait pu dire : « Lyman, c'est horrible. Ça ne marchera jamais. Tu vas endormir tes auditeurs. On dirait une encyclopédie. Tu devrais être capable de faire bien mieux après toutes ces années à prêcher. Pour l'amour du Ciel, pourquoi tu ne parles pas comme un être humain ? Pourquoi tu n'es pas naturel ? Tu vas te ridiculiser si tu lis cette chose-là. »

C'est ce qu'elle *aurait dû* dire. Et si elle l'avait fait, vous savez ce qu'il se serait passé. Et elle aussi. Donc elle remarqua simplement que cela ferait un excellent article pour la *North American Review*. En d'autres termes, elle louait son écrit et à la fois suggérait subtilement qu'il ne conviendrait pas en tant que discours. Lyman Abbott comprit l'allusion, déchira son manuscrit minutieusement préparé et prêcha sans même se référer à des notes.

Pour faire changer les autres sans les offenser ni susciter de ressentiment, voici la Règle n°2 :

Attirez l'attention des autres sur leurs erreurs, mais indirectement.

3

Parlez d'abord de vos propres erreurs

Il y a quelques années, ma nièce, Josephine Carnegie, quitta son foyer à Kansas City et vint à New York pour être ma secrétaire. Elle avait 19 ans, avait terminé le lycée 3 ans plus tôt, et elle n'avait pratiquement aucune expérience professionnelle. Aujourd'hui, elle est l'une des plus parfaites secrétaires à l'ouest de Suez ; mais au début, elle était – eh bien, elle devait s'améliorer. Un jour, lorsque j'ai commencé à la critiquer, je me suis dit : « Une minute, Dale Carnegie ; juste une minute. Tu es deux fois plus âgé que Josephine. Tu as 10 000 fois plus d'expérience professionnelle. Comment peux-tu attendre d'elle qu'elle ait ton point de vue, ton opinion, ton initiative – combien médiocres puissent-ils être ? Et juste une minute, Dale, que faisais-tu à 19 ans ? Tu te rappelles les erreurs stupides, les bourdes que tu as faites ? Tu te souviens de la fois où tu as fait ci... et ça... ? »

Après y avoir réfléchi, avec honnêteté et impartialité, j'en conclus que la moyenne à la batte de Josephine à 19 ans était meilleure que l'avait été la mienne – et ceci, je suis navré de l'avouer, n'est pas un grand compliment pour Josephine.

Donc, après cela, lorsque je souhaitais attirer l'attention de Josephine sur une erreur, je commençais toujours par dire : « Tu as fait une erreur, Josephine, mais Dieu sait qu'elle n'est pas pire que bien d'autres que j'ai commises. Tu n'es pas née avec le jugement. Il ne vient qu'avec l'expérience ; et tu fais bien mieux que moi à ton âge. J'ai été coupable de tant de choses stupides moi-même que je ne suis que peu enclin à te critiquer, toi ou qui que ce soit d'autre. Mais ne crois-tu pas qu'il aurait été plus avisé de faire comme ceci et cela ? »

Il n'est pas si difficile d'écouter un récital de vos propres fautes si le critique commence par admettre humblement que lui non plus n'est pas parfait.

L'élégant prince von Bülow apprit l'absolue nécessité de faire cela en 1909. Von Bülow était alors le chancelier impérial d'Allemagne, et sur le trône se trouvait Guillaume II – Guillaume, le hautain ; Guillaume, l'arrogant ; Guillaume, le dernier des Kaisers allemands, construisant une armée et une flotte qui, selon lui, pouvaient tout terrasser sur leur passage.

Puis une chose étonnante arriva. Le Kaiser dit des choses, incroyables, des choses qui frappèrent le continent et déclenchèrent une série d'explosions entendues de par le monde. Pour rendre les choses encore pires, le Kaiser fit ces annonces stupides, égoïstes et absurdes en public, alors qu'il était invité en Angleterre, et il donna son aval royal pour les faire imprimer dans le *Daily Telegraph*. Par exemple, il déclara qu'il était le seul Allemand qui avait de l'affection pour les Anglais ; qu'il rassemblait une flotte contre la menace du Japon ; qu'il avait, lui et lui seul, empêché l'Angleterre d'être réduite en poussière par la Russie et la France ; que c'était *son* plan de campagne qui avait permis au Lord Roberts d'Angleterre de vaincre les Boers en Afrique du Sud ; etc.

En 100 ans, aucuns mots aussi incroyables n'avaient été prononcés par un roi européen en temps de paix. Tout le continent bourdonna avec la furie d'un nid de frelons. L'Angleterre était furieuse. Les hommes d'État allemands étaient atterrés. Et au milieu de tout ce désarroi, le Kaiser fut gagné par la panique, et suggéra au prince von Bülow, le chancelier impérial, d'en assumer la faute. En effet, il souhaitait que von Bülow annonce que c'était entièrement sa faute, qu'il avait conseillé à son monarque de dire toutes ces choses.

« Mais, Votre Majesté », protesta von Bülow, « il me semble presque impossible que quiconque en Allemagne ou en Angleterre me croie capable d'avoir conseillé Sa Majesté de dire de telles choses. »

Au moment où il prononça ces mots, von Bülow se rendit compte qu'il avait commis une grave erreur. Le Kaiser explosa.

« Vous me prenez pour un idiot, capable de bourdes que vous n'auriez jamais pu commettre ! » hurla-t-il.

Von Bülow savait qu'il aurait dû l'encenser avant de le condamner ; mais comme il était trop tard, il fit la bonne chose suivante. Il encensa après avoir critiqué. Et cela fit des miracles – comme les louanges le font souvent.

« Loin de moi l'idée de sous-entendre cela », répondit-il avec respect. « Votre Majesté me surpasse à bien des égards ; bien entendu, pas uniquement en connaissances navales et militaires, mais surtout en sciences naturelles. J'ai souvent écouté avec admiration Sa Majesté expliquer le baromètre, la télégraphie sans fil ou les rayons Röntgen. Je suis honteusement ignorant de toutes les branches des sciences naturelles, je n'ai aucune notion de chimie ou de physique, et suis tout à fait incapable d'expliquer le plus simple des phénomènes naturels. Mais, en compensation, je possède certaines connaissances historiques, et peut-être certaines qualités utiles en politique, surtout en diplomatie. »

Le Kaiser afficha un grand sourire. Von Bülow l'avait encensé. Il avait chanté ses louanges et avait fait montre d'une certaine humilité. Le Kaiser pouvait tout pardonner après cela. Il s'exclama avec enthousiasme : « Ne vous ai-je pas toujours dit que nous nous complétons à merveille ? Nous devrions rester ensemble, et nous le ferons ! »

Il serra la main de von Bülow, pas une seule fois, mais plusieurs. Et plus tard dans la journée, il était devenu si enthousiaste qu'il s'exclama avec les poings fermés : « Si qui que ce soit me rapporte un mot de travers à propos du prince von Bülow, *je lui casserai le nez* ! »

Von Bülow s'était sauvé à temps – mais, en tant que diplomate rusé, il avait néanmoins commis une erreur, il aurait dû *commencer* par parler de ses propres défauts et de la supériorité de Guillaume – et non laisser entendre que le Kaiser était un imbécile ayant besoin d'un tuteur.

Si quelques phrases vous rendant humble et encensant l'autre peuvent transformer un Kaiser hautain et insulté en un ami fidèle, imaginez ce que l'humilité et les louanges peuvent accomplir pour vous et moi dans nos relations quotidiennes. Bien employées, elles accompliront de véritables miracles dans les relations humaines.

Pour faire changer les autres sans les offenser ni susciter de ressentiment, voici la Règle n°3 :

Parlez de vos propres erreurs avant de critiquer l'autre.

4

Personne n'aime recevoir des ordres

J'ai récemment eu le plaisir de dîner avec Miss Ida Tarbell, la doyenne des biographes américains. Lorsque je lui ai dit que j'écrivais ce livre, nous avons commencé à parler de cet important sujet : bien s'entendre avec les autres. Elle me raconta que lorsqu'elle avait écrit la biographie d'Owen D. Young, elle interrogea un homme qui avait passé 3 ans dans le même bureau que M. Young. Ce dernier déclara que durant ce temps-là, il n'avait jamais entendu Owen D. Young donner un seul ordre à qui que ce soit. Il donnait toujours des suggestions, et non des ordres. Par exemple, il ne disait jamais : « Faites ceci ou cela » ou « Ne faites pas ceci ou ne faites pas cela ». Il disait : « Vous devriez envisager ceci » ou « Pensez-vous que cela pourrait fonctionner ? ». Souvent, après avoir dicté une lettre, il disait : « Qu'en pensez-vous ? » En regardant une lettre de l'un de ses assistants, il disait : « Peut-être que si nous reformulions cette phrase de telle façon, ce serait mieux. » Il donnait toujours à quelqu'un l'opportunité de faire les choses par lui-même ; il ne disait jamais à ses assistants de faire des choses ; il les laissait faire, et les laissait apprendre de leurs erreurs.

Une telle technique rend plus simple pour la personne en question de corriger son erreur. Elle préserve la fierté d'un homme et lui donne un sentiment d'importance. Cela lui donne envie de coopérer au lieu de se rebeller.

Pour faire changer les autres sans les offenser ni susciter de ressentiment, voici la Règle n°4 :

Posez des questions au lieu de donner des ordres directs.

5

Laissez l'autre sauver la face

Il y a plusieurs années, la General Electric Company était confrontée à la tâche délicate de retirer Charles Steinmetz de la direction d'un département. Steinmetz, un génie de première grandeur lorsqu'il était question d'électricité, était un désastre en tant que directeur du département de calcul. Néanmoins, l'entreprise n'osait pas offenser cet homme. Il était indispensable – et très sensible. Donc ils lui conférèrent un nouveau titre. Ils firent de lui un Ingénieur Conseil de la General Electric Company – un nouveau titre pour un travail qu'il réalisait déjà – et laissèrent quelqu'un d'autre diriger le département.

Steinmetz était heureux.

Les directeurs de la G. E. aussi. Ils avaient doucement manipulé leur star la plus caractérielle, et ils avaient réussi sans provoquer de tempête – en le laissant sauver la face.

Le laisser sauver la face ! C'est si important, extrêmement important ! Et bien peu d'entre nous y ont déjà pensé ! Nous piétinons les sentiments des autres, suivant notre propre voie, trouvant quelque chose à redire, proférant des menaces, critiquant un enfant ou un employé devant les autres, sans même prendre en considération le coup porté à sa fierté ! Alors qu'une réflexion de quelques minutes, un ou deux mots prévenants, une véritable compréhension de l'attitude de l'autre mèneraient bien plus à atténuer la douleur !

Rappelons-nous ceci la prochaine fois où nous serons confrontés à la désagréable nécessité de renvoyer un domestique ou un employé.

« Licencier des employés n'est pas très amusant. Être licencié l'est encore moins. » (Je cite ici une lettre écrite par Marshall A. Granger, expert-comptable certifié.) « Notre activité est majoritairement saisonnière. Nous devons donc laisser partir un grand nombre de personnes au mois de mars.

C'est une devise dans notre profession que personne n'aime brandir la hache. En conséquence, la coutume veut que cela se fasse le plus tôt possible, et généralement de la façon suivante : "Asseyez-vous, M. Smith. La saison est terminée, et il semble qu'il n'y ait plus de travail pour vous. Bien sûr, vous comprenez que vous étiez employé uniquement pour la saison chargée dans tous les cas, etc., etc."

Cela provoquait chez ces hommes de la déception, et un sentiment qu'on les "laissait tomber". La plupart d'entre eux étaient dans la comptabilité pour toujours et ils ne nourrissaient aucun attachement particulier pour cette entreprise qui les laissait tomber avec une telle désinvolture.

J'ai récemment décidé de laisser partir nos employés supplémentaires avec un peu plus de tact et de considération. Donc j'ai convoqué chacun d'entre eux seulement après avoir minutieusement réfléchi à son travail durant l'hiver. Et j'ai dit quelque chose de ce genre : "M. Smith, vous avez fait un bon travail *(si c'est le cas)*. Cette fois où nous vous avons envoyé à Newark, vous aviez une mission difficile. Vous étiez dans l'embarras, mais vous vous en êtes sorti haut la main, et nous voulons vous faire savoir que l'entreprise est fière de vous. Vous avez tout ce qu'il faut – et vous irez loin, peu importe où vous travaillerez. Cette entreprise croit en vous et vous soutient, et nous souhaitons que vous vous en souveniez !"

Quel effet ? Les hommes partent en se sentant bien mieux. Ils n'ont pas l'impression qu'on les "laisse tomber". Ils savent que si nous avions du travail pour eux, nous les garderions. Et lorsqu'on a à nouveau besoin d'eux, ils reviennent vers nous avec une certaine affection personnelle. »

Le regretté Dwight Morrow possédait une extraordinaire capacité à réconcilier les belligérants qui voulaient se sauter à la gorge. Comment ? Il cherchait scrupuleusement ce qui était vrai et juste de chaque côté – il l'encensait, il mettait l'accent dessus, le mettait soigneusement en lumière – et peu importe l'accord, jamais il ne portait la faute sur qui que ce soit.

C'est là ce que tout arbitre sait – il faut laisser les hommes sauver la face.

Les grands hommes, partout dans le monde, sont trop importants pour gaspiller leur temps à exulter sur leurs triomphes personnels. Pour illustrer :

En 1922, après des siècles d'antagonisme amer, les Turcs décidèrent de déloger les Grecs du territoire turc pour toujours.

Mustapha Kemal donna un discours napoléonien à ses soldats en disant : « Votre but est la Méditerranée », puis l'une des guerres les plus amères de l'histoire moderne fut déclarée. Les Turcs remportèrent la victoire ; et lorsque deux généraux grecs, Tricoupis et Dionis, avancèrent vers le quartier général de Kemal pour se rendre, les Turcs firent gronder les malédictions divines sur leurs ennemis vaincus.

Mais l'attitude de Kemal était dépourvue de triomphe.

« Asseyez-vous, Messieurs », dit-il en attrapant leur main. « Vous devez être fatigués. » Puis, après avoir discuté de la campagne en détail, il adoucit le coup de leur défaite. « La guerre », dit-il, comme un soldat à un autre, « est un jeu dans lequel les meilleurs hommes sont parfois vaincus ».

Même dans cet état de victoire complète, Kemal se rappela cette règle importante (la Règle n°5 pour nous) :

Laissez l'autre sauver la face.

6

Comment pousser les autres au succès

Je connaissais Pete Barlow. Pete avait un numéro de cirque et passa sa vie à voyager avec des cirques et spectacles de vaudeville. J'adorais regarder Pete entraîner de nouveaux chiens pour son numéro. Je remarquai qu'au moment où le chien montrait un léger progrès, Pete le caressait, lui donnait un bout de viande et en faisait un grand évènement.

Jusque-là, rien de nouveau. Les dresseurs d'animaux utilisent cette technique depuis des siècles.

Eh bien, je me demande : n'utilisons-nous pas le même bon sens lorsque nous essayons de faire changer les autres que lorsque nous essayons de faire changer des chiens ? Pourquoi n'utilisons-nous pas un morceau de viande plutôt qu'un coup de fouet ? Pourquoi n'utilisons-nous pas les éloges au lieu de condamnations ? Encensons même la plus petite des améliorations. Cela donne envie à l'autre de continuer à s'améliorer.

Lewis E. Lawes a découvert qu'encenser la plus infime amélioration paie, même avec les criminels endurcis de Sing Sing. « J'ai découvert », raconte Lewis dans une lettre que je reçus en écrivant ce chapitre, « que formuler une juste appréciation des efforts fournis par les détenus garantit de meilleurs résultats quant à obtenir leur coopération et faire avancer leur réhabilitation ultérieure, plutôt qu'une critique et une condamnation sévères pour leurs délinquances. »

Je n'ai jamais été incarcéré à Sing Sing – en tout cas pas encore – mais je peux repenser à ma vie et voir à quelles occasions quelques mots d'éloge ont radicalement changé mon avenir tout entier. Vous pouvez dire la même chose de votre vie, non ? L'Histoire est remplie d'exemples frappants de la pure sorcellerie de l'éloge.

Par exemple, il y a 50 ans, un garçon de 10 ans travaillait dans une usine à Naples. Il désirait devenir chanteur, mais son premier professeur l'en avait découragé. «Tu ne peux pas chanter», avait-il dit. «Tu n'as aucune voix. On dirait du vent dans des volets.»

Mais sa mère, une pauvre paysanne, l'avait serré dans ses bras, l'avait encensé et lui avait dit qu'elle savait qu'il pouvait chanter, elle voyait déjà qu'il s'améliorait, puis elle vécut pieds nus pour économiser de l'argent afin de payer ses cours de chant. Les éloges et l'encouragement de cette mère paysanne changèrent la vie de ce garçon. Peut-être en avez-vous entendu parler. Il s'appelait Caruso.

Il y a plusieurs années, un jeune homme à Londres aspirait à être auteur. Mais tout semblait contre lui. Il n'avait jamais pu rester à l'école plus de 4 ans. Son père avait été envoyé en prison car il ne parvenait pas à régler ses dettes, et ce jeune homme connut bien souvent les affres de la faim. Il finit par trouver un travail consistant à coller des étiquettes sur des bouteilles de cirage dans un entrepôt infesté de rats ; et il dormait dans une lugubre pièce mansardée avec deux autres garçons – des enfants de la rue venant des bas quartiers de Londres. Il avait si peu confiance en sa capacité à écrire qu'il sortit en cachette et envoya son premier manuscrit au milieu de la nuit pour que personne ne se moque de lui. Chacune de ses histoires fut refusée. Enfin, le grand jour arriva lorsqu'une fut acceptée. Effectivement, il ne toucherait rien du tout, mais un éditeur l'avait encensé. Un éditeur lui avait offert de la reconnaissance. Il était si heureux qu'il déambulait sans but dans les rues, des larmes roulant sur ses joues.

Les louanges, la reconnaissance qu'il avait reçues en ayant une histoire publiée changèrent toute sa carrière, car s'il n'avait pas eu cet encouragement, il aurait sans doute passé sa vie entière à travailler dans des usines infestées de rats. Vous avez peut-être également entendu parler de ce garçon. Il s'appelait Charles Dickens.

Il y a 50 ans, un autre garçon londonien travaillait comme commis dans une mercerie. Il devait se lever à 5 h du matin, balayer le magasin, et travailler comme un forçat 14 heures par jour. C'était une pure corvée et il détestait cela. Après 2 années, il ne pouvait plus le supporter, donc il se leva un matin et, sans attendre le petit-déjeuner, il marcha 24 kilomètres d'un pas lourd pour aller parler à sa mère, qui travaillait comme femme de chambre.

Il était dans tous ses états. Il la suppliait. Il sanglotait. Il jura qu'il se tuerait s'il devait rester un jour de plus dans ce magasin. Puis il écrivit une longue lettre pitoyable à son ancien professeur, déclarant qu'il était dévasté, qu'il ne souhaitait plus vivre. Ce dernier lui fit quelques éloges et lui assura qu'il était vraiment très intelligent et destiné à de belles choses, puis il lui offrit de devenir professeur.

Ces éloges changèrent l'avenir de ce garçon et laissèrent une impression durable sur l'histoire de la littérature anglaise. Car depuis, ce garçon a écrit 77 livres et gagné plus d'un million de dollars grâce à sa plume. Vous en avez sans doute entendu parler. Il s'appelait H. G. Wells.

De nouveau en 1922, un jeune homme en Californie vivait des moments difficiles en essayant de soutenir sa femme. Il chantait dans une chorale d'église les dimanches et gagnait 5 dollars par-ci par-là en chantant *Oh Promise Me* à un mariage. Il était tellement fauché qu'il ne pouvait se permettre d'habiter en ville, donc il louait une maison branlante qui se trouvait au milieu d'un vignoble. Elle ne lui coûtait que 12,50 $ par mois ; mais, aussi bas que soit son loyer, il n'arrivait pas à le payer, et il avait 10 mois de retard. Il me raconta que parfois, il n'avait rien de plus à manger que des grains de raisin. Il était tellement découragé qu'il était sur le point de renoncer à une carrière de chanteur et vendre des camions pour gagner sa vie, lorsque Rupert Hughes l'encensa. Il lui dit : « Vous avez l'étoffe d'une belle voix. Vous devriez prendre des cours à New York. »

Ce jeune homme m'a confié récemment que ce petit bout d'éloge, ce léger encouragement, se révéla être le tournant de sa carrière, car cela lui fit décider d'emprunter 2 500 $ et de déménager dans l'Est. Peut-être le connaissez-vous également. Son nom est Lawrence Tibbett.

En parlant de faire changer les autres. Si vous et moi provoquons, chez les personnes avec lesquelles nous entrons en contact, la prise de conscience des trésors cachés qu'ils possèdent, nous pouvons faire bien plus pour faire changer les autres. Nous pouvons littéralement les transformer.

Vous pensez que j'exagère ? Alors écoutez ces sages paroles du regretté professeur William James d'Harvard, sans doute le plus éminent psychologue et philosophe que l'Amérique ait jamais porté :

Comparé à ce que nous devrions être, nous sommes seulement à moitié éveillés. Nous n'utilisons qu'une petite partie de nos ressources physiques et mentales. Dans les grandes lignes, l'individu humain vit donc bien en-deçà de ses limites. Il possède des pouvoirs divers et variés qu'il n'utilise généralement pas.

Oui, vous qui lisez ces lignes, vous possédez des pouvoirs divers et variés que vous n'utilisez généralement pas ; et l'un de ces pouvoirs que vous n'utilisez sans doute pas à son plein potentiel est votre capacité magique à encenser les autres et à leur provoquer la prise de conscience de leurs possibilités latentes.

Donc, pour faire changer les autres sans les offenser ni susciter de ressentiment, voici la Règle n°6 :

Saluez la plus petite amélioration et louez chaque progrès. Soyez « chaleureux dans votre reconnaissance et généreux dans vos louanges ».

7

Persuadez l'autre que le changement fait déjà partie de lui

Une de mes amies, Mme Ernest Gent, 175 Brewster Road, Scarsdale, New York, engagea une jeune domestique, lui ordonnant de commencer son travail le lundi suivant. Pendant ce temps-là, Mme Gent téléphona à une femme qui avait employé cette fille par le passé. Tout n'était pas parfait. Lorsqu'elle vint travailler pour la première fois, Mme Gent lui dit : « Nellie, l'autre jour, j'ai appelé une femme pour qui vous avez travaillé. Elle a dit que vous étiez honnête et fiable, une bonne cuisinière et douée pour vous occuper des enfants. Mais elle m'a également confié que vous étiez désordonnée et ne gardiez pas la maison propre. En fait, je pense qu'elle mentait. Vous êtes bien habillée. N'importe qui peut le voir. Et je parie que vous garderez cette maison aussi propre et nette que votre apparence. Vous et moi, nous allons bien nous entendre. »

Et ce fut le cas. Nellie avait pour réputation d'être à la hauteur des attentes ; et croyez-moi, elle l'était. Grâce à son travail, la maison brillait. Elle aurait volontiers frotté et épousseté une heure de plus chaque jour plutôt que décevoir Mme Gent.

« L'homme ordinaire », a dit Samuel Vauclain, directeur de la Baldwin Locomotive Works, « peut être facilement guidé si vous avez son respect et si vous lui montrez que vous le respectez pour une certaine capacité. »

En résumé, si vous voulez améliorer une personne dans un certain respect, agissez comme si ce trait en particulier faisait déjà partie de ses caractéristiques remarquables. Shakespeare a dit : « Supposez une vertu si vous ne l'avez pas. » Et il serait bon de supposer et de déclarer ouvertement que l'autre personne possède la vertu que vous souhaitez qu'elle développe.

Offrez-lui une belle réputation à soutenir, et elle fournira des efforts prodigieux pour ne pas vous décevoir.

Georgette Leblanc, dans son livre *Souvenirs, Ma vie avec Maeterlinck*, décrit la transformation surprenante d'une humble Cendrillon belge.

« Une jeune domestique d'un hôtel voisin m'apportait mes repas », écrit-elle. « Elle s'appelait "Marie la Plongeuse" car elle avait commencé sa carrière en tant qu'assistante d'arrière-cuisine. C'était un genre de monstre : elle louchait, avait les jambes arquées, était maigre et simple d'esprit.

Un jour, alors qu'elle tenait mon assiette de macarons dans ses mains rougies, je lui dis de but en blanc : "Marie, vous ignorez quels trésors se cachent en vous."

Habituée à contenir ses émotions, Marie attendit quelques instants, n'osant pas risquer le moindre mouvement dans la crainte d'une catastrophe. Puis elle posa le plat sur la table, soupira et dit avec candeur : "Madame, je ne l'aurais jamais cru." Elle n'avait pas de doutes, elle ne posait pas une question. Elle retourna simplement à la cuisine et répéta ce que j'avais dit, et tel est le moteur de la foi que personne ne s'était moqué d'elle. À partir de ce jour, on lui témoignait même une certaine considération. Mais le changement le plus étrange eut lieu à l'intérieur de Marie elle-même. Croyant qu'elle était le tabernacle de merveilles invisibles, elle commença à prendre soin de son visage et de son corps, si bien que sa jeunesse affamée semblait fleurir et cacher modérément son physique banal.

Deux mois plus tard, alors que je partais, elle annonça son mariage à venir avec le neveu du chef. "Je vais devenir une dame", dit-elle, puis elle me remercia. Une petite phrase avait changé sa vie entière. »

Georgette Leblanc avait offert à « Marie la Plongeuse » une réputation à soutenir – et celle-ci l'a transformée.

Henry Clay Risner employa la même technique lorsqu'il voulut influencer le comportement des soldats américains en France. Le général James G. Harbord, l'un des généraux américains les plus appréciés, avait dit à Risner que selon lui, les 2 millions de soldats américains en France étaient les hommes les plus propres et les plus idéalistes qu'il avait lus, ou avec qui il avait été en contact.

Un éloge excessif ? Peut-être. Mais observez comment Risner l'a utilisé.

« Je ne manquais jamais une occasion de dire aux soldats ce que le général avait dit », écrit Risner. « Je ne me demandais à aucun moment si cela était vrai ou non, mais je savais que connaître l'opinion du général Harbord les mènerait à suivre ce qu'il pensait d'eux. »

Presque tout le monde – riches, pauvres, mendiants, voleurs – est à la hauteur d'une réputation d'honnêteté qui lui est accordée.

« Si vous avez affaire à un escroc », dit Lawes de Sing Sing – et ce directeur sait très bien de quoi il parle – « il n'y a qu'un seul moyen d'en retirer le meilleur – traitez-le comme s'il était un honnête homme. Considérez cela comme acquis, il est digne de confiance. Il sera tellement flatté par une telle façon de le traiter qu'il pourrait y répondre, et être fier que quelqu'un lui fasse confiance. »

C'est si juste, si important que je vais le répéter : « Si vous avez affaire à un escroc, il n'y a qu'un seul moyen d'en retirer le meilleur – traitez-le comme s'il était un honnête homme. Considérez cela comme acquis, il est digne de confiance. Il sera tellement flatté par une telle façon de le traiter qu'il pourrait y répondre, et être fier que quelqu'un lui fasse confiance. »

Donc, si vous souhaitez influencer la conduite d'un homme sans susciter de ressentiment ni l'offenser, rappelez-vous la Règle n°7 :

Offrez à cette personne une belle réputation à soutenir.

8

Donnez l'impression que le défaut peut facilement être corrigé

Il y a peu de temps, un de mes amis célibataire d'environ 40 ans se fiança, et sa fiancée le persuada de prendre quelques cours de danse tardifs. «Dieu sait que j'en avais besoin», m'avoua-t-il alors qu'il me racontait cette histoire, «car je dansais de la même façon que je le faisais il y a 20 ans. La première professeure que j'ai engagée m'a sans doute dit la vérité. Elle m'a dit que j'avais tout faux ; je devais simplement oublier tout ce que je savais et tout reprendre à zéro. Mais cela m'a blessé. Je n'avais aucune motivation à continuer. Donc j'ai arrêté avec elle.

La suivante mentait peut-être ; mais ça me plaisait. Elle a dit nonchalamment que ma façon de danser était sans doute un peu démodée, mais que je maîtrisais les bases, puis elle m'a assuré que je n'aurais aucun problème à apprendre quelques nouveaux pas. La première professeure m'avait découragé en mettant l'accent sur mes erreurs. La deuxième faisait l'inverse. Elle continuait à saluer ce que je faisais bien et minimisait mes erreurs. "Vous avez un sens du rythme inné", m'assura-t-elle. "Vous êtes né pour danser." À présent, mon bon sens me dit que j'ai toujours été et serai toujours un danseur médiocre ; cependant, au fond de mon cœur, j'aime toujours penser que, *peut-être*, elle le pensait. Pour sûr, je la payais pour qu'elle le dise ; mais pourquoi évoquer cela ?

En tout cas, je sais que je suis un meilleur danseur que je ne l'aurais été si elle ne m'avait pas dit que j'avais un sens du rythme inné. Cela m'a encouragé. Cela m'a donné de l'espoir. Cela m'a donné envie de m'améliorer.»

Dites à un enfant, un mari ou un employé qu'il est stupide ou idiot concernant tel ou tel domaine, qu'il n'est pas fait pour cela, et qu'il fait tout de travers, alors vous aurez détruit presque toute motivation pour qu'il essaye de s'améliorer. Mais si vous utilisez la technique opposée : être généreux dans votre encouragement, donner l'impression que c'est facile à faire, laisser l'autre personne savoir que vous croyez en sa capacité à le faire, qu'il possède un don inexploité pour cela – alors il s'entraînera jusqu'à l'aube afin d'exceller.

C'est la technique qu'utilise Lowell Thomas ; et croyez-moi, c'est un formidable artiste dans les relations humaines. Il vous renforce. Il vous donne confiance en vous. Il vous remplit de courage et de foi. Par exemple, j'ai récemment passé le week-end avec M. et Mme Thomas ; et, le samedi soir, je fus invité à participer à une partie amicale de bridge devant un feu de cheminée. Du bridge ? Moi ? Oh, non ! Non ! Non ! Pas moi. Je n'y connaissais rien. Ce jeu avait toujours été un grand mystère pour moi. Non ! Non ! Impossible !

« Voyons, Dale, il n'y a aucun piège », répondit Lowell. « Le bridge ne demande rien d'autre que de la mémoire et de la réflexion. Tu as écrit un chapitre sur la mémoire. Le bridge sera du gâteau pour toi. C'est tout à fait dans tes cordes. »

Et presto, avant même que je réalise ce que j'étais en train de faire, je me retrouvai pour la première fois à une table de bridge. Tout ça parce qu'on m'avait dit que j'avais un don naturel pour cela et que le jeu était présenté comme étant facile.

Parler du bridge me rappelle Ely Culbertson. Culbertson est un nom très connu dès qu'on joue au bridge ; ses livres au sujet de ce jeu ont été traduits en une dizaine de langues et se sont vendus à un million d'exemplaires. Pourtant, il m'a dit qu'il n'aurait jamais pu faire de ce jeu sa profession si une jeune femme ne lui avait pas assuré qu'il avait un don pour le bridge.

Lorsqu'il arriva en Amérique en 1922, il tenta de décrocher un travail d'enseignant de philosophie et de sociologie, mais sans succès.

Puis il essaya de vendre du charbon, et il échoua.

Puis il tenta le café ; même résultat.

À cette époque, il n'avait jamais envisagé d'enseigner le jeu du bridge. Non seulement c'était un mauvais joueur de cartes, mais il était également très têtu. Il posait tellement de questions et décortiquait tant le jeu que personne ne voulait jouer avec lui.

Puis il rencontra une jolie professeure de bridge, Josephine Dillon, il en tomba amoureux et l'épousa. Elle remarqua avec quelle minutie il examinait ses cartes et le persuada qu'il était potentiellement un génie à la table de jeu. Culbertson me confia que ce fut cet encouragement, et uniquement cela, qui le motiva à faire du bridge sa profession.

Donc, si vous souhaitez faire changer les autres sans les offenser ni susciter de ressentiment, voici la Règle n°8 :

Utilisez l'encouragement. Donnez l'impression que le défaut que vous souhaitez corriger peut facilement l'être ; donnez l'impression que la chose que vous voulez voir l'autre personne accomplir est facile.

9

Faites que les autres soient heureux de faire ce que vous voulez

En 1915, l'Amérique était atterrée. Depuis plus d'un an, les nations de l'Europe se massacraient entre elles à une échelle que l'on n'avait jamais imaginée auparavant. La paix pouvait-elle arriver ? Personne ne le savait. Mais Woodrow Wilson était déterminé à essayer. Il enverrait un représentant personnel, un émissaire de paix, pour conseiller les seigneurs de la guerre en Europe.

William Jennings Bryan, secrétaire d'État, le défenseur de la paix, avait très envie d'y aller. Il vit une chance de rendre un immense service et son nom immortel. Mais Wilson choisit un autre homme, son ami proche, le colonel House ; et ce fut à House que revint la tâche épineuse d'annoncer la mauvaise nouvelle à Bryan sans le blesser.

« Bryan était clairement déçu lorsqu'il apprit que j'allais être envoyé en Europe en tant qu'émissaire de paix », se rappelle le colonel House dans son journal. « Il disait qu'il avait prévu de le faire lui-même…

Je répondis que le président pensait qu'il ne serait pas sage de le faire officiellement, et que *s'il y allait lui, cela attirerait grandement l'attention* et les gens se demanderaient pourquoi il serait là… »

Vous voyez l'indication ? House dit pratiquement à Bryan qu'il est *trop important* pour cette mission – et Bryan est satisfait.

Le colonel House, adroit, expérimenté dans les affaires internationales, suivait l'une des plus importantes règles des relations humaines : *Faites toujours en sorte que l'autre homme soit heureux de faire la chose que vous suggérez.*

Woodrow Wilson suivit cette pratique même lorsqu'il offrit à William Gibbs McAdoo de devenir un membre de son cabinet. C'était le plus grand honneur qu'il pouvait faire à quiconque, et pourtant, Wilson l'a fait d'une façon qui a donné l'impression à l'autre homme d'être doublement important. Voici l'histoire avec les mots de McAdoo : « Il *[Wilson]* dit qu'il constituait son cabinet et qu'il serait très heureux si j'y acceptais une place en tant que secrétaire du Trésor. Il tournait les choses d'une façon délicieuse : il donnait l'impression qu'en acceptant ce grand honneur, je lui ferais une faveur. »

Malheureusement, Wilson ne faisait pas toujours preuve d'un tel tact. Si cela avait été le cas, l'Histoire aurait sûrement été différente. Par exemple, Wilson n'a pas fait l'unanimité auprès du Sénat et du parti républicain en faisant entrer les États-Unis à la Société des Nations. Wilson refusait d'emmener avec lui Elihu Root, Hughes ou Henry Cabot Lodge, ni aucun autre éminent républicain à la conférence de paix. À la place, il choisissait des hommes inconnus de son propre parti. Il snobait les républicains, refusait de leur faire croire que la Ligue était autant leur idée que la sienne, et refusait qu'ils s'en mêlent ; et donc, par cette gestion grossière des relations humaines, Wilson détruisit sa propre carrière, ruina sa santé, raccourcit sa vie, valut à l'Amérique de rester à distance de la Ligue, et altéra l'histoire du monde.

La célèbre maison d'édition Doubleday Page a toujours suivi cette règle : *Faites que l'autre personne soit heureuse de faire la chose que vous suggérez.* Cette entreprise excellait tant en ce domaine qu'O. Henry déclara que Doubleday Page pouvait refuser une de ses histoires et le faire avec une telle grâce, une telle reconnaissance, qu'il se sentait mieux lorsque Doubleday refusait une histoire que lorsqu'un autre éditeur en acceptait une.

Je connais un homme qui doit refuser de nombreuses invitations à s'exprimer, des invitations faites par des amis, par des personnes envers qui il est redevable ; et pourtant, il le fait avec tant d'adresse que l'autre personne est au moins satisfaite de son refus. Comment fait-il cela ? Pas en parlant simplement du fait qu'il est trop occupé et trop ceci et trop cela. Non ; après avoir exprimé sa reconnaissance envers l'invitation, et son regret de ne pouvoir l'accepter, il suggère un autre orateur pour le remplacer. En d'autres termes, il ne donne pas le temps à l'autre personne d'être déçue de son refus. Il lui fait immédiatement penser à un autre orateur qu'elle pourrait obtenir.

« Pourquoi ne feriez-vous pas s'exprimer mon ami Cleveland Rodgers, l'éditeur du *Brooklyn Eagle* ? » suggérait-il. « Ou avez-vous pensé à essayer Guy Hickok ? Il a vécu à Paris pendant 15 ans et a pléthore d'histoires étonnantes à raconter sur ses expériences en tant que correspondant européen. Ou pourquoi pas Livingston Longfellow ? Il possède des vidéos de la chasse au gros gibier en Inde. »

J. A. Want, directeur de la J. A. Want Organization, l'une des plus grandes imprimeries papier et offset de New York, était confronté à la nécessité de faire changer l'attitude et les exigences d'un technicien sans susciter de ressentiment. Son travail consistait à veiller qu'un grand nombre de machines à écrire et autres machines complexes fonctionnent sans problème nuit et jour. Il se plaignait sans arrêt que les heures étaient trop longues, qu'il y avait trop de travail, qu'il avait besoin d'un assistant.

J. A. Want ne lui a pas accordé d'assistant, ni moins d'heures, ni moins de travail, et pourtant, il a rendu ce technicien heureux. Comment ? Il lui donna un bureau privatif. Son nom était affiché sur la porte, avec son titre : « Directeur du département de service ».

Il n'était plus un dépanneur recevant des ordres de chaque Tom, Dick et Harry. Il était à présent directeur d'un département. Il avait de la dignité, de la reconnaissance, un sentiment d'importance. Il travailla joyeusement et sans se plaindre.

Est-ce puéril ? Peut-être. Mais c'est ce qu'ils dirent à Napoléon lorsqu'il créa la Légion d'honneur, distribua 1 500 croix à ses soldats, nomma 18 de ses généraux « Maréchaux de France » et appela ses troupes la « Grande Armée ». Napoléon fut critiqué de donner des « jouets » à des vétérans endurcis par la guerre, et Napoléon répondit : « Les hommes sont gouvernés par des jouets. »

Cette technique d'attribuer des titres et de l'autorité fonctionna pour Napoléon et fonctionnera pour vous. Par exemple, une amie à moi, Mme Gent de Scarsdale, New York, que j'ai déjà mentionnée, était ennuyée par des garçons qui couraient sur sa pelouse et la détruisaient. Elle tenta la critique. Elle tenta les mots gentils. Aucune méthode ne fonctionna. Puis elle donna un titre et un sentiment d'autorité au pire voyou de la bande. Elle en fit son « détective » et le chargea de chasser tous ceux qui s'approcheraient de sa pelouse. Et son problème fut résolu. Son « détective » alluma un feu de jardin dans l'arrière-cour, fit chauffer un fer à blanc et menaça de brûler tout garçon qui marcherait sur la pelouse.

Telle est la nature humaine. Donc, si vous souhaitez faire changer les autres sans susciter de ressentiment ni les offenser, voici la Règle n°9 :

Faites en sorte que l'autre soit heureux de faire ce que vous avez suggéré.

POUR RÉSUMER

Règle n°1 : **Commencez par les éloges et une honnête reconnaissance.**

Règle n°2 : **Attirez l'attention des autres sur leurs erreurs, mais indirectement.**

Règle n°3 : **Parlez de vos propres erreurs avant de critiquer l'autre.**

Règle n°4 : **Posez des questions au lieu de donner des ordres directs.**

Règle n°5 : **Laissez l'autre sauver la face.**

Règle n°6 : **Saluez la plus petite amélioration et louez chaque progrès. Soyez «chaleureux dans votre reconnaissance et généreux dans vos louanges».**

Règle n°7 : **Offrez à cette personne une belle réputation à soutenir.**

Règle n°8 : **Utilisez l'encouragement. Donnez l'impression que le défaut que vous souhaitez corriger peut facilement l'être ; donnez l'impression que la chose que vous voulez voir l'autre personne accomplir est facile.**

Règle n°9 : **Faites en sorte que l'autre soit heureux de faire ce que vous avez suggéré.**

CINQUIÈME PARTIE

Des lettres qui donnent des résultats miraculeux

Des lettres qui donnent des résultats miraculeux

Je parie que je sais ce que vous pensez à cet instant. Vous vous dites sans doute quelque chose comme ça : « *Des lettres qui donnent des résultats miraculeux !* » C'est absurde ! Une publicité mensongère pour un produit miracle ! »

Si vous pensez cela, je ne vous en tiens pas rigueur. J'aurais probablement pensé la même chose si j'avais eu entre les mains un livre pareil il y a 15 ans. Vous êtes sceptique ? Eh bien, j'aime les gens sceptiques. J'ai passé les 20 premières années de ma vie dans le Missouri — et j'aime les gens qui ont besoin de le voir pour le croire. Presque tous les progrès faits dans le domaine de la pensée humaine ont été accomplis par les sceptiques, les interrogateurs, les challengeurs, ceux qui demandent à voir.

Soyons honnêtes. Le titre « Des lettres qui donnent des résultats miraculeux » est-il approprié ?

Non, pour être franc avec vous, il ne l'est pas.

À vrai dire, c'est délibérément un euphémisme. Certaines des lettres retranscrites dans ce chapitre ont produit des résultats considérés deux fois meilleurs que des miracles. Considérés par qui ? Par Ken R. Dyke, un publicitaire parmi les plus connus d'Amérique, anciennement responsable de la promotion des ventes pour Johns-Manville, et aujourd'hui directeur de la publicité pour la Colgate-Palmolive Peet Company ainsi que président du comité de l'Association of National Advertisers.

M. Dyke affirme que des lettres qu'il avait pour habitude d'envoyer, demandant des informations à des négociants, lui offraient un retour rarement plus élevé que de 5 à 8 %. Il disait qu'il aurait considéré une réponse à 15 % comme étant tout à fait extraordinaire, et me confia que si ses réponses s'étaient envolées à 20 %, il l'aurait considéré comme n'étant pas moins qu'un miracle.

Mais une des lettres de M. Dyke, retranscrite dans ce chapitre, rapporta 42,5 % ; autrement dit, cette lettre valait deux fois plus qu'un miracle. Vous ne pouvez pas dire le contraire. Et cette lettre n'était pas un coup de chance, un accident. Des résultats similaires furent obtenus par de nombreuses autres lettres.

Comment a-t-il fait ? Voici l'explication avec les mots de Ken Dyke : « Cette étonnante augmentation d'efficacité des lettres se produisit juste après que j'avais assisté au cours de M. Carnegie, "L'art oratoire et les relations humaines". Je compris que l'approche que j'utilisais auparavant n'était pas bonne. J'essayai d'appliquer les principes enseignés dans ce livre – et cela se solda par une augmentation de 500 à 800 % dans l'efficacité de mes lettres lorsque je demandais des informations. »

Voici la lettre en question. Elle fait plaisir au destinataire en lui demandant d'accorder une petite faveur à l'auteur – une faveur qui lui donne l'impression d'être important.

Mes propres commentaires apparaissent entre parenthèses.

M. John Blank,
Blankville, Indiana.

Cher M. Blank,

Je me demandais si vous souhaiteriez m'aider à sortir d'une petite difficulté ?

(Donnons une idée claire de la situation. Imaginez un négociant de bois de construction en Arizona recevoir une lettre d'un cadre de la Johns-Manville Company ; et à la première ligne, cet important cadre de New York lui demande s'il peut l'aider à résoudre un problème. J'imagine le négociant en Arizona se dire quelque chose comme ça : « Eh ben, si ce type de New York a des problèmes, il a fait appel à la bonne personne, pour sûr. J'essaie toujours d'être généreux et d'aider les autres. Voyons ce qui lui arrive ! »)

L'année dernière, j'ai réussi à convaincre notre entreprise que ce dont nos négociants avaient le plus besoin pour faire augmenter leurs ventes de réfections de toiture était une campagne de publipostage pendant toute l'année, financée en totalité par Johns-Manville.

(Le négociant en Arizona a sûrement dit : « Évidemment qu'ils doivent payer. C'est eux qui se goinfrent de la majorité du profit. Ils se font des millions pendant que je galère à payer mon loyer... Bon, qu'est-ce qu'il a comme problème, ce gars ? »)

J'ai récemment envoyé un questionnaire aux 1 600 négociants qui avaient utilisé le plan, et je fus très content de recevoir les centaines de réponses qui montraient qu'ils avaient apprécié cette forme de coopération et l'avaient trouvée utile.

Forts de cette réussite, nous venons de lancer notre nouveau plan de publipostage que, j'en suis sûr, vous apprécierez encore plus.

Mais ce matin, notre directeur m'a parlé du compte rendu du plan de l'année dernière et, comme tout directeur le ferait, m'a demandé combien d'affaires je pouvais y relier. Naturellement, je dois me tourner vers vous pour m'aider à lui répondre.

(C'est une bonne phrase : « Je dois me tourner vers vous pour m'aider à lui répondre. » Le grand ponte de New York dit la vérité, et il offre au négociant d'Arizona de Johns-Manville une reconnaissance honnête et sincère. Notez que Ken Dyke ne perd pas de temps à parler de l'importance de son entreprise. Au lieu de cela, il montre immédiatement à son interlocuteur combien il se repose sur lui. Ken Dyke admet qu'il ne peut même pas faire un compte rendu au président de Johns-Manville sans l'aide du négociant. Naturellement, ce dernier, étant humain, aime ce genre de discours.)

Voici ce que j'aimerais faire : 1) que vous m'indiquiez, sur la carte postale jointe, combien de toitures et de réfections de toitures vous ont, selon vous, été confiées grâce au plan de publipostage de l'année dernière, et 2) me donner, en étant aussi exact que possible, leur valeur totale estimée en dollars et centimes (basée sur le coût total des travaux effectués).

Si vous pouviez faire cela, je vous en serais infiniment reconnaissant et vous remercierais de votre gentillesse pour m'avoir fourni ces informations.

Sincères salutations,

Ken R. Dyke,
Directeur de la promotion

(Notez la façon dont, dans le dernier paragraphe, il chuchote « je » et hurle « vous ». Remarquez comme il est généreux dans ses louanges : « infiniment reconnaissant », « vous remercierais », « votre gentillesse ».)

Une lettre simple, n'est-ce pas ? Et pourtant, elle a fait des « miracles » en demandant à l'autre personne de rendre un petit service – ce qui lui procura un sentiment d'importance.

Cette psychologie fonctionnera, que vous vendiez des toitures en amiante ou des tournées européennes en Ford.

Un autre exemple : un jour, Homer Croy et moi-même étions perdus lors de notre tour dans les terres françaises. Nous arrêtâmes notre vieille Model T, puis demandâmes à un groupe de paysans comment nous pouvions rejoindre la grande ville la plus proche.

L'effet de la question fut électrique. Ces paysans, chaussés de sabots, considéraient que tous les Américains étaient riches. Et les automobiles étaient rares dans ces régions, extrêmement rares. Des Américains sillonnant la France en voiture ! Nous devions certainement être millionnaires. Peut-être des cousins d'Henry Ford. Mais ils savaient quelque chose que nous ignorions. Nous avions plus d'argent qu'eux, mais nous étions venus les trouver, la queue entre les jambes, pour savoir comment rallier la prochaine ville. Et cela leur donna un sentiment d'importance. Ils se mirent tous à parler en même temps. Un type, surexcité par cette opportunité rare, ordonna aux autres de se taire. Il voulait être le seul à savourer l'excitation de nous diriger.

Essayez cela vous-même. La prochaine fois que vous vous trouverez dans une ville étrangère, arrêtez quelqu'un qui semble être en dessous de vous sur l'échelle sociale et économique, et dites-lui : « Je me demandais si vous pourriez m'aider. Auriez-vous l'amabilité de me dire comment rejoindre tel ou tel endroit ? »

Benjamin Franklin utilisa cette technique pour qu'un ennemi caustique devienne un ami pour la vie. Franklin, un jeune homme à l'époque, avait toutes ses économies investies dans une petite imprimerie. Il s'était débrouillé pour être nommé greffier de l'Assemblée Générale de Philadelphie. Cette position lui attribuait la mission de faire l'impression officielle. Il y avait nombre de bénéfices dans ce travail, et Ben souhaitait par-dessus tout le conserver. Mais une menace se profilait. L'un des hommes les plus riches et compétents de l'Assemblée détestait amèrement Franklin. Non seulement il le détestait, mais il le condamnait également en public.

C'était dangereux, très dangereux. Donc Franklin décida qu'il allait tout mettre en œuvre pour se faire apprécier de cet homme.

Mais comment ? Il y avait un problème. En rendant service à son ennemi ? Non, cela aurait éveillé ses soupçons, peut-être même son mépris.

Franklin était trop prudent, trop adroit pour tomber dans un tel piège. Donc il fit exactement l'inverse. Il demanda à son ennemi de lui rendre un service.

Franklin ne demanda pas un prêt de 10 dollars. Non. Non ! Il demanda un service qui ravit l'autre homme – un service qui flattait sa vanité, qui lui offrait de la reconnaissance, un service qui exprimait subtilement l'admiration de Franklin pour son savoir et ses réussites.

Voici le reste de l'histoire avec les mots de Franklin :

Ayant entendu qu'il avait dans sa bibliothèque un certain livre très rare et étrange, j'écrivis une note à son attention, exprimant mon désir de lire attentivement ce livre, et lui demandant s'il me rendrait ce service de me le prêter pendant quelques jours.

Il l'envoya sans attendre, puis je le lui retournai environ une semaine plus tard, avec une autre note exprimant fermement ma reconnaissance pour cette faveur.

Lorsque nous nous vîmes à la Chambre la fois suivante, il m'adressa la parole (ce qu'il n'avait jamais fait auparavant) en faisant preuve d'une grande courtoisie ; après cela, il exprima sa volonté de me rendre service en toute occasion, et de cette façon, nous sommes devenus de grands amis, et notre amitié se poursuivit jusqu'à sa mort.

Ben Franklin est à présent mort depuis 150 ans, mais la psychologie qu'il a utilisée, celle de demander à l'autre de vous rendre un service, est toujours d'actualité.

Par exemple, elle fut employée avec un succès remarquable par l'un de mes étudiants, Albert B. Amsel. Pendant des années, M. Amsel, un représentant de matériel de plomberie et de chauffage, avait essayé d'obtenir commande auprès d'un certain plombier de Brooklyn. L'entreprise de ce dernier était extrêmement importante et son chiffre d'affaires exceptionnellement bon. Mais Amsel avait été battu à plates coutures dès le départ. Le plombier était de ces individus déroutants qui se targuent d'être sévères, robustes et méchants. Assis derrière son bureau, un gros cigare incliné au coin de sa bouche, il grognait chaque fois qu'Amsel ouvrait la porte : « J'ai besoin de rien aujourd'hui ! Ne me faites pas perdre mon temps, ni le vôtre ! *Circulez* ! »

Puis, un jour, M. Amsel tenta une nouvelle approche, qui ouvrit les cœurs, fit naître une amitié, et apporta nombre de belles commandes.

L'entreprise d'Amsel était en pleine négociation pour acheter une nouvelle succursale de Queens Village à Long Island. C'était un quartier que le plombier connaissait bien et où il avait conclu de nombreuses affaires. Donc cette fois-ci, lorsque M. Amsel vint le voir, il dit : « M. C-----, je ne suis pas là pour vous vendre quoi que ce soit aujourd'hui. J'aimerais vous demander un service, si vous le voulez bien. Pourriez-vous m'accorder une minute de votre temps ? »

« Mmh, très bien », répondit le plombier en décalant son cigare. « Que voulez-vous ? Dites-moi. »

« Mon entreprise songe à ouvrir une succursale à Queens Village. Vous connaissez ce quartier mieux que personne. Donc je suis venu vous demander ce que vous en pensez. Est-ce une bonne idée – ou pas ? »

Ça, c'était une première ! Pendant des années, ce plombier avait retiré son sentiment d'importance en rugissant sur les représentants et en leur demandant de circuler.

Mais là, un représentant lui demandait son avis ; oui, un vendeur d'une grande entreprise souhaitait son opinion concernant ce qu'ils devaient faire.

« Asseyez-vous », dit-il en poussant une chaise vers lui. Et pendant l'heure qui suivit, il exposa les avantages et vertus particuliers du marché de la plomberie à Queens Village. Non seulement il approuvait la localisation du magasin, mais il se concentrait également pour exposer les grandes lignes d'un plan d'action complet pour l'achat de la propriété, l'approvisionnement des stocks, et l'ouverture du commerce. Il avait obtenu un sentiment d'importance en disant à un représentant de matériel de plomberie de gros comment gérer son affaire. À partir de là, la conversation dériva vers des sujets personnels. Il devint amical, et parla à M. Amsel de ses propres difficultés domestiques et guerres ménagères.

« Lorsque je partis ce soir-là », raconte M. Amsel, « non seulement j'avais dans ma poche une première commande importante de matériel, mais j'avais également posé les bases d'une amitié professionnelle solide. À présent, je joue au golf avec ce gars qui m'aboyait dessus par le passé. Ce changement dans son attitude fut amené par le fait que je lui avais demandé un service qui lui avait donné l'impression d'être important. »

Examinons une autre lettre de Ken Dyke, et notons une fois encore avec quelle habileté il applique cette psychologie « rendez-moi-un-service ».

Il y a quelques années, M. Dyke était bouleversé par son incapacité à amener des hommes d'affaires, des entrepreneurs et des architectes à répondre à ses lettres de demandes de renseignements.

À cette époque, il obtenait à peine plus de 1 % de retours à ses lettres adressées à des architectes et ingénieurs. Il aurait considéré 2 % comme étant très bien, et 3 % comme étant excellent. Et 10 % ? Eh bien, 10 % aurait représenté un miracle.

Mais la lettre qui va suivre a engrangé presque 50 %... 5 fois un miracle. Et quelles réponses ! Des lettres de deux et trois pages ! Des lettres rayonnant de conseils amicaux et de coopération.

Voici la lettre. Vous noterez que concernant la psychologie utilisée – même dans la phraséologie à certains endroits – cette lettre est presque identique à celle retranscrite précédemment.

Alors que vous la lisez attentivement, lisez également entre les lignes, essayez d'analyser le ressenti de l'homme qui l'a reçue. Découvrez pourquoi elle a provoqué des résultats valant 5 fois un miracle.

Johns-Manville
22 East 40th Street
New York City

M. John Doe,
617 Doe Street,
Doeville, N. J.

Cher M. Doe,

Je me demandais si vous pourriez m'aider à résoudre un petit problème ?

Il y a environ un an, j'ai persuadé notre entreprise que ce dont nos architectes avaient le plus besoin était un catalogue qui leur donnerait toute l'histoire des matériaux des bâtiments J-M et leur rôle dans la réparation et la rénovation.

Il en résulta le catalogue ci-joint – le premier du genre.

Mais à présent, notre stock commence à baisser, et lorsque j'en ai informé notre directeur, il a dit (comme tout directeur le ferait) qu'il ne verrait aucune objection à en réimprimer si et seulement si je fournis des preuves évidentes que le catalogue a rempli le rôle pour lequel il a été conçu.

Naturellement, je me tourne vers vous, et je prends la liberté de vous demander, ainsi qu'à 49 autres architectes à travers le pays, d'en être le jury.

Pour vous rendre la tâche plus facile, j'ai écrit quelques questions simples au dos de cette lettre. Et je vous serais extrêmement reconnaissant si vous pouviez y répondre, ainsi qu'ajouter n'importe quel commentaire que vous souhaiteriez apporter, puis de glisser cette lettre dans l'enveloppe pré-timbrée ci-jointe.

Inutile de préciser que ceci ne vous oblige en rien, et je vous laisse à présent déterminer si le catalogue doit être interrompu ou réimprimé avec des améliorations, vous basant sur votre expérience et votre opinion.

Dans tous les cas, soyez assuré que j'apprécierais énormément votre coopération. Merci à vous !

Sincères salutations,
Ken R. Dyke,
Directeur de la promotion

Un autre avertissement. Je sais d'expérience que certains hommes, en lisant cette lettre, essaieront d'utiliser la même psychologie machinalement. Ils essaieront de stimuler l'ego de cet homme, non pas par une reconnaissance réelle et sincère, mais par la flatterie et un manque de sincérité. Et cela ne fonctionnera pas.

Rappelez-vous : nous recherchons tous la reconnaissance, et nous sommes prêts à faire pratiquement n'importe quoi pour l'obtenir. Mais personne ne veut un manque de sincérité. Personne ne veut de flatterie.

Laissez-moi répéter : les principes enseignés dans ce livre marcheront uniquement s'ils viennent du cœur. Je ne recommande pas une série d'escroqueries. Je parle d'un nouveau mode de vie.

SIXIÈME PARTIE

Sept règles pour rendre votre vie de famille plus heureuse

1

Comment creuser votre tombe conjugale le plus vite possible

Il y a 75 ans, Napoléon III de France, neveu de Napoléon Bonaparte, tomba amoureux de Marie Eugénie Ignace Augustine de Montijo, comtesse de Teba, la plus belle femme du monde – et l'épousa. Ses conseillers lui firent remarquer qu'elle n'était que la fille d'un comte espagnol insignifiant. Mais Napoléon rétorqua : « Et donc ? » Sa grâce, sa jeunesse, son charme, sa beauté le remplissaient d'une divine félicité. Lors d'un discours lancé de son trône, il défia une nation entière : « J'ai préféré une femme que j'aime et respecte plutôt qu'une femme que je ne connais pas », proclama-t-il.

Napoléon et sa femme avaient la santé, la richesse, le pouvoir, la célébrité, la beauté, l'amour, l'adoration – toutes les exigences pour une romance parfaite. Jamais le feu sacré du mariage n'avait rayonné d'une incandescence plus éclatante.

Mais, hélas, la sainte flamme commença bientôt à vaciller et l'incandescence refroidit – jusqu'à se transformer en braise. Napoléon pouvait faire d'Eugénie une impératrice ; mais rien dans toute la belle France, ni le pouvoir de son amour ni la puissance de son trône, ne pouvait l'empêcher de faire des réflexions.

Envoûtée par la jalousie, dévorée par la suspicion, elle méprisait ses ordres, et lui refusait même une intimité. Elle surgissait dans son bureau alors qu'il traitait d'affaires d'État. Elle l'interrompait lors de ses discussions les plus importantes. Elle refusait de le laisser seul, constamment dévorée par la peur qu'il fréquente une autre femme.

Souvent, elle allait voir sa sœur pour se plaindre de son mari, sangloter, faire des réflexions et proférer des menaces. Entrant de force dans son bureau, elle s'attaquait à lui et l'insultait. Napoléon, propriétaire d'une dizaine de palais somptueux, empereur de France, ne pouvait trouver un seul placard dans lequel il pourrait être seul.

Et qu'Eugénie a-t-elle accompli avec tout cela ?

Voici la réponse. Je cite à présent le captivant livre d'E. A. Rheinhardt, *Napoleon and Eugénie: The Tragicomedy of an Empire* : « Il se produisit donc que Napoléon sortait en cachette par une porte latérale la nuit, un chapeau en feutre baissé sur ses yeux, puis, accompagné par l'un de ses proches, retrouvait une belle femme qui l'attendait, ou déambulait dans la grande ville le long de vieilles rues passantes qu'un empereur ne voit que rarement de ses yeux, et respirait l'atmosphère des "peut-être". »

Voici ce qu'Eugénie gagna à faire des réflexions. Effectivement, elle était sur le trône de France. Effectivement, elle était la plus belle femme du monde. Mais ni la royauté ni la beauté ne pouvait garder l'amour en vie au milieu des fumées empoisonnées des réflexions. Eugénie aurait pu élever la voix comme Job autrefois et gémir : « La chose que je redoutais le plus m'est tombée dessus. » Lui est tombée dessus ? Elle l'a provoquée elle-même, la pauvre femme, par sa jalousie et ses réflexions.

De toutes les techniques infernales et infaillibles inventées par tous les diables de l'enfer pour détruire l'amour, faire des réflexions est la plus mortelle. Elle n'échoue jamais. Comme la morsure d'un cobra royal, toujours elle détruit, toujours elle tue.

La femme du comte Leo Tolstoï le découvrit – mais il était déjà trop tard. Avant de mourir, elle avoua à ses filles : « Je fus la cause de la mort de votre père. » Elles ne répondirent rien. Elles pleuraient toutes deux. Elles savaient que leur mère disait la vérité. Elles savaient qu'elle l'avait tué avec ses plaintes incessantes, ses critiques sans fin, ses réflexions éternelles.

Pourtant, le comte Tolstoï et sa femme auraient dû, sans aucun doute, être heureux. C'était l'un des romanciers les plus célèbres de tous les temps. Deux de ses chefs-d'œuvre, *Guerre et Paix* et *Anna Karenina*, rayonneront pour toujours parmi les gloires littéraires du monde.

Tolstoï était si célèbre que ses admirateurs le suivaient jour et nuit et notaient en sténo chaque mot qu'il prononçait. Même s'il disait simplement : « Je pense que je vais aller me coucher », même des mots aussi insignifiants étaient recueillis, et maintenant, le gouvernement russe imprime chaque phrase qu'il a écrite ; et ses œuvres compilées paraîtront en 100 volumes.

En plus de la célébrité, Tolstoï et sa femme avaient la richesse, la position sociale, des enfants. Aucun mariage n'a jamais fleuri sous des cieux plus doux. Au début, leur bonheur semblait trop parfait, trop intense pour durer. Donc, à genoux ensemble, ils prièrent Dieu-Tout-Puissant de faire perdurer l'extase qui était la leur.

Puis une chose étonnante se produisit. Progressivement, Tolstoï changea. Il devint une personne radicalement différente. Il commença à avoir honte des superbes livres qu'il avait écrits, et à partir de ce moment-là, il consacra sa vie à écrire des pamphlets prêchant la paix et l'abolition de la guerre et de la pauvreté.

Cet homme, qui avait un jour confessé que dans sa jeunesse, il avait commis tous les péchés possibles et imaginables – même le meurtre – essaya de suivre à la lettre les enseignements de Jésus. Il céda toutes ses terres et vécut dans la pauvreté. Il travailla dans les champs, coupant du bois et ramassant du foin. Il fabriquait ses propres chaussures, balayait lui-même sa chambre, mangeait dans un bol en bois, et essayait d'aimer ses ennemis.

La vie de Leo Tolstoï était une tragédie, et la cause de cette tragédie fut son mariage. Sa femme aimait le luxe, mais il le détestait. Elle recherchait la célébrité et les acclamations de la société, mais ces choses frivoles ne représentaient rien pour lui. Elle désirait avidement l'argent et les richesses, mais il croyait que la richesse et la propriété privée étaient un péché.

Pendant des années, elle fit des réflexions, le réprimanda et l'incendia car il insistait pour offrir le droit de publier ses livres librement, sans lui reverser de droits d'auteur. Elle voulait l'argent que ces livres allaient engranger.

Lorsqu'il s'opposa à elle, elle fut prise d'hystérie, se roula par terre, une bouteille d'opium à ses lèvres, jura qu'elle allait se tuer et menaça de sauter dans le puits.

Un évènement particulier de leur vie est pour moi l'une des scènes les plus pitoyables de l'Histoire. Comme je l'ai déjà dit, ils étaient magnifiquement heureux lorsqu'ils s'étaient mariés ; mais à présent, 48 ans plus tard, il supportait à peine de la regarder. Parfois, le soir, cette vieille femme au cœur brisé, avide d'affection, venait le voir, s'agenouillait devant lui et le priait de lui lire à voix haute les passages d'amour exquis qu'il avait écrits à propos d'elle dans son journal 50 ans plus tôt. Et alors qu'il lisait ces beaux jours heureux qui étaient maintenant partis à tout jamais, ils sanglotaient tous deux. Que les réalités de la vie étaient différentes, même drastiquement différentes, vues depuis les rêves romantiques qu'ils avaient alors.

Finalement, lorsqu'il eut 82 ans, Tolstoï fut incapable de supporter plus longtemps le malheur tragique de son foyer, donc il partit loin de sa femme un soir neigeux d'octobre 1910 – il partit dans le froid et l'obscurité, ignorant où il allait.

Onze jours plus tard, il mourut d'une pneumonie dans une gare. Et sa dernière volonté fut qu'elle ne soit pas autorisée à venir le voir.

Tel fut le prix payé par la comtesse Tolstoï pour ses réflexions, ses plaintes et son hystérie.

Le lecteur peut avoir l'impression qu'elle avait bien des raisons de se plaindre. Certes. Mais là n'est pas la question. La voici : est-ce que le fait qu'elle se plaignait l'a aidée, ou est-ce que cela a infiniment aggravé la situation ?

« Je pense réellement que j'étais folle. » C'est ce que la comtesse Tolstoï elle-même en pensait – alors qu'il était déjà trop tard.

La grande tragédie de la vie d'Abraham Lincoln était également son mariage. Non pas son assassinat, mais son mariage. Lorsque Booth tira, Lincoln ne se rendit jamais compte qu'on lui avait tiré dessus ; mais il avait récolté presque quotidiennement ce qu'Herndon, son associé, décrivait comme étant « la récolte la plus amère du malheur conjugal ». « Malheur conjugal » ? C'est peu de le dire. Car pendant presque 25 ans, Mme Lincoln le critiqua et l'attaqua.

Elle se plaignait sans arrêt, critiquant toujours son mari ; rien n'allait chez lui. Il était voûté, marchait bizarrement et agitait ses pieds comme un Indien. Elle se plaignait qu'il n'y avait aucun ressort dans sa démarche, aucune grâce dans ses mouvements ; puis elle imitait sa démarche et lui disait de marcher avec ses orteils recroquevillés, comme on le lui avait appris au pensionnat de Madame Mentelle à Lexington.

Elle n'aimait pas la façon dont ses grandes oreilles sortaient en angle droit de sa tête. Elle lui dit même que son nez n'était pas droit, que sa lèvre inférieure ressortait, qu'il avait l'air malade, que ses pieds et ses mains étaient trop grands, et sa tête trop petite.

Abraham Lincoln et Mary Todd Lincoln étaient opposés à tous les niveaux ; éducation, milieu, tempérament, goûts, mentalité. Ils s'agaçaient mutuellement sans relâche.

Le regretté sénateur Albert J. Beveridge écrivit : « La voix forte et stridente de Mme Lincoln pouvait être entendue à l'autre bout de la rue, et ses incessantes explosions de colère par tous ceux qui habitaient près de la maison. Souvent, sa colère se traduisait par d'autres choses que des mots, et ses moyens de violence étaient nombreux et irréprochables. »

Pour illustrer : M. et Mme Lincoln prenaient un petit-déjeuner lorsqu'il fit quelque chose qui réveilla le tempérament de feu de sa femme. Quoi donc, personne ne s'en souvient aujourd'hui. Mais Mme Lincoln, dans un accès de rage, jeta une tasse de café brûlant au visage de son mari. Et elle avait fait cela devant les pensionnaires.

Lincoln resta sans rien dire, muré dans l'humiliation et le silence, puis Mme Early arriva avec une serviette humide et essuya son visage et ses vêtements.

La jalousie de Mme Lincoln était si stupide, violente, incroyable, que simplement lire certaines scènes pathétiques et scandaleuses qu'elle a provoquées en public – simplement lire cela 75 ans plus tard provoque une exclamation d'étonnement. Elle finit par devenir folle, et peut-être que la chose la plus indulgente que l'on puisse dire sur elle est que son tempérament était sans doute affecté par une folie naissante.

Toutes ces réflexions, ces réprimandes et ces violences ont-elles poussé Lincoln à changer ? En un sens, oui. Cela a sans aucun doute modifié son attitude envers elle. Cela l'a fait regretter son mariage malheureux, et lui a fait éviter sa présence autant que possible.

Springfield abritait 11 avocats, et ils ne pouvaient tous y gagner leur vie ; donc ils allaient d'un chef-lieu à un autre, suivant le juge David Davis lorsqu'il se montrait à divers endroits. De cette façon, ils arrivaient à décrocher des affaires dans toutes les villes chefs-lieux à travers le Huitième District Judiciaire.

Les autres avocats s'arrangeaient toujours pour revenir à Springfield chaque samedi et passaient le week-end avec leur famille. Mais pas Lincoln. Il mourait d'envie de rentrer chez lui ; et pendant trois mois au printemps, et de nouveau trois mois à l'automne, il restait dans le circuit et ne se rendait jamais près de Springfield.

Il se tint à ce rythme année après année. Les conditions de vie dans les hôtels de campagne étaient souvent misérables ; mais, aussi misérables fussent-elles, il préférait cela à sa propre maison et aux reproches et sautes d'humeur constants de Mme Lincoln.

Voici les résultats que Mme Lincoln, l'impératrice Eugénie et la comtesse Tolstoï ont obtenus par leurs critiques. Elles n'ont rien apporté d'autre que de la tragédie dans leur vie. Elles ont détruit tout ce qu'elles chérissaient le plus.

Bessie Hamburger, qui a passé 11 ans au tribunal des affaires familiales de New York, et a examiné des milliers de cas de désertion, dit que l'une des raisons principales pour lesquelles les hommes quittent leur foyer est que leur femme leur fait des réflexions. Ou, comme le dit le *Boston Post* : « Bien des épouses ont creusé leur propre tombe conjugale avec une série de petits coups de pelle. »

Donc, si vous souhaitez que votre ménage reste heureux, voici la Règle n°1 :

Surtout, ne critiquez pas constamment !

2

Aimez et soyez tolérant

« Je pourrai commettre bien des bêtises dans ma vie, mais je n'aurai jamais l'intention de me marier par amour », a dit Disraeli.

Et il ne le fit pas. Il resta célibataire jusqu'à ses 35 ans, puis il fit sa demande à une veuve fortunée, de 15 ans son aînée ; une veuve dont les cheveux avaient été blanchis par les 50 hivers passés. De l'amour ? Oh non. Elle savait qu'il ne l'aimait pas. Elle savait qu'il l'épousait pour son argent ! Donc elle ne fit qu'une seule demande : elle lui demanda d'attendre un an pour lui permettre d'étudier son caractère. Et à la fin de cette période, elle l'épousa.

Cela semble plutôt prosaïque, commercial, n'est-ce pas ? Et pourtant paradoxalement suffisant. Le mariage de Disraeli fut l'un des succès les plus éclatants dans les annales usées du mariage.

« La riche veuve que Disraeli avait choisie n'était ni jeune, ni belle, ni brillante. Loin de là. Sa conversation bouillonnait de bourdes littéraires et historiques qui prêtaient à rire. Par exemple, elle "ne savait jamais ce qui venait en premier, les Grecs ou les Romains". Ses goûts vestimentaires étaient étranges ; et ses goûts en matière d'ameublement de la maison étaient improbables. Mais c'était un génie, un vrai génie pour la chose la plus importante dans un mariage : l'art de se comporter avec les hommes.

Elle ne tenta pas de mesurer son grand esprit à celui de Disraeli. Lorsqu'il rentrait las et épuisé d'un après-midi de répartie avec des duchesses pleines d'esprit, le bruit des pas légers de Mary Anne lui permettait de se détendre. Son foyer, pour son plaisir grandissant, était un endroit où il pouvait se glisser dans ses chaussons mentaux et se prélasser dans la chaleur de l'adoration de Mary Anne. Ces heures qu'il passait chez lui avec sa femme vieillissante furent les plus heureuses de sa vie. Elle était sa compagne, sa confidente, sa conseillère. Chaque soir, il se précipitait hors de la Chambre des communes pour lui raconter les nouvelles du jour. Et – c'est important – quoi qu'il souhaitât entreprendre, Mary Anne ne croyait tout simplement pas qu'il pouvait échouer.

Pendant 30 ans, Mary Anne vécut pour Disraeli, et pour lui seul. Elle accordait même de l'importance à sa richesse uniquement car elle rendait sa vie à lui plus simple. En retour, elle était son héroïne. Il devint comte après sa mort ; mais, même lorsqu'il n'était encore qu'un roturier, il persuada la reine Victoria d'élever Mary Anne dans la pairie. Et donc, en 1868, elle fut faite vicomtesse Beaconsfield.

Peu importe à quel point elle paraissait bête ou étourdie en public, il ne la critiqua jamais ; il ne prononça jamais un seul reproche ; et si quiconque osait la tourner en ridicule, il bondissait pour la défendre avec une loyauté féroce. »

Mary Anne n'était pas parfaite ; pourtant, pendant 3 décennies, elle n'avait cessé de parler de son mari, de l'encenser, de l'admirer. Le résultat ? « Nous avons été mariés pendant 30 ans », dit Disraeli, « et elle ne m'a jamais ennuyé » (et pourtant, certaines personnes pensaient que comme Mary Anne ne connaissait rien à l'Histoire, elle devait être stupide !).

Pour sa part, Disraeli n'a jamais caché le fait que Mary Anne était la chose la plus importante dans sa vie. Le résultat ? « Grâce à sa gentillesse, ma vie a simplement été une longue scène de bonheur », disait Mary Anne à leurs amis.

Ils avaient une petite blague entre eux. Disraeli disait : « Tu sais, de toute façon, je t'ai uniquement épousée pour ton argent. » Et Mary Anne, un sourire aux lèvres, répondait : « Certes, mais si tu devais le refaire, tu m'épouserais par amour, n'est-ce pas ? »

Et il admit que c'était vrai.

Non, Mary Anne n'était pas parfaite. Mais Disraeli était assez malin pour la laisser être elle-même.

Comme l'a dit Henry James : « La première chose à apprendre concernant la communication avec les autres est de ne pas interférer avec les façons qui leur sont propres d'être heureux, à condition que ces dernières ne cherchent pas à interférer violemment avec les nôtres. »

C'est assez important pour être répété : « La première chose à apprendre concernant la communication avec les autres est de ne pas interférer avec les façons qui leur sont propres d'être heureux... »

Ou, comme l'a observé Leland Foster Wood dans son livre *Growing Together in the Family* : « La réussite d'un mariage ne consiste pas seulement à trouver la bonne personne ; il faut également *être* la bonne personne. »

Donc, si vous souhaitez que votre ménage soit heureux, voici la Règle n°2 :

N'essayez pas de changer votre partenaire.

3

Faites cela et vous consulterez les horaires pour Reno

Le rival le plus amer de Disraeli dans la vie publique était le grand Gladstone. Ces deux-là s'affrontaient sur chaque sujet à débat sous l'Empire, et pourtant ils avaient une chose en commun : le bonheur suprême dans leur vie privée.

William et Catherine Gladstone vécurent ensemble pendant 59 ans, presque 60 années glorifiées par un dévouement constant. J'aime imaginer Gladstone, le Premier ministre le plus digne d'Angleterre, prendre la main de sa femme et danser avec elle sur le tapis.

Gladstone, un ennemi redoutable en public, n'a jamais émis la moindre critique en privé. Lorsqu'il descendait prendre le petit-déjeuner, pour découvrir que le reste de sa famille était encore en train de dormir, il avait une manière douce de manifester son reproche. Il haussait la voix et remplissait la maison d'un chant mystérieux qui rappelait aux autres membres que l'homme le plus occupé d'Angleterre attendait son petit-déjeuner en bas, tout seul. Diplomate, prévenant, il s'empêchait rigoureusement d'émettre une seule critique conjugale.

Catherine le Grande faisait souvent de même. Elle régnait sur l'un des plus grands empires que le monde avait connus. Elle détenait le droit de vie et de mort sur plusieurs millions de sujets. D'un point de vue politique, elle se révélait souvent être un tyran cruel, menant des guerres inutiles et condamnant nombre de ses ennemis à être abattus par des pelotons d'exécution. Pourtant, si le cuisinier brûlait la viande, elle ne disait rien. Elle souriait et la mangeait avec une tolérance que le mari américain moyen ferait bien d'imiter.

Dorothy Dix, la principale autorité américaine sur les causes d'un mariage malheureux, déclare que plus de 50 % des mariages sont un échec ; et elle sait que l'une des raisons pour lesquelles tant de rêves romantiques se brisent sur les rochers de Reno est la critique – inutile, déchirante.

Donc, si vous souhaitez que votre ménage reste heureux, voici la Règle n°3 :

Ne critiquez pas.

Et si vous êtes tenté de critiquer vos enfants… vous imaginez que je vais vous dire de ne pas le faire. Eh bien non. Je vais simplement dire : *avant* que vous ne les critiquiez, lisez l'un des classiques du journalisme américain : *Papa oublie*. Il fut tout d'abord publié dans un éditorial du *People's Home Journal*. Nous le reproduisons ici avec la permission de l'auteur, aussi condensé que dans le *Reader's Digest*.

Papa oublie est l'une de ces petites œuvres qui – bâclée dans un moment de sentiment sincère – résonne chez tant de lecteurs qu'elle devient une réimpression préférée et éternelle. Depuis sa première publication, *Papa oublie* a été reproduit, écrit l'auteur, W. Livingston Larned, « dans des centaines de magazines et journaux d'entreprise, ainsi que dans des journaux à travers le pays. Il a été imprimé presque autant de fois dans de nombreuses langues étrangères. J'ai donné mon consentement personnel à des milliers de personnes qui voulaient le lire à l'école, à l'église, et dans les tribunes. Il a été "à l'antenne" à d'innombrables occasions et lors de nombreux programmes. Curieusement, les périodiques universitaires l'ont utilisé, ainsi que des magazines de lycée. Parfois, une petite chose semble mystérieusement "coller". C'est bien le cas de celle-ci. »

Papa oublie

W. Livingston Larned

Écoute, mon fils : je te dis cela alors que tu es en train de dormir, une petite main recroquevillée sous ta joue et les boucles blondes trempées collées à ton front humide. Je me suis faufilé seul dans ta chambre. Il y a seulement quelques minutes, alors que j'étais assis à lire mon journal dans la bibliothèque, une vague étouffante de remords m'a envahi. Rempli de culpabilité, je suis venu à ton chevet.

Voici les choses auxquelles je pensais, mon fils : j'ai été en colère contre toi. Je t'ai grondé alors que tu t'habillais pour l'école car tu avais à peine tamponné ton visage avec une serviette. Je t'ai réprimandé pour ne pas avoir nettoyé tes chaussures. Je t'ai critiqué avec colère lorsque tu as jeté tes affaires par terre.

Au petit-déjeuner, j'ai également trouvé quelque chose à redire. Tu as renversé ton verre. Tu as englouti ta nourriture. Tu as mis tes coudes sur la table. Tu as étalé trop de beurre sur ton pain. Et alors que tu partais jouer et que moi j'allais vaquer à mes occupations, tu t'es retourné, tu m'as fait un geste de la main et tu as crié : « Au revoir, Papa ! », puis j'ai froncé les sourcils, et répondu : « Tiens tes épaules droites ! »

Puis tout recommença en fin d'après-midi. Alors que je remontais la route, je t'ai aperçu, à genoux, en train de jouer aux billes. Tes chaussettes étaient trouées. Je t'ai humilié devant tes copains en te faisant rentrer à la maison, en marchant devant moi. Les chaussettes coûtent cher, et si tu avais eu à les acheter, tu aurais été plus soigneux ! Imagine ça, mon fils, dit par un père !

Est-ce que tu te souviens lorsque, plus tard, alors que je lisais dans la bibliothèque, tu es entré timidement, avec une sorte d'air blessé dans ton regard ? Lorsque j'ai levé les yeux de mon journal, agacé par cette interruption, tu as hésité sur le pas de la porte. « Qu'est-ce que tu veux ? » ai-je dit sèchement.

Tu n'as rien dit, mais tu as traversé la pièce en courant telle une tornade ; tu as jeté tes bras autour de mon cou avant de m'embrasser, et tes petits bras se sont serrés d'une affection que Dieu avait envoyé fleurir dans ton cœur et que même la négligence ne pouvait faner. Puis tu étais parti, tes pas résonnant alors que tu remontais l'escalier.

Eh bien, mon fils, ce fut peu de temps après cela que mon journal me glissa des mains et qu'une terrible et ignoble peur m'envahit. Qu'est-ce que les habitudes ont fait de moi ? L'habitude de trouver quelque chose à redire, de réprimander – voilà ce que tu obtiens de ma part pour être un garçon. Ce n'était pas *que je ne t'aimais pas ; plutôt que j'en attendais trop de la jeunesse. Je te mesurais avec l'indicateur de mes propres années.*

Et il y avait tellement de bonnes choses dans ton caractère ; des choses bien, et vraies. Ton petit cœur était aussi gros que l'aube au-dessus des grandes collines. Cela a été montré par ton impulsion spontanée de te précipiter vers moi et de m'embrasser pour me souhaiter une bonne nuit. Rien d'autre ne compte ce soir, mon fils. Je suis venu à ton chevet dans le noir, et je me suis agenouillé à tes côtés, envahi de honte !

C'est une piètre expiation ; je sais que tu ne comprendrais pas ces choses si je te les disais durant tes heures de veille. Mais demain, je serai un véritable papa ! Je jouerai avec toi, je souffrirai quand tu souffriras, je rirai quand tu riras. Je me mordrai la langue lorsque des mots blessants viendront. Je me répèterai, comme s'il s'agissait d'un mantra : « Ce n'est qu'un garçon – un petit garçon ! »

J'ai bien peur de t'avoir visualisé comme un homme. Pourtant, alors que je te vois maintenant, mon fils, recroquevillé et fatigué dans ton petit lit, je vois que tu es encore un bébé. Hier, tu étais dans les bras de ta mère, ta tête sur son épaule. J'en ai trop demandé, bien trop.

4

Un moyen rapide de rendre tout le monde heureux

« La plupart des hommes, lorsqu'ils cherchent une femme », dit Paul Popenoe, directeur de l'Institut des Relations Familiales de Los Angeles, « ne recherchent pas une femme intelligente, mais quelqu'un d'attirant, avec la volonté de flatter leur vanité et les faire se sentir supérieurs. D'où le fait que la responsable administrative puisse être invitée à déjeuner, une fois. Mais elle servira sans doute des leçons réchauffées à son collègue sur les "principaux courants de philosophie contemporaine", et insistera même probablement pour payer sa part de la note. Résultat : après cela, elle déjeunera seule.

En revanche, la dactylographe qui n'a pas fait d'études, lorsqu'on l'invite pour déjeuner, aura un regard incandescent fixé sur son compagnon et dira avec ardeur : "Maintenant, dis-m'en plus sur toi." Résultat : il dit aux autres qu'elle "n'est pas d'une folle beauté, mais je n'ai jamais rencontré meilleure compagnie". »

Les hommes devraient exprimer leur reconnaissance envers l'effort d'une femme pour être belle et s'habiller avec élégance. Tous les hommes oublient, s'ils s'en sont un jour rendu compte, combien les femmes nourrissent un profond intérêt pour les vêtements. Par exemple, si un homme et une femme rencontrent un autre couple dans la rue, la femme regardera à peine l'autre homme ; en général, elle regardera plutôt combien l'autre femme est bien habillée.

Ma grand-mère s'est éteinte il y a quelques années à 98 ans. Peu de temps avant sa mort, nous lui montrâmes une photo d'elle qui avait été prise une trentaine d'années plus tôt. Ses yeux défaillants avaient du mal à bien la voir, et la seule question qu'elle posa fut celle-ci : « Quelle robe portais-je ? » Vous vous rendez compte ! Une vieille dame dans son dernier mois de décembre, grabataire, usée par le temps alors qu'elle reposait dans l'ombre d'un nouveau siècle, sa mémoire s'effaçant si vite qu'elle était devenue incapable de reconnaître jusqu'à ses propres filles, s'intéressait encore à la robe qu'elle portait 30 ans plus tôt ! J'étais à son chevet lorsqu'elle posa cette question. Elle laissa en moi une empreinte indélébile.

Les hommes qui lisent ces lignes ne se rappellent pas quels costumes ou chemises ils ont portés il y a cinq ans, et ils ne ressentent pas le moindre désir de s'en souvenir. Mais les femmes – c'est différent, et nous autres, hommes américains, nous devrions le reconnaître. Les garçons de la haute société française sont entraînés à exprimer leur admiration devant la robe et le chapeau d'une dame, pas une seule fois mais à de multiples reprises durant une soirée. Et 50 millions de Français ne peuvent avoir tort !

J'ai, parmi mes coupures de presse, une histoire que je sais n'avoir jamais eu lieu, mais elle illustre une vérité, donc je vais la retranscrire :

Selon cette histoire ridicule, une fermière, à la fin d'une journée de dur labeur, rangea avant les hommes un gros tas de foin. Et lorsqu'ils demandèrent avec indignation si elle était devenue folle, elle répondit : « Eh bien, comment aurais-je pu savoir que vous alliez le remarquer ? Je vous fais à manger depuis ces 20 dernières années, et depuis tout ce temps, je n'ai jamais entendu un seul mot pour me dire que vous ne mangiez pas que de la paille. »

Les aristocrates dorlotés de Moscou et Saint-Pétersbourg avaient de meilleures manières ; dans la Russie des Tsars, lorsque les aristocrates avaient apprécié un bon dîner, c'était la coutume d'insister pour que le chef vienne à leur table pour recevoir leurs félicitations.

Pourquoi ne pas témoigner autant de considération à votre femme ? La prochaine fois que le poulet frit sera parfaitement cuit, dites-le-lui. Faites-lui savoir que vous appréciez le fait... de ne pas manger de la paille. Ou, comme le disait Texas Guinan : « Applaudissez la femme pour son accomplissement. »

Et tant qu'on y est, n'ayez pas peur de lui faire savoir combien elle importe à votre bonheur. Disraeli fut le meilleur homme d'État que l'Angleterre ait connu ; pourtant, comme nous l'avons vu, il n'avait pas honte de faire savoir au monde entier combien il était « redevable à sa petite femme ».

L'autre jour, alors que je lisais un magazine avec attention, je suis tombé là-dessus. Il s'agit d'une interview d'Eddie Cantor.
« Je dois plus à ma femme qu'à n'importe qui d'autre au monde. C'était ma meilleure amie lorsque j'étais jeune ; elle m'a aidé à arrêter mes bêtises. Et après notre mariage, elle a économisé chaque dollar et a investi le tout, puis réinvesti. Elle a construit une fortune pour moi. Nous avons 5 enfants adorables. Et elle m'a toujours offert un fabuleux foyer. Si j'ai accompli quoi que ce soit, c'est à elle que je le dois. »

À Hollywood, où le mariage est un risque sur lequel même le Lloyd's of London n'oserait pas parier, l'une des rares unions exceptionnellement heureuses fut celle de Warner Baxters. Mme Baxters, anciennement Winifred Bryson, abandonna une brillante carrière scénique lorsqu'elle se maria. Et pourtant, son sacrifice n'a jamais gâché leur bonheur. « Les applaudissements de la scène lui manquaient », raconte Warner Baxter, « mais j'ai essayé de faire en sorte qu'elle soit consciente de *mes* applaudissements. Si une femme doit trouver le bonheur dans son mari, elle devra le trouver dans sa reconnaissance et son dévouement. Si ces deux conditions sont réelles, c'est alors la réponse à son bonheur *à lui aussi*. »

Voilà tout. Donc, si vous souhaitez que votre ménage reste heureux, l'une des règles les plus importantes est la n°4 :

Offrez une honnête reconnaissance.

5

Elles signifient tellement pour une femme

Depuis la nuit des temps, les fleurs sont considérées comme le langage de l'amour. Elles ne coûtent pas grand-chose, surtout quand c'est la saison, et parfois, elles sont vendues à chaque coin de rue. Pourtant, vu le peu d'occasions où un mari lambda ramène à la maison un bouquet de jonquilles, on pourrait supposer qu'elles sont tout aussi chères que des orchidées et aussi difficiles à trouver que des edelweiss qui fleurissent sur les falaises des Alpes balayées par les nuages.

Pourquoi attendre que votre femme soit à l'hôpital pour lui offrir quelques fleurs ? Pourquoi ne pas lui apporter quelques roses demain soir ? Vous aimez tenter des choses. Alors essayez. Et voyez ce qu'il se passera.

George M. Cohan, aussi pris qu'il était à Broadway, téléphonait à sa mère deux fois par jour jusqu'à la mort de cette dernière. Croyez-vous qu'il eût des nouvelles étonnantes à chaque coup de fil ? Non, le sens des petites attentions est celui-ci : cela montre à la personne que vous aimez que vous pensez à elle, que vous voulez lui faire plaisir, et que son bonheur et son bien-être sont très chers à votre cœur.

Les femmes attachent beaucoup d'importance aux anniversaires, que ce soit celui d'une personne ou d'une rencontre – pourquoi ? Cela restera l'un des mystères féminins. L'homme moyen peut traverser la vie sans mémoriser beaucoup de dates, mais certaines sont indispensables : 1492, 1776, la date de naissance de sa femme, et la date de son mariage. Si nécessaire, il peut faire sans les deux premières – mais pas sans les deux dernières !

Le juge Joseph Sabbath de Chicago, qui a examiné 40 000 différends conjugaux et réconcilié 2 000 couples, affirme : « Les futilités représentent la base d'une majorité de malheurs dans un mariage. Une chose aussi simple qu'une femme qui fait au revoir de la main à son mari lorsqu'il part travailler le matin éviterait bien des divorces. »

Robert Browning, dont la vie aux côtés d'Elizabeth Barrett Browning était peut-être la plus idyllique enregistrée, n'était jamais trop occupé pour entretenir la flamme avec des petits cadeaux et attentions. Il traitait sa femme infirme avec une telle considération qu'un jour, elle écrivit à ses sœurs : « Et maintenant, je commence naturellement à me demander si je ne suis pas une sorte d'ange sur terre, après tout. »

Bien trop d'hommes sous-estiment la valeur de ces petites attentions quotidiennes. Comme Gaynor Maddox l'a écrit dans un article du *Pictoral Review* : « Le foyer américain a vraiment besoin de quelques nouveaux vices. Pour une femme, un petit-déjeuner au lit équivaut à un club privé pour un homme. »

C'est ce qu'est le mariage sur le long-terme – une série d'incidents insignifiants. Et malheur aux couples qui l'oublient.

À Reno, la cour prononce des divorces 6 jours par semaine, au rythme d'un divorce toutes les 10 minutes. Selon vous, combien de ces mariages ont été détruits en heurtant le récif de la vraie tragédie ? Assez peu, je vous le garantis. Si vous pouviez être assis là, jour après jour, à écouter le témoignage de ces maris et femmes malheureux, vous sauriez que l'amour « s'en est allé insidieusement ».

Prenez dès maintenant votre canif et découpez cette citation. Collez-la à l'intérieur de votre chapeau ou sur votre miroir, là où vous la verrez chaque matin lorsque vous vous raserez :

« Je ne passerai ici qu'une fois ; donc, tout le bien que je peux faire ou toute la gentillesse que je peux montrer à n'importe quel être humain, laissez-moi le faire maintenant. Ne me laissez pas le reporter ou le négliger, car je ne repasserai plus par ici. »

Donc, si vous souhaitez que votre ménage reste heureux, voici la Règle n°5 :

Accordez de petites attentions.

6

Si vous voulez être heureux, ne négligez pas cette règle

Walter Damrosch épousa la fille de James G. Blaine, l'un des meilleurs orateurs d'Amérique et ancien candidat à la présidence. Depuis leur rencontre il y a bien des années chez Andrew Carnegie en Écosse, les Damrosch ont vécu une vie remarquablement heureuse.

Le secret ?

« Après avoir choisi un partenaire », raconte Mme Damrosch, « je devrais établir la courtoisie après le mariage. Si les jeunes épouses étaient aussi courtoises avec leur mari qu'avec les étrangers ! Les hommes seraient moins acariâtres. »

L'impolitesse est le cancer qui dévore l'amour. Tout le monde le sait, et pourtant, il est de notoriété publique que nous sommes plus polis envers les inconnus qu'envers nos proches.

Nous n'oserions jamais interrompre un inconnu pour dire : « Pour l'amour du ciel, vous allez encore radoter cette histoire ! » Nous n'oserions jamais ouvrir le courrier de nos amis sans permission, ou nous mêler de leurs secrets personnels. Et ce sont seulement les membres de notre propre famille, qui nous sont les plus proches et les plus chers, que nous osons insulter pour leurs défauts insignifiants.

Pour de nouveau citer Dorothy Dix : « C'est un fait incroyable mais vrai que les seules personnes qui nous disent des choses méchantes, insultantes et blessantes sont celles qui vivent avec nous. »

« La courtoisie », dit Henry Clay Risner, « est cette qualité de cœur qui fait oublier le portail cassé et attire l'attention sur les fleurs dans le jardin, au-delà du portail. »

La courtoisie est tout aussi importante dans un mariage que l'huile est importante dans votre moteur.

Oliver Wendell Holmes, le bien-aimé « Autocrat of the Breakfast Table », était tout sauf un autocrate dans sa propre maison. À vrai dire, sa considération allait tellement loin que lorsqu'il se sentait mélancolique et déprimé, il essayait de le cacher au reste de sa famille. C'était déjà assez difficile de le supporter lui-même, disait-il, il ne souhaitait pas en plus l'infliger aux autres.

C'est ce que faisait Oliver Wendell Holmes. Mais qu'en est-il du commun des mortels ? Les choses vont mal au travail ; il perd une vente ou est rappelé à l'ordre par son patron. Il développe une terrible migraine ou manque son train ; et il peut à peine attendre d'être rentré chez lui – pour tout déverser sur sa famille.

En Hollande, vous laissez vos chaussures dehors, sur le pas de la porte, avant d'entrer dans la maison. Par le Lord Harry, nous pourrions recevoir une leçon des Hollandais et nous débarrasser de nos problèmes ordinaires avant de passer le seuil de notre maison.

Un jour, William James écrivit un essai intitulé : *On a Certain Blindness in Human Beings*. Il vaudrait la peine que vous alliez spécialement à la bibliothèque la plus proche pour vous le procurer et le lire. « L'aveuglement des êtres humains dont ce discours va traiter est celui dont nous sommes tous frappés à l'égard des sentiments des créatures et des personnes différentes de nous », écrivit-il.

« L'aveuglement dont nous sommes tous frappés. » Bien des hommes qui n'oseraient pas répondre sèchement à un client, ou même à leurs collègues, n'hésitent pas à aboyer sur leur femme. Et pourtant, pour leur bonheur personnel, le mariage est bien plus important pour eux, bien plus vital que leur travail.

L'homme lambda heureux en ménage sera bien plus épanoui que le génie qui vit seul. Turgenev, le grand romancier russe, était acclamé à travers le monde entier. Pourtant, il disait : « J'abandonnerais tout mon génie, et tous mes livres, si seulement il y avait quelqu'un, quelque part, qui se soucierait de me voir rentrer tard pour dîner ou non. »

Quelles sont les chances d'un mariage heureux, de toute façon ? Dorothy Dix, comme nous l'avons déjà dit, croit que plus de la moitié d'entre eux sont un échec ; mais le Dr Paul Popenoe ne partage pas cet avis. Il avance : « Un homme a plus de chances de réussir son mariage que n'importe quelle autre affaire qu'il pourrait entreprendre. De tous les hommes qui se lancent dans le commerce d'épicerie, 70 % échouent. De tous les hommes et toutes les femmes qui se lancent dans le mariage, 70 % réussissent. »

Dorothy Dix résume la chose comme ceci :

« Comparé au mariage, être né est un simple épisode dans nos carrières, et mourir est un incident insignifiant.

Aucune femme ne pourra jamais comprendre pourquoi un homme ne fournit pas le même effort pour apporter autant de succès à son ménage qu'à son entreprise ou sa carrière.

Mais, même si avoir une femme satisfaite et un ménage heureux et paisible représente plus pour un homme que de gagner un million de dollars, pas même 1 sur 100 ne fournit un véritable effort pour faire de son mariage un succès – à vrai dire, il n'y accorde pas même une seule pensée sérieuse. Il laisse la chose la plus importante de sa vie au hasard, et il gagne ou perd, selon si la chance est avec lui ou non. Les femmes ne comprendront jamais pourquoi leur mari refuse de les traiter avec diplomatie, alors que s'il utilisait le gant de velours plutôt que la méthode musclée, il gagnerait une alliée pour toujours.

Chaque homme sait qu'il peut taquiner sa femme pour qu'elle fasse quelque chose. Il sait que s'il lui sert quelques compliments faciles sur ses qualités responsables, et qu'il lui dit combien elle l'aide, elle en chérira chaque mot. Tout homme sait que s'il dit à sa femme combien elle est belle et charmante dans sa robe de l'année passée, elle ne l'échangerait pas contre la dernière importation de Paris. Chaque homme sait qu'il peut faire garder les yeux fermés à sa femme jusqu'à ce qu'elle soit aussi aveugle qu'une chauve-souris, et il n'a qu'à déposer un baiser chaleureux sur ses lèvres pour la rendre aussi idiote qu'une huître.

Et chaque femme sait que son mari sait toutes ces choses sur elle, car elle lui a fourni un schéma complet quant à la façon de se comporter avec elle. Et elle ne sait jamais si elle doit être en colère contre lui ou dégoûtée, car il préférerait se disputer avec elle et le payer en mangeant des plats horribles, gaspillant son argent, lui achetant de nouvelles robes et des perles, et louant une limousine, plutôt que de prendre la peine de la flatter un peu et de la traiter comme elle le supplie de le faire. »

Donc, si vous souhaitez que votre ménage reste heureux, voici la Règle n°6 :

Soyez courtois.

7

Ne soyez pas un « analphabète du mariage »

Un jour, le Dr Katharine Bement Davis, secrétaire générale du Bureau de l'Hygiène Sociale, demanda à 1 000 femmes mariées de répondre très honnêtement à une série de questions intimes. Le résultat fut troublant – un commentaire incroyablement choquant sur l'insatisfaction sexuelle de l'adulte américain moyen. Après avoir lu avec attention les réponses qu'elle avait reçues de ces 1 000 femmes mariées, le Dr Davis publia sans hésiter sa conviction que l'une des causes principales de divorce dans ce pays est que cela ne fonctionne pas sur un plan physique.

L'enquête du Dr G. V. Hamilton vérifie cette découverte. Le Dr Hamilton a passé 4 ans à étudier les mariages de 100 hommes et 100 femmes. Il leur posa à chacun quelque chose comme 400 questions à propos de leur mariage, et discuta exhaustivement de leurs problèmes – au point que toute l'enquête dura 4 ans. On accorda à ce travail une telle importance sociologique qu'il fut financé par un groupe d'éminents philanthropes. Vous pouvez lire les résultats de l'expérience dans *What's Wrong with Marriage?* par le Dr G. V. Hamilton et Kenneth Macgowan.

Donc, qu'est-ce qui ne *va pas* dans le mariage ? « Il faudrait un psychiatre très partial et irréfléchi pour dire que la plupart des frictions conjugales ne trouvent pas leur source dans l'inadaptation sexuelle. En tout cas, les frictions venant d'autres difficultés seront ignorées dans de nombreux cas si la relation sexuelle elle-même est satisfaisante. »

Le Dr Paul Popenoe, en tant que directeur de l'Institut des Relations Familiales de Los Angeles, a examiné des milliers de mariages, et il est l'une des autorités majeures concernant la vie de famille. Selon lui, l'échec d'un mariage est généralement dû à quatre causes. Il les énumère dans cet ordre :

1. Inadaptation sexuelle
2. Différence de point de vue concernant la façon d'occuper son temps libre
3. Difficultés financières
4. Anormalités mentales, physiques ou émotionnelles

Remarquez que le sexe apparaît en premier ; et que, assez étrangement, les difficultés financières ne viennent qu'en troisième sur cette liste.

Toutes les autorités concernant le divorce s'accordent quant à la nécessité absolue de la compatibilité sexuelle. Par exemple, il y a quelques années, le juge Hoffman du tribunal des affaires familiales de Cincinnati – un homme qui a entendu des milliers de tragédies conjugales – annonça : « 9 divorces sur 10 sont causés par des soucis sexuels. »

« Le sexe », avance le célèbre psychologue John B. Watson, « est effectivement le sujet le plus important dans la vie. Il est vrai qu'il est la cause de la plupart des naufrages dans le bonheur des hommes et des femmes. »

Et j'ai entendu bon nombre de physiciens en exercice, lors d'interventions devant mes propres classes, dire pratiquement la même chose. Alors n'est-ce pas pitoyable qu'au XXe siècle, avec tous nos livres et notre éducation, des mariages soient détruits et des vies déchirées par l'ignorance au sujet de cet instinct le plus primaire et naturel ?

Le révérend Oliver M. Butterfield, après avoir passé 18 ans en tant que pasteur méthodiste, abandonna sa chaire pour diriger le Service d'Orientation Familiale de New York, et il a sans doute marié autant de jeunes personnes qu'un autre. Il dit :

« Très tôt lors de ma fonction de pasteur, j'ai découvert que, malgré la romance et les bonnes intentions, de nombreux couples qui se présentent à l'autel sont des analphabètes du mariage. »

Des analphabètes du mariage !

Il poursuit : « Si vous prenez en considération le fait que nous laissons l'adaptation au mariage très complexe majoritairement au hasard, il est merveilleux que notre taux de divorce soit de seulement 16 %. Un effroyable nombre de maris et de femmes ne sont pas vraiment mariés mais simplement non divorcés ; ils vivent dans une sorte de purgatoire. »

« Les mariages heureux », avance le Dr Butterfield, « sont rarement le fruit du hasard : ils sont architecturaux dans le sens où ils sont planifiés de façon intelligente et délibérée. »

Pour aider à cette planification, le Dr Butterfield a, pendant des années, insisté sur le fait que n'importe quel couple qu'il unit doit discuter sincèrement avec lui de leurs projets pour l'avenir. Et c'est à la suite de ces discussions qu'il est arrivé à la conclusion que bien des hautes parties contractantes étaient des « analphabètes du mariage ».

« Le sexe », continue-t-il, « est l'une des nombreuses satisfactions dans un mariage, mais si cette relation n'est pas bénéfique, rien d'autre ne le sera. »

Mais comment faire pour qu'elle le soit ?

« La retenue sentimentale » – je cite toujours le Dr Butterfield – « doit être remplacée par une capacité à discuter de façon objective, avec des attitudes et des pratiques du mariage détachées. On ne peut mieux acquérir cette capacité qu'à travers un livre d'apprentissage intelligent et de bon goût. Je garde à portée de main nombre de ces livres en plus d'une réserve de mon propre livret *Marriage and Sexual Harmony*.

De tous les livres disponibles, les trois qui me paraissent les plus acceptables en termes de lecture générale sont : *The Sex Technique in Marriage* par Isabel E. Hutton, *The Sexual Side of Marriage* par Max Exner, et *The Sex Factor in Marriage* par Helena Wright. »

Donc, la Règle n°7 pour rendre votre ménage plus heureux est la suivante :

Lisez un bon livre sur le côté sexuel du mariage.

POUR RÉSUMER

Règle n°1 : **Surtout, ne critiquez pas constamment !**

Règle n°2 : **N'essayez pas de changer votre partenaire.**

Règle n°3 : **Ne critiquez pas.**

Règle n°4 : **Offrez une honnête reconnaissance.**

Règle n°5 : **Accordez de petites attentions.**

Règle n°6 : **Soyez courtois.**

Règle n°7 : **Lisez un bon livre sur le côté sexuel du mariage.**

Dans son édition de juin 1933, l'*American Magazine* publia un article écrit par Emmet Crozier, « Pourquoi les mariages tournent mal ». La liste qui suit est un questionnaire retranscrit de cet article. Cela vaut la peine de répondre à ces questions, vous accordant 10 points pour chaque question où vous répondrez par l'affirmative.

POUR LES MARIS

1. « Courtisez-vous » toujours votre femme en lui offrant occasionnellement des fleurs, en vous rappelant de son anniversaire et de votre anniversaire de mariage, ou par de petites attentions inattendues, de la tendresse imprévue ?
2. Veillez-vous bien à ne pas la critiquer devant les autres ?
3. Est-ce que vous lui donnez de l'argent pour qu'elle puisse le dépenser comme bon lui semble, en dehors des dépenses du ménage ?

4. Faites-vous un effort pour comprendre ses humeurs changeantes féminines et l'aider à traverser les périodes de fatigue, de stress et d'irritabilité ?

5. Passez-vous au moins la moitié de votre temps libre avec votre femme ?

6. Vous empêchez-vous de comparer la cuisine ou le ménage de votre femme à ceux de votre mère ou de la femme de Bill Jones, à moins que ce ne soit à son avantage ?

7. Nourrissez-vous un réel intérêt pour sa vie intellectuelle, ses clubs et ses associations, les livres qu'elle lit, ses opinions sur les problèmes civiques ?

8. Pouvez-vous la laisser danser et recevoir des attentions amicales d'autres hommes sans faire de remarques jalouses ?

9. Restez-vous vigilant aux opportunités de l'encenser et d'exprimer votre admiration pour elle ?

10. La remerciez-vous pour toutes les petites tâches qu'elle accomplit pour vous, comme recoudre un bouton, raccommoder vos chaussettes et amener vos vêtements au pressing ?

POUR LES FEMMES

1. Laissez-vous à votre mari une totale liberté dans ses affaires professionnelles, et vous retenez-vous de critiquer ses associés, son choix de secrétaire ou les horaires qu'il fait ?

2. Faites-vous de votre mieux pour faire de votre maison un endroit intéressant et attirant ?

3. Variez-vous les menus des repas afin qu'il ne sache jamais à quoi s'attendre lorsqu'il passe à table ?

4. Comprenez-vous réellement la profession de votre mari afin d'en parler avec lui avec obligeance ?

5. Accueillez-vous les revers financiers avec courage et entrain, sans critiquer votre mari pour ses erreurs ou le comparer défavorablement à des hommes plus accomplis ?

6. Fournissez-vous un effort particulier pour vous entendre avec la mère ou d'autres proches de votre mari ?

7. Vous habillez-vous en prenant en compte les préférences de votre mari en termes de couleur et de style ?

8. Faites-vous des compromis lors de petites différences d'opinions dans l'intérêt de conserver l'harmonie ?

9. Faites-vous l'effort d'apprendre des jeux que votre mari apprécie, afin de pouvoir partager ses loisirs ?

10. Suivez-vous les nouvelles du jour, les nouveaux livres et les nouvelles idées, afin de maintenir l'intérêt intellectuel de votre mari ?

PRÉFACE 7
12 choses que ce livre fera pour *vous*........................... 13
Comment a été écrit ce livre – et pourquoi..................... 15

PREMIÈRE PARTIE – Les techniques fondamentales pour influencer les autres 23
  1 – « Si vous souhaitez récolter du miel, ne donnez pas un coup de pied dans la ruche » 25
  2 – Le grand secret pour traiter avec les autres............... 35
  3 – Celui qui peut le faire a le monde entier avec lui. Celui qui ne le peut pas marche seul.. 46
  Neuf suggestions pour tirer le maximum de ce livre......... 60

DEUXIÈME PARTIE – Six façons de vous faire apprécier des autres 65
  1 – Faites cela et vous serez le bienvenu partout............. 67
  2 – Un moyen simple de faire une bonne première impression 78
  3 – « Si vous ne faites pas cela, vous foncez vers les ennuis ». 85
  4 – Un moyen simple de devenir un bon interlocuteur 92
  5 – Comment intéresser les autres 101
  6 – Comment faire pour que les autres vous apprécient immédiatement... 104
  Pour résumer... 116

TROISIÈME PARTIE – Douze façons pour rallier les autres à votre façon de penser 117
  1 – Vous ne pouvez pas gagner lors d'un débat 119
  2 – Un moyen certain de se faire des ennemis – et comment l'éviter 125
  3 – Si vous avez tort, admettez-le 135
  4 – Le chemin le plus sûr vers la raison d'un homme 141
  5 – Le secret de Socrate... 151
  6 – La soupape de sécurité dans le traitement des plaintes. 156
  7 – Comment obtenir la coopération 162
  8 – Une formule qui fera des merveilles pour vous 169
  9 – Ce que tout le monde souhaite 173
  10 – Un trait que tout le monde apprécie 179

11 – Les films le font. La radio le fait. Pourquoi pas vous ?.. 184
12 – Lorsque rien d'autre ne fonctionne, essayez cela 187
Pour résumer 190

QUATRIÈME PARTIE – Neuf façons de faire changer les autres sans les offenser ni susciter de ressentiment.....191
1 – Si vous *devez* trouver quelque chose à redire, voici comment commencer.. 193
2 – Comment critiquer – et ne pas être haï pour cela 198
3 – Parlez d'abord de vos propres erreurs 200
4 – Personne *n'aime* recevoir des ordres 203
5 – Laissez l'autre sauver la face....................................... 204
6 – Comment pousser les autres au succès 207
7 – Persuadez l'autre que le changement fait déjà partie de lui 211
8 – Donnez l'impression que le défaut peut facilement être corrigé.. 214
9 – Faites que les autres soient heureux de faire ce que vous voulez... 217
Pour résumer 221

CINQUIÈME PARTIE – Des lettres qui donnent des résultats miraculeux 223
Des lettres qui donnent des résultats miraculeux 225

SIXIÈME PARTIE – Sept règles pour rendre votre vie de famille plus heureuse..235
1 – Comment creuser votre tombe conjugale le plus vite possible... 237
2 – Aimez et soyez tolérant... 243
3 – Faites cela et vous consulterez les horaires pour Reno .. 246
4 – Un moyen rapide de rendre tout le monde heureux.. 250
5 – Elles signifient tellement pour une femme 253
6 – Si vous voulez être heureux, ne négligez pas cette règle .. 255
7 – Ne soyez pas un « analphabète du mariage »............. 259
Pour résumer 262

Diffusé par JDH Éditions

www.jdheditions.fr